秒懂
经济法

蔡玮律　主编

清华大学出版社
北京

图书在版编目 (CIP) 数据

秒懂经济法 / 蔡玮律主编 . —北京：清华大学出版社，2020.8
ISBN 978-7-302-55308-3

Ⅰ . ①秒⋯　Ⅱ . ①蔡⋯　Ⅲ . ①经济法－中国－通俗读物　Ⅳ . ① D922.290.5

中国版本图书馆 CIP 数据核字 (2020) 第 057871 号

责任编辑：刘　晶
封面设计：汉风唐韵
版式设计：方加青
责任校对：王荣静
责任印制：沈　露

出版发行：清华大学出版社
　　　　　网　　　址：http://www.tup.com.cn，http://www.wqbook.com
　　　　　地　　　址：北京清华大学学研大厦 A 座　　　　　邮　　编：100084
　　　　　社 总 机：010-62770175　　　　　　　　　　　邮　　购：010-62786544
　　　　　投稿与读者服务：010-62776969，c-service@tup.tsinghua.edu.cn
　　　　　质 量 反 馈：010-62772015，zhiliang@tup.tsinghua.edu.cn
印 装 者：三河市龙大印装有限公司
经　　销：全国新华书店
开　　本：170mm×240mm　　　印　　张：19.25　　　字　　数：314 千字
版　　次：2020 年 8 月第 1 版　　　印　　次：2020 年 8 月第 1 次印刷
定　　价：82.00 元

产品编号：087897-01

　　卢梭说，"人生而自由，却无往不在枷锁之中"，自由是有限度的，需要按照法律行事，做到"从心所欲而不逾矩"，才能获得最大的保障。在现代社会中，法律看似遥远，却与我们的日常生活息息相关，贯穿着我们"从摇篮到坟墓"的始终。

　　尤其在经济商事活动中，我们作为主体不断与其他主体之间发生法律关系。我们"身兼数职"，扮演着不同的角色，有时候是消费者，有时候是劳动者，享受和行使着权利，同时也需要履行相应的义务并承担责任。而当我们的权益受到损害时，更需要寻求救济。通俗地说，就是借助法律的武器来捍卫我们的合法权益……

　　亲爱的读者们，上面那么多纷繁复杂的法律术语——权利、义务、责任，等等，是否已经让你们感到头痛了？事实上，法律的世界远比普通人所设想得更为艰深复杂。众所周知，它是需要"寒窗十年苦读"才能窥视一二的书山学海，即便科班出身、深耕法律领域多年的人，也经常有捉襟见肘之感。

　　而当复杂的法律与日常生活发生碰撞，如何向毫无法学功底的人深入浅出地解释法律问题，一直是让我颇为为难的事情——简直是像"茶壶里煮饺子"：

明明肚里有货，却"有口难言"。尤其是向求知欲旺盛的年轻人科普时，还往往要兼具趣味性，更是让原本就堪忧的头发想要"离家出走"。

所以，当我看到这本书的时候，感到非常惊喜，它让我看到解决以上问题的可能性——兼具知识性和趣味性，非常适合作为法律入门读物。我认识蔡玮律很多年了，他孜孜不倦的学习态度和刚正不阿的正义感给我留下了十分深刻的印象。可以这样说，感到惊喜之余，我并不觉得意外，只是欣慰于成长起来的新一代法律人在用自己的实际行动践行法律职业理想，果然是"长江后浪推前浪"。

这本书由大大小小不同的故事串联而成，所关注的都是我们日常生活中经常碰到、极易产生困惑的问题。通过一个小故事，讲解一个法律知识点的方式，让读者轻松抓住重点，不用担心时间不足，不必担心难以理解。我个人非常喜欢这本书的"消费者权益保护法"部分，可以说它涉及的问题都是作为普通消费者的我所真正关心的，毕竟现在消费无处不在，而一不小心就可能"中招"。

通篇读下来，本书的故事本身并不复杂，但设计精巧而有趣，相较于阳春白雪、黄钟大吕的高雅文学，这种下里巴人的睡前读物更引人入胜，让人爱不释手。而当读者跟随着主人公的步伐，经历人世百态的同时，也能不断地学习到许多实用的法律知识。相信看完本书之后，大家都可以借助法律的"放大镜"和"指南针"，更好地识别生活中的"陷阱"，避开"误区"。

"酒香不怕巷子深"，我就不兀自多言了。开卷有益，大家翻开书卷，一定会有常读常新、豁然开朗之感。通往法律知识的"欢乐号"快车即将启程，你们准备好了吗？

中南财经政法大学法学院民商法系主任　麻昌华

2020 年 7 月

作者序

　　本书是"秒懂法律"系列书籍中的一本，主要关注的是经济法方面的内容。与笔者一直以来主张的理念一致，本书同样旨在以简明的语言、贴近生活的案例来讲述法律故事。在本书中，我们将了解消费者权益保护法、食品安全法、产品质量法、劳动合同法、社会保险法、环境法、反垄断法及反不正当竞争法这些法律主题中常见的问题，结合生动的案例进行法律分析，以帮助各位读者在遇到类似问题时能够进行初步的判断，能够更好地维护自身的合法权益。

　　需要澄清的一点是，从法律分类的角度来说，经济法被认为是国家干预、调整或规范经济运行过程中发生的经济关系的部门法，主要包括了反垄断法、反不正当竞争法、消费者权益保护法和产品质量法等。因此，严格来说，劳动法与社会保险法并不属于传统的经济法的范畴，而是属于劳动法和社会保障法的范畴。但是本书的出发点是对于日常生活中常见的经济纠纷进行讲述，而劳动合同法与社会保险法都是与生活十分贴近且容易产生经济争议的法律，例如经常造成混淆的"劳务合同"和"劳动合同"，公司是否可以单方面决定对劳动者调岗，劳动合同涉及的"巨额赔偿金"，劳动纠纷的仲裁前置程序，社会保险的分类、作用，工伤赔偿等问题，这些都是与我们密切相关的话题，因此本书将这两部分也纳入《秒懂经济法》一书，以供读者参考。

在经济法的范畴中，最广受关注的应当是消费者权益保护法、食品安全法和产品质量法，这也几乎涵盖了我们日常经济往来可能出现纠纷的范畴。本书包含了这三部法律中的热点问题。例如，21 世纪 20 年代已经是互联网经济的时代，我们早已形成了网购的习惯，但是对于网购中消费者的权利，许多读者可能还没有十分清楚的认知，虽说"七天无理由退货"已经成为我们耳熟能详的常识，但是也并非所有的商品都适用此条款，若我们不能够清楚知晓自己的权利，在出现类似问题的时候，也就很容易被商家"忽悠"而不了了之。再例如，在购买婴幼儿食用的食品时，商家应当尽到怎样的义务？我们应当怎样利用法律知识来帮助自己选择最适合宝宝的食品？在食品出现问题时我们又应当如何维权？这些都是需要我们学习和了解的。在购买的商品出现问题时，往往会出现一个势单力薄的消费者去对抗一个大企业的情形，此时，如果没有正确的维权意识，只会使自己的正当权利受到肆无忌惮的蚕食，而很好地掌握这三部法律的内容，可以更好地帮助我们主动避免一些认知误区和某些商家设好的"消费陷阱"。

此外，本书还包含了反垄断法与反不正当竞争法的内容，乍听这两部法律并非我们经常会用到的法律，但是仔细分析，其中也会涉及与普通消费者相关的问题，更为重要的是，恰当地运用这两部法律也会为商事主体带来诸多竞争优势。2017 年，就出现了一家法律教育机构以"不正当竞争"为由起诉另一家法律教育机构并索赔一亿元的案例，虽然此案最终以原告撤诉结尾，但是我们也可以看到不正当竞争案件中可能涉及的巨额赔偿，一旦在此类案例中赢得优势，就会助力企业获得更良好的市场地位。本书也选取了反垄断法与反不正当竞争法中与普通企业贴近的一些案例，例如在反垄断法的范畴中涉及的同一商品在不同的地区有不同的定价是否合法，独家代理协议是否会涉及商业垄断，一个地区是否可以限制外地企业进入等问题，还有在反不正当竞争法中可能涉及的商业秘密、网店中的虚假评论、超额大奖等问题。这些都是在经营公司的过程中可能存在的问题，了解此方面的法律才能避免其他企业的垄断行为或者不正当行为侵犯自身的权益。

本系列编辑委员会成员分别来自北京大学、清华大学、复旦大学、中国政法大学、中国人民大学、中南财经政法大学、上海交通大学、浙江大学等，他们是王雪瑶、于帅洁、杨艺婕、张译文、冯奕、沈晓雨、马成福、杨晶晶、刘淼、刘洋、王施施、吕琳、马逢瑶、王玥、李碧霞、李环宇、班斓、张雅晴（排名不分前后）。本系列图书的漫画师为黄昭霖、吴采恩。感谢各位成员的努力以及贡献，他们使"秒懂法律"系列图书更加多元化。

最后，笔者要在此感谢母校复旦大学对我的培育，在复旦大学法学院四年的学习使我收获颇丰也备感荣耀。鉴于笔者学习法律和从事法律工作的经验有限，目前也仍在实践中不断地学习，对于本书中可能出现的问题也欢迎大家批评指正。

目　录

消费者权益保护法

劳动合同法

社会保险法

环　境　法

反垄断法

反不当竞争法

消费者权益保护法

　　韩茉莉今年 25 岁，大学毕业后，在妈妈的安排下，在老挝的一家事业单位工作，生活十分平淡。一天，韩茉莉偶然结识了来自中国武汉的陆默，陆默的出现像是一粒种子，开启了她对一段新的关系、一个城市的向往。韩茉莉不顾父母的劝阻，辞去工作，登上了飞往武汉的飞机。她在大学时，参加过学院发起的语言帮助活动，因此和一个中国学生杜允成为了"语伴"。韩茉莉通过给杜允发邮件，得知杜允恰好现在在武汉工作。杜允是一家房地产经纪公司的销售，因特别努力，为公司业绩提升做出了巨大贡献，成为销售部门的一把手。得知韩茉莉的想法之后，杜允非常支持她的选择，而且可以为她提供住宿，节省了她的一部分费用。

　　到武汉后，韩茉莉就这样住进了杜允租来的房子，在武汉正式定居，并成功进入了陆默所在的出版社工作。陆默亲自带着韩茉莉实习，从最简单的工作开始教起。韩茉莉非常珍惜陆默给的机会，她非常努力地工作、学习，两年后也成为了这家出版社的资深编辑之一。两个人在朝夕相处中，感情逐渐升温，并于三年后一起走入婚姻殿堂。

商品质量问题的举证责任

韩茉莉很感激杜允能解决她的住房问题，遂决定每天早上给杜允做早餐，这样的话杜允就能多睡会儿觉。

在韩茉莉入住的第二天早晨，她打开冰箱，发现冰箱的冷冻层都化冻了，而上面保鲜层的温度也太高，冰箱内壁都粘着水滴。韩茉莉就想着要不就买一台新的冰箱送给杜允吧，也好报答她的收留之恩。精挑细选之下，她买了一台外表小巧精致的冰箱，想着杜允一定会喜欢这个礼物。

两人一起把以前的冰箱换成新买的冰箱。但是，好景不长。一个月后的一天早晨，当韩茉莉打开冰箱准备拿出食材做早饭时，她意外地发现小冰箱内壁竟然出现了一条裂痕。韩茉莉特别生气，她找到当时买冰箱时的发票，拿着发票找到超市，想向超市讨个说法。超市派工作人员查看冰箱的状况，工作人员坚持认为小冰箱系韩茉莉人为损坏，不同意帮韩茉莉免费修理。另外，商场也让韩茉莉拿出证据证明当时所买的小冰箱存在质量问题，但韩茉莉拿不出来。她因此特别难过，几天都睡不着觉。

韩茉莉应该怎样办？

情景说法

日常生活中，我们也会遇到像韩茉莉这样的情况：买了新电器回家，几个月之后电器出故障了，找商家索赔，却又因为拿不出证据来而不了了之，自己吃亏。其实韩茉莉可以利用法律，通过向法院起诉来维护自己的权益。

如果韩茉莉选择起诉，必不可少的环节之一就是准备证据，充分的证据（民事故事中的证据必须具备真实性、合法性、关联性）是胜诉的必要条件。我国法律一般的举证规则是"谁主张，谁举证"，即原告向人民法院起诉，应当对自己所提出的诉讼请求所依据的事实提供相应的证据材料加以证明；没有证据或者证据不足以证明当事人所主张的事实的，由负有举证责任的当事人承担举证不能的不利后果，并可能因此导致败诉。因此，为达到诉讼目的，当事人必须按照法律的规定向法院提交相应的证据；否则便要自行承担举证不能、导致败诉风险的不利后果。像韩茉莉，买到带有瑕疵的冰箱等耐用商品，就属于自己的公平交易权被商家侵犯。在这类侵权纠纷中，若按照一般举证规则，韩茉莉需要证明以下几个事实：侵权行为的发生（即商家出售有瑕疵冰箱的行为）、损害结果（即有瑕疵冰箱的存在）、侵权行为与侵权结果之间存在法律上的因果关系（即因商家的出售行为，导致韩茉莉获得的是有瑕疵的冰箱）以及侵权人存在过错（即商家是故意或者因过失而出售）。若韩茉莉不能完全证明以上事实，她就必须承担举证不能的责任，从而败诉。

但是在《消费者权益保护法》中，却有着不同的规定。经营者提供的机动车、计算机、电视机、电冰箱、空调器、洗衣机等耐用商品或者装饰装修等服务，消费者自接受商品或者服务之日起6个月内发现瑕疵，发生争议的，由经营者承担有关瑕疵的举证责任。这是我国消保法为保护消费者利益，对侵害消费者权益类案件中举证责任倒置的规定。举证责任倒置，指"法律直接规定的侵权诉讼案件中，由侵权人负责举证，证明与损害结果之间不存在因果关系或受害人有过错或者第三人有过错承担举证责任。"是"谁主张、谁举证"原则的例外规定。

本故事中，因韩茉莉是在购买冰箱后6个月内发现其瑕疵的，若她此时将超市告到法院，根据《消费者权益保护法》，她无须自己举证，因为超市一方要负担证实商品无瑕疵的举证责任。若超市无法证明其出售的冰箱是质量无损的或者是因为韩茉莉的个人行为导致冰箱出现瑕疵，韩茉莉就能胜诉，从而可以获得相应的赔偿。但与此同时我们也要注意到，如果韩茉莉发现商品存在瑕疵的时间系接受商品之日起6个月之后，由该瑕疵造成的侵害消费者权益的，则不再适用举证责任倒置的原则，即只能由韩茉莉自己承担有关瑕疵的举证责任，超市就不再承担举证责任。

法条索引

《消费者权益保护法》

第二十三条

经营者应当保证在正常使用商品或者接受服务的情况下其提供的商品或者服务应当具有的质量、性能、用途和有效期限；但消费者在购买该商品或者接受该服务前已经知道其存在瑕疵，且存在该瑕疵不违反法律强制性规定的除外。

经营者以广告、产品说明、实物样品或者其他方式表明商品或者服务的质量状况的，应当保证其提供的商品或者服务的实际质量与表明的质量状况相符。

经营者提供的机动车、计算机、电视机、电冰箱、空调器、洗衣机等耐用商品或者装饰装修等服务，消费者自接受商品或者服务之日起6个月内发现瑕疵，发生争议的，由经营者承担有关瑕疵的举证责任。

《民事诉讼法》

第六十四条

当事人对自己提出的主张，有责任提供证据。

当事人及其诉讼代理人因客观原因不能自行收集的证据，或者人民法院认为审理案件需要的证据，人民法院应当调查收集。

《最高人民法院关于民事诉讼证据的若干规定》

第二条

当事人对自己提出的诉讼请求所依据的事实或者反驳对方诉讼请求所依据的事实有责任提供证据加以证明。

没有证据或者证据不足以证明当事人的事实主张的，由负有举证责任的当事人承担不利后果。

骚扰电话：消费者信息泄露

披星戴月的工作，让杜允升职做了主管，也有了50万元的闲置资产，便打算去做一些投资。杜允记得市中心附近有一家提森投资理财公司，就向那里的理财师咨询投资事宜。在咨询过程中，应理财师的要求，杜允填写了一张个人信息单，表格里包括姓名、联系电话、住址、身份证号码等信息。理财师向杜允推荐了几种发展态势比较好的理财产品，杜允拿不准主意，对理财师说要考虑考虑再做抉择。此外，杜允还在网上找了几家小的理财公司，通过填写个人信息注册了它们网站的会员，搜索了一些信息和产品，最后也没有决定要买什么。

几天后，杜允在一周内接连接到类似的陌生电话："女士，您好！打扰您了！我们公司有新推荐出来的理财产品，非常安全，不知道您有没有这个意向呢？""姐，您好，我们公司最近有贷款优惠，您有兴趣吗？""杜女士您好，靠近提森公司有几套廉价出售的公寓，不知道您想不想进一步了解下？"杜允非常疑惑，但是这几天接连不断的电话让她立马就意识到自己的信息被泄露了。杜允能想到填写信息的地方有提森投资理财公司，也有一些小网站，但是她也不知道到底是哪一方泄露了自己的个人信息。林允现在特别后悔因为一时大意，没有和提森公司确认个人信息保护协议，也没有在网上注册会员的时候保护好自己的信息，以至于现在受到这些电话的骚扰。

情景说法

现代社会以追逐利益为本的商业化大潮已经渗透到社会的各个角落，个人信息作为极其重要的新型社会资源，已成为个人、企业等竞相收集的对象。商家制定营销战略的首要依据就是对消费者的购买需求和购买能力的分析，个人信息越来越多地被商家加以利用来谋取巨大的经济效益，由此产生的个人信息的商业化利用会不可避免地给消费者带来许多问题。

提森公司在未经杜允同意的情况下，擅自收集和使用其信息，侵犯了杜允个人信息应受法律保护的权利。《消费者权益保护法》规定，经营者收集、使用消费者个人信息，应当遵循合法、正当、必要的原则，明示收集、使用信息的目的、方式和范围，并经消费者同意。经营者收集、使用消费者个人信息，应当公开其收集、使用规则，不得违反法律、法规的规定和双方的约定。

同时，根据消费者保护法，经营者有义务采取技术措施和其他必要措施，确保消费者信息的安全。经营者也不能在未经消费者同意或者请求，或者消费者明确表示拒绝时向其发送商业性信息。否则，就要按照消保法第五十条、第五十六条的规定承担侵害消费者个人信息依法得到保护的权利的法律责任，如停止侵害、恢复名誉、消除影响、赔礼道歉，并赔偿损失。

本故事中，杜允在其个人信息被不当利用或者受到侵害时可以通过与提森投资理财公司协调、经有关部门调解、向管理部门投诉、提起仲裁甚至诉讼等多种手段维护自己的合法权益。提森投资理财公司应当承担民事责任，对杜允采取停止侵害、消除影响、赔礼道歉等方式，并赔偿损失。若提森投资公司是违法经营，违法收集或利用消费者信息，工商行政管理或其他相关行政部门还可对其进行罚款、责令停业整顿、吊销营业执照等处罚。

信息化社会中，对于商家获取的个人信息，我们常常难以分辨其于何时何地所留。比如，是在购车时还是购房时留的，是办理银行卡时还是手机实名制时登记的，加之租房、住宿、搭乘飞机、旅游以及交谈等形形色色的日常活动都涉及个人信息。我们作为消费者在消费时提供个人信息是无可避免的，所以在填写时应该多留心，拒绝不必要的打扰。在个人信息受到侵害时大胆反击，要求商家立即停止侵害，或向相关部门投诉举报，勇于拿起法律的武器保护自己。

法条索引

《消费者权益保护法》

第十四条

消费者在购买、使用商品和接受服务时，享有人格尊严、民族风俗习惯得到尊重的权利，享有个人信息依法得到保护的权利。

第二十九条

经营者收集、使用消费者个人信息，应当遵循合法、正当、必要的原则，明示收集、使用信息的目的、方式和范围，并经消费者同意。经营者收集、使用消费者个人信息，应当公开其收集、使用规则，不得违反法律、法规的规定和双方的约定收集、使用信息。

经营者及其工作人员对收集的消费者个人信息必须严格保密，不得泄露、出售或者非法向他人提供。经营者应当采取技术措施和必要措施，确保信息安全，防止消费者个人信息泄漏、丢失。在发生或者可能发生信息泄漏、丢失的情况时，应当立即采取补救措施。

经营者未经消费者同意或者请求，或者消费者明确表示拒绝的，不得向其发送商业性信息。

第五十条

经营者侵害消费者的人格尊严、侵犯消费者人身自由或者侵害消费者个人信息依法得到保护的权利的，应当停止侵害、恢复名誉、消除影响、赔礼道歉，并赔偿损失。

第五十六条

经营者有下列情形之一，除承担相应的民事责任外，其他有关法律、法规对处罚机关和处罚方式有规定的，依照法律、法规的规定执行；法律、法规未作规定的，由工商行政管理部门或者其他有关行政部门责令改正，可以根据情节单处或者并处警告、没收违法所得、处以违法所得一倍以上十倍以下的罚款，没有违法所得的，处以50万元以下的罚款；情节严重的，责令停业整顿、吊销营业执照：

（一）提供的商品或者服务不符合保障人身、财产安全要求的；

（二）在商品中掺杂、掺假，以假充真，以次充好，或者以不合格商品冒充合格商品的；

（三）生产国家明令淘汰的商品或者销售失效、变质的商品的；

（四）伪造商品的产地，伪造或者冒用他人的厂名、厂址，篡改生产日期，伪造或者冒用认证标志等质量标志的；

（五）销售的商品应当检验、检疫而未检验、检疫或者伪造检验、检疫结果的；

（六）对商品或者服务作虚假或者引人误解的宣传的；

（七）拒绝或者拖延有关行政部门责令对缺陷商品或者服务采取停止销售、警示、召回、无害化处理、销毁、停止生产或者服务等措施的；

（八）对消费者提出的修理、重作、更换、退货、补足商品数量、退还货款和服务费用或者赔偿损失的要求，故意拖延或者无理拒绝的；

（九）侵害消费者人格尊严、侵犯消费者人身自由或者侵害消费者个人信息依法得到保护的权利的；

（十）法律、法规规定的对损害消费者权益应当予以处罚的其他情形。

经营者有前款规定情形的，除依照法律、法规规定予以处罚外，处罚机关应当记入信用档案，向社会公布。

网购商品退换货

　　国内的一家知名网购平台最近推出了"3·28运动健康节"活动，在3月28日这天，所有的商品都是3.28折。在浏览各个店铺的优惠活动信息时，韩茉莉看中了一款新出的跑鞋，韩茉莉再三抉择，决定买一双白色的鞋子，原价是1499元，打完折大概600多元。

　　三天后，韩茉莉收到了鞋子。她迫不及待地拆开包装，想要试穿。可意外发生了，这双鞋子码数小了，穿着有点挤脚。韩茉莉立马在网络上联络商家，向商家提出更换大一码的要求。但是商家客服不同意给韩茉莉更换，只同意退货。韩茉莉坚持跟商家说鞋子是在搞促销时购买的，价格比较优惠，现在若退货则无法再以同样优惠的价格购买，因此希望可以更换。然而客服坚持称优惠活动已经结束，不同意换货，宁愿退款，最终韩茉莉和客服没有达成协议。

情景说法

对于热爱网购的小伙伴来说，一定对"七天无理由退货"这一条款不陌生，但是却很少有人知道它的具体内涵。该条款是卖家对买家的承诺，意思是说以买家签收商品的第二天零时起计算时间，在七天内，不管是商品质量问题还是买家不喜欢这个商品，都可以无须理由要求退货。《消费者权益保护法》第二十五条和《网络交易管理办法》第十六条的规定都明示消费者网购收到货七天内可以无理由退货，使得消费者网购"后悔权"在法律和部门规章层面都获得了支持。但是要注意，法律只是规定了退货权，而不是换货权。所以韩茉莉收到货后发觉尺码不合在七天内都可以向商家要求退货，但她只能要求"退货"，而非"换货"。

同时，法律中也承认了消费者换货的可能，即《消费者权益保护法》第二十四条："经营者提供的商品或者服务不符合质量要求的，消费者可以依照国家规定、当事人约定退货，或者要求经营者履行更换、修理等义务……"但是在本故事中，韩茉莉购买的鞋子并不存在质量问题，只是鞋码不合适，所以不适用上述规定。

综上所示，韩茉莉购买的鞋子适用于七日内无理由退货的有关规定。但是法律对此还有另外的规定，即网络商品经营者和消费者另有约定的，按照约定处理。现在很多的网购平台销售者为了吸引消费者，都在商品下方标注了"七天无理由退换货"，此时消费者就可以实现换货的目的。即本故事中，如果韩茉莉与商家有退换货约定的，商家就应当履行约定进行退货或者换货，否则就只需履行退货义务。

近年来，网络等远程购物方式逐渐成为人们购物的主流方式。在网络上购物，虽然方便、快捷，但是远程购物的"非现场性"导致消费者和商家的信息极不对称，由于我们不能看到实物，只能凭着商品的图片和卖家的描述等信息去推断商品的样子。我们经常会遇到韩茉莉这样的情况，买到的鞋码和自己真实的鞋码不同，或者买到的衣服的式样和图片不符，又或者"虚假陈述"商品的商家，让消费者以为买到的是正品，导致上当受骗。因此《消费者权益保护法》针对网络等远程购物方式赋予了消费者七天的反悔权，旨在维护买卖双方的平等地位。

但应注意的是，反悔权仅仅适用于网络等远程购物方式，消费者直接到商店购买的物品，不适用该条规定。另外，反悔权的期限是七日内，且对于根据商品性质并经消费者在购买时确认不宜退货的，如消费者定做的商品、贴身穿的毛衣、已经拆封的光盘、当日购买的报纸期刊等，都不适用无理由退货。

法条索引

《消费者权益保护法》

第二十四条

有关国家机关应当依照法律、法规的规定，惩处经营者在提供商品和服务中侵害消费者合法权益的违法犯罪行为。

第二十五条

经营者采用网络、电视、电话、邮购等方式销售商品，消费者有权自收到商品之日起七日内退货，且无需说明理由，但下列商品除外：

（一）消费者定作的；

（二）鲜活易腐的；

（三）在线下载或者消费者拆封的音像制品、计算机软件等数字化商品；

（四）交付的报纸、期刊。

除前款所列商品外，其他根据商品性质并经消费者在购买时确认不宜退货的商品，不适用无理由退货。

《网络交易管理办法》

第十六条

网络商品经营者销售商品，消费者有权自收到商品之日起七日内退货，且无需说明理由，但下列商品除外：

（一）消费者定作的；

（二）鲜活易腐的；

（三）在线下载或者消费者拆封的音像制品、计算机软件等数字化商品；

（四）交付的报纸、期刊。

除前款所列商品外，其他根据商品性质并经消费者在购买时确认不宜退货的商品，不适用无理由退货。

快递公司的霸王条款

　　再过几天是 4 月 30 日，这一天是韩茉莉和陆默在一起的一周年纪念日，韩茉莉打算去商场挑一套运动装备作为礼物。最后她买了一件跑步短袖上衣、一条跑步紧身裤，一双足球鞋，共花了 4000 多元。此外，韩茉莉又写了一封情书，想把它和衣服鞋子一起寄给陆默。

　　第二天，韩茉莉将礼物包装好就拿到小区门口的"超快"速递公司，想让陆默能在纪念日那天准时收到自己准备的礼物。寄快件当天，该速递公司向韩茉莉出具了一份速运单，这份单子由该公司业务员填写，其中数量栏填写为"4"，价值栏未填写，寄件人签署及公司盖章栏注有"请仔细阅读背页所载契约条款，签字即同意接受条款的一切内容"字样。速运单背面注有"快件运单契约条款",韩茉莉也没仔细看这背后十几条小字的内容,只是很快地填好寄件人、收件人的信息后就将速递单给了业务员。

4月30日上午,韩茉莉电话问陆默有没有收到礼物,陆默一脸疑惑,说没有收到任何快递。韩茉莉经查询才发现,快递早就在准备投递时丢失了。韩茉莉很不满,就去跟速递公司交涉。该公司尽管态度很好,不断地赔礼道歉,但是对如何解决态度不明,一直含糊其辞。这让韩茉莉很不能接受,便提出由快递公司对其进行赔偿。但快递公司表示,最多只能赔偿60元,理由是,按照货运行业的管理和"规矩",韩茉莉没有对邮寄货物进行保价,因此承运货物丢失之后,最多只能按运费的3~5倍赔偿。根据双方的运输合同,"赔偿金额最高不得超过托寄运费的3倍",他们公司也是一直按照3倍计算的。韩茉莉很惊讶,她都不知道有这个条款的存在。回到家后,她找到速运单,发现在背后的"快件运单契约条款"第10条果然注明"在托寄物派送过程中,如因本公司的疏忽导致出现托寄物被盗、遗失或破损等情况,本公司将赔偿被盗、遗失或破损托寄物的实际价值,未保价快件按运单选填的快递费倍数赔偿,未选填的视为按快递费的3倍赔偿;保价快件在报价价值范围内赔偿,但赔偿金额最高不得超过托寄运费的5倍。"韩茉莉特别委屈,照这个倍数,20元快递费,只赔60元或100元,连损失的零头都不够。她一方面懊悔自己没有仔细看;一方面又很焦虑,不知道怎样挽回这些损失。

情景说法

快递单上关于赔偿约定的条款属于"霸王条款",所谓合同"霸王条款",主要是指经营者单方面制定的逃避法定义务,减免自身责任的不平等的格式合同条款。格式合同是指全部由格式条款组成的合同,格式条款是当事人为重复使用而预先拟定并在订立合同时未与对方协商的条款。格式合同虽然具有节约交易的时间、事先分配风险、降低经营成本等优点,但由于它限制了合同自由原则,它的拟定方可以利用其优越的经济地位,制定有利于自己而不利于消费者的合同条款。仔细研究本故事中速运单上的理赔条款,不难发现,作为揽件方的"超快"速递公司将自身的风险压到了最低,当运送的物件发生丢失或者损毁时，所能拿到的赔偿是微乎其微的。恰巧，韩茉莉因为疏忽没有选择保价服务，在物件丢失损毁后，只能获得快递费用 5 倍的赔偿，这对于补偿韩茉莉的损失是远远不够的。

对待这种情况，韩茉莉可以选择向消费者申诉举报中心进行投诉，也可以选择起诉至法院。快递单是格式合同，依照合同法规定，快递公司作为提供格式合同的一方，应当遵循公平原则，确定当事人之间的权利和义务，并采取合理的方式，提请对方注意免除或限制其责任的条款，并对该条款作充分的说明和告知。而经营者不得以格式条款作出排除或者限制消费者权利减轻或者免除经营者责任、加重消费者责任等对消费者不公平、不合理的规定，若格式条款含有以上内容的，其内容无效。速递公司提供的"快件运单契约条款"中，关于"赔偿标准"的规定，减轻了承运人（"超快"速递公司）的责任、加重了寄件人（韩茉莉）的负担，明显违背公平原则。"超快"速递公司事先没有向韩茉莉提请注意该条款，或者对其内容、不保价将产生的法律后果等作出明确说明，而且也排除了韩茉莉的索赔权利，所以该条款属于无效的格式条款，对韩茉莉不产生法律效力。

本故事中，韩茉莉因为没有仔细看快递单上面的内容，也没有对自己的物品进行保价，导致了这起纠纷。但她还是可以依照以上的途径进行维权，尽力让自己的损失得到弥补。

快递行业经过十多年的迅速发展，给我们的生活带来了极大的便利，同时也伴随产生了许多纠纷与争议。对于快递索赔维权，消费者在日常生活中能做的有：首先，在寄送快递时详细填写快递单，表明物品价值。即使快递员不提醒保价，在寄送贵重物品时，也要有保价意识。一旦发现货物有问题，在收集好索赔证据的前提下，及时向相关部门反映；如发现物品受损，尽量与投递员书面确认丢失情况，保存证据。遇到像韩茉莉一样的情况时，要敢于运用法律武器，维护自身合法权益。

《消费者权益保护法》

第二十六条

经营者在经营活动中使用格式条款的，应当以显著方式提请消费者注意商品或者服务的数量和质量、价款或者费用、履行期限和方式、安全注意事项和风险警示、售后服务、民事责任等与消费者有重大利害关系的内容，并按照消费者的要求予以说明。

经营者不得以格式条款、通知、声明、店堂告示等方式，作出排除或者限制消费者权利、减轻或者免除经营者责任、加重消费者责任等对消费者不公平、不合理的规定，不得利用格式条款并借助技术手段强制交易。

格式条款、通知、声明、店堂告示等含有前款所列内容的，其内容无效。

《民法典》

第四百九十六条

格式条款是当事人为了重复使用而预先拟定，并在订立合同时未与对方协商的条款。

采用格式条款订立合同的，提供格式条款的一方应当遵循公平原则确定当事人之间的权利和义务，并采取合理的方式提示对方注意免除或者减轻其责任等与对方有重大利害关系的条款，按照对方的要求，对该条款予以说明。提供格式条款的一方未履行提示或者说明义务，致使对方没有注意或者理解与其有重大利害关系的条款的，对方可以主张该条款不成为合同的内容。

第四百九十七条

有下列情形之一的，该格式条款无效：

（一）具有本法第一编第六章第三节和本法第五百零六条规定的无效情形；

（二）提供格式条款一方不合理地免除或者减轻其责任、加重对方责任、限制对方主要权利；

（三）提供格式条款一方排除对方主要权利。

第四百九十八条

对格式条款的理解发生争议的，应当按照通常理解予以解释。对格式条款有两种以上解释的，应当作出不利于提供格式条款一方的解释。格式条款和非格式条款不一致的，应当采用非格式条款。

消费欺诈

　　眼看着韩茉莉和陆默在一起的两周年纪念日就要到了，双方家人都催着对方赶紧把婚事定下来。两人也打算一起买一辆车作为婚车。2020年2月14日，在一家4S店，他们看中了一款银白色的雪佛兰牌小轿车，该车标价15.1万元。一周后，陆默带着钱去下单，当时4S店展厅内只有一辆该型号汽车。销售员遗憾地告诉陆默："先生，实在是不好意思，现货就这一辆了，如果您可以等，我们再进货，到时候再通知您。"陆默购车心切，就决定买下这辆车。他向店方提出能不能价格优惠一点，因为这是挑剩下来的最后一辆车。销售员请示经理后，该车降价5000元，以14.6万元的价格卖给了陆默。然后陆默与4S店签订了

《汽车销售合同》，售价为 14.6 万元。在这份销售合同中，4S 店向陆默保证出售的车辆为全新原装车辆、车辆完全符合出厂质量规格。当日，陆默付讫汽车价款，4S 店即向陆默交付车辆。

车辆交付后，陆默陆续发现该车车皮存有多处凹点、内饰表面有多处污渍、车钥匙不能正常使用等一系列问题。陆默还没还来得及跟 4S 店交涉，就在 3 月 6 日突然接到财产保险公司电话，说他开的这辆车曾于 2019 年 10 月 16 日与他人车辆发生碰撞，当时被撞方已向保险公司报过案，但案子一直挂着未撤销。第二天，陆默找到维修人员检查，进一步发现该车左边的两扇车门更换过，左后叶子板有凹陷，而且车辆的 4 个轮胎生产的具体年份不一致，其中 3 个轮胎在 2018 年生产，一个轮胎在 2019 年生产。此外，该车的保险杠部位的车漆颜色与其他部分的车漆不一样，明显是后来重新喷过漆。

陆默非常生气，即刻来到 4S 店，想向店家讨个说法。一开始销售人员不承认车子有问题，经过与店内同款车比较，销售人员最终承认车子确实有问题，但表示不清楚车子问题形成的原因，也不知道这个车子有报案的记录。陆默认为自己购买的车辆并非全新车辆，4S 店在销售过程中未向自己进行任何告知并在销售合同里明确所售的为全新车辆，隐瞒了该情况。陆默向 4S 店提交书面请求，要求在 3 月 24 日前处理该车保险报案记录所导致的问题以及对欺诈行为进行解释。3 月 24 那天，陆默再次来到 4S 店，却没有得到满意的结果。

情景说法

从一般消费者的认知能力和消费心理出发，新车指的是全新、未经过使用、未经过维修的车辆，经过碰撞、维修的车辆并非一般消费者认为的新车，所以车辆经过碰撞、维修的信息显然会影响消费者的购买选择。本故事中，陆默与 4S 店签订的《汽车销售合同》中有约定："卖方保证买房所购车辆均为新车，在交付前已作了必要的检验和清洁，车辆里程表的公里数为 300 公里，且符合卖方提供给买方随车交付文件中所列的各项规格和指标。"在承诺销售新车的情况下，销售人员理应明确具体地将所销售的车辆已经经过碰撞、维修的事实告知陆默。而 4S 店没有让陆默了解到讼争车辆的真实情况，且故意隐瞒这一事实，将事故车冒充新车销售，明显侵犯了陆默作为消费者的知情权。所以陆默在得到不真实、不全面的信息后，作出错误判断并且签订了购车合同。遇到上述情况，陆默可以通过向法院起诉，要求法院撤销双方订立的销售合同，弥补自己的损失。

较之于经营者，由于消费者缺乏相关专业知识，存在市场信息采集、分析不足等问题，多处于买卖关系中的弱势地位。为保护消费者在消费时免遭欺诈，《消费者权益保护法》第55条规定了"三倍赔偿"的惩罚性赔偿，但是该赔偿的适用需满足两个条件，一是消费行为第2条中所保护的购买生活消费品的行为；二是销售行为构成欺诈。本故事中，就陆默购买汽车行为而言，他只是纯粹用于生活需要，并不是用来满足运营等生产需要，所以陆默属于消保法的保护范围。而且不难看出，4S店在销售的时候隐瞒真实情况，主观上确实有欺诈故意，造成陆默判断错误，并订立了合同，所以4S店的消费欺诈行为成立。因此根据法律规定，双方的买卖合同应该予以撤销，陆默应将所购车辆返还给4S店，4S店应当返还陆默的购车款，且可以增加赔偿，增加赔偿的金额为陆默购买汽车价款费用的三倍。

在商品交易过程中，作为经营者应当如实告知消费者有关该商品的真实信息，不得以假充真，以次充好，欺骗坑害消费者。消费者也应当增强自我保护意识，购买之前多了解该商品的相关信息，学会一些鉴别真伪瑕疵的常识，尤其是像汽车这样的大宗商品，从而避免或减少类似本故事的消费纠纷。一旦发生消费纠纷，应当及时收集、固定相关证据材料，增强权利意识，运用法律的武器勇敢地维权。

法条索引

《消费者权益保护法》

第二条

消费者为生活消费需要购买、使用商品或者接受服务，其权益受本法保护；本法未作规定的，受其他有关法律、法规保护。

第二十条

经营者向消费者提供有关商品或者服务的质量、性能、用途、有效期限等信息，应当真实、全面，不得作虚假或者引人误解的宣传。

经营者对消费者就其提供的商品或者服务的质量和使用方法等问题提出的询问，应当作出真实、明确的答复。

经营者提供商品或者服务应当明码标价。

第二十三条

经营者应当保证在正常使用商品或者接受服务的情况下其提供的商品或者服务应当具有的质量、性能、用途和有效期限；但消费者在购买该商品或者接受该服务前已经知道其存在瑕疵，且存在该瑕疵不违反法律强制性规定的除外。

经营者以广告、产品说明、实物样品或者其他方式表明商品或者服务的质量状况的，应当保证其提供的商品或者服务的实际质量与表明的质量状况相符。

经营者提供的机动车、计算机、电视机、电冰箱、空调器、洗衣机等耐用商品或者装饰装修等服务，消费者自接受商品或者服务之日起 6 个月内发现瑕疵，发生争议的，由经营者承担有关瑕疵的举证责任。

第五十五条

经营者提供商品或者服务有欺诈行为的，应当按照消费者的要求增加赔偿其受到的损失，增加赔偿的金额为消费者购买商品的价款或者接受服务的费用的 3 倍；增加赔偿的金额不足 500 元的，为 500 元。法律另有规定的，依照其规定。

经营者明知商品或者服务存在缺陷，仍然向消费者提供，造成消费者或者其他受害人死亡或者健康严重损害的，受害人有权要求经营者依照本法第四十九条、第五十一条等法律规定赔偿损失，并有权要求所受损失 2 倍以下的惩罚性赔偿。

化妆品侵权纠纷

因为工作压力大，杜允的皮肤日益变差，脸上的痘痘也层出不穷，用润肤水简直像用纯净水一样。半个月前买的一瓶润肤水，这周末又用完了。杜允拿起手机躺在床上开始刷小黑书APP，想再囤些可以保湿的护肤水。在一篇小黑书笔记的推荐里，"碧华温润水"跳入了杜允的视线，"……含有丰富玻尿酸，满满250ML精华水，早晚使用让你嫩到爆。"杜允看到这些描述，摸了摸自己脸上的痘痘和油脂，又看了看价格，"这也太贵了，一瓶要200多块呢！"杜允内心纠结又挣扎，最终也没舍得点击"立刻购买"。

第二天下班，杜允和韩茉莉在逛步行街时发现有"好美丽"彩妆店竟然有这款护肤水，价钱比网上还便宜了 50 元，于是她欣喜若狂地买了一盒碧华温润水。逛完街，杜允早早地回到家，准备感受下这瓶精致的润肤水。说时迟那时快，润肤水涂在脸上，干了之后，摸上去是紧绷的而且非常不舒服。第二天醒来，杜允没有感觉到有不良反应，洗干净之后，发现皮肤有一点变白，便也卸下了对这款水质量的怀疑。一个月之后，杜允出现入睡困难、身体肿、骨头松软、肌肉颤等症状。在求医时，医院的检查结果表明，杜允当时体内汞含量超过正常人的 7 倍，其症状为汞中毒。随后，杜允将其使用的温润水带到湖北省质监局检验，化验结果显示，温润水里面汞的含量超标600 倍。为了治这个病，杜允先后 3 次住院，住院时间共计 3 个多月。

情景说法

化妆品是消费者经常接触并长期使用的产品，所以其安全性显得尤为重要。本故事中，杜允其实是买到了有质量缺陷的化妆品，这里表现为碧华温润水违法添加了汞这一违禁物质。杜允在使用这一款产品后才产生了过敏、皮肤瘙痒的症状，因此可以得出温润水对杜允造成了人身伤害的结论。

遇到这种情况，根据《消费者权益保护法》第三十九条，杜允可以通过以下途径解决：（1）与经营者协商和解；（2）请求消费者协会或者依法成立的其他调解组织调解；（3）向有关行政部门投诉；（4）根据与经营者达成的仲裁协议提请仲裁机构仲裁；（5）向人民法院提起诉讼。

具体到本故事，杜允可以首先与"好美丽"美妆店协商赔偿，因为产品的销售者是消费者维权的第一责任人。根据《消费者权益保护法》第四十八、四十九条，消费者在购买、使用商品时，其合法权益受到损害的，可以向销售者要求赔偿。若与商家协商不成，杜允可以向市场监督局和消费者协会投诉，请求他们协调解决，也可以去法院起诉。但无论使用哪种手段，杜允首先都要留存好发票、化妆品检验报告、化妆品、医院报告，作为自己维权的依据，否则会增加其维权的难度。

如果杜允起诉到法院，则该故事就属于化妆品侵权纠纷。在化妆品侵权纠纷的法律适用中，责任主体一般划分为生产者和销售者。化妆品生产者一般包括：（1）依法登记注册的化妆品生产者；（2）委托他人生产或加工化妆品的生产者；（3）进口化妆品在华责任者等。当化妆品缺陷致人损害时，依据产品责任制度，生产者要承担严格责任，即不管生产者有无过错，生产者都要赔偿。销售者承担的是过错侵权责任，即只有销售者在有过错的情况下出售不符合产品质量的化妆品，才能承担相应的赔偿责任。本故事中，杜允可以起诉两个主体：温润水的生产商和销售者（"好美丽"美妆店）。

化妆品的侵权损害赔偿范围包括购买缺陷化妆品的损失、人身伤害的损害赔偿、精神损害赔偿，甚至包括了惩罚性赔偿。把缺陷化妆品自身的损失纳入化妆品侵权责任中一并索赔，有助于维护受害者如杜允的权利，也可以降低诉讼成本，解决纠纷。根据《产品质量法》第四十四条，人身损害的赔偿包括已经发生的和将来确定要发生的医疗费（挂号费、检查费、药费、治疗费、康复费）、护理费、误工费等。

此故事中，杜允可以请求碧华温润水的生产者和销售者"好美丽"美妆店对其在医院的医疗费以及其因住院而导致的误工费进行赔偿。除此之外，杜允还可以请求精神损害赔偿。因为化妆品的使用目的是清洁、美容和修饰，其对人的精神状态的影响是直接的；而缺陷化妆品致人损害的情形对人的精神状态的影响也是直接的。值得注意的是，《产品质量法》第四十九条中的惩罚性赔偿对化妆品侵权案件也适用。如果碧华温润水生产商能够被证明存在或明知存在缺陷仍生产、销售的，法院就可以根据杜允所受的损害与化妆品生产厂商因缺陷产品所获得的利润，来确定惩罚性赔偿金的数额，而且有可能会超过实际损失数额的 3 倍。

很多女性都通过化妆品来装扮自己，使得自己更加靓丽、健康。其实不止女性会用到化妆品，男性也需要护肤品来保养皮肤。如果连化妆品都是具有缺陷的，不仅会给广大男性、女性消费者带来人身损害乃至生命危险，而且还会极大破坏我们在使用化妆品的一刹那间所产生出来的愉快与对于人生的美丽憧憬。因此，当消费者在购买化妆品时，如若遇到类似杜允这种损害，要勇于通过各种合法手段维权，这既是对美的追求也是对自身权利的珍视。

《消费者权益保护法》

第三十九条

消费者和经营者发生消费者权益争议的，可以通过下列途径解决：

（一）与经营者协商和解；

（二）请求消费者协会或者依法成立的其他调解组织调解；

（三）向有关行政部门投诉；

（四）根据与经营者达成的仲裁协议提请仲裁机构仲裁；

（五）向人民法院提起诉讼。

第四十八条

经营者提供商品或者服务有下列情形之一的，除本法另有规定外，应当依照其他有关法律、法规的规定，承担民事责任：

（一）商品或者服务存在缺陷的；

（二）不具备商品应当具备的使用性能而出售时未作说明的；

（三）不符合在商品或者其包装上注明采用的商品标准的；

（四）不符合商品说明、实物样品等方式表明的质量状况的；

（五）生产国家明令淘汰的商品或者销售失效、变质的商品的；

（六）销售的商品数量不足的；

（七）服务的内容和费用违反约定的；

（八）对消费者提出的修理、重做、更换、退货、补足商品数量、退还货款和服务费用或者赔偿损失的要求，故意拖延或者无理拒绝的；

（九）法律、法规规定的其他损害消费者权益的情绪。

经营者对消费者未尽到安全保障义务，造成消费者损害的，应当承担侵权责任。

第四十九条

经营者提供商品或者服务，造成消费者或者其他受害人人身伤害的，应当赔偿医疗费、护理费、交通费等为治疗和康复支出的合理费用，以及因误工减少的收入。造成残疾的，还应当赔偿残疾生活辅助具费和残疾赔偿金。造成死亡的，还应当赔偿丧葬费和死亡赔偿金。

《产品质量法》

第四条

生产者、销售者依照本法规定承担产品质量责任。

第四十三条

因产品存在缺陷造成人身、他人财产损害的，受害人可以向产品的生产者要求赔偿，也可以向产品的销售者要求赔偿。属于产品的生产者的责任，产品的销售者赔偿的，产品的销售者有权向产品的生产者追偿。属于产品的销售者的责任，产品的生产者赔偿的，产品的生产者有权向产品的销售者追偿。

第四十四条

因产品存在缺陷造成受害人人身伤害的，侵害人应当赔偿医疗费、治疗期间的护理费、因误工减少的收入等费用；造成残疾的，还应当支付残疾者生活自助具费、生活补助费、残疾赔偿金以及由其扶养的人所必需的生活费等费用；造成受害人死亡的，并应当支付丧葬费、死亡赔偿金以及由死者生前扶养的人所必需的生活费等费用。

因产品存在缺陷造成受害人财产损失的，侵害人应当恢复原状或者折价赔偿。受害人因此遭受其他重大损失的，侵害人应当赔偿损失。

商业预付卡陷阱

2月14日，是韩茉莉和陆默大婚的日子。经过三年的磨合相处，两人终于决定步入婚姻的殿堂。在3月14日，两人结婚一个月的纪念日的晚上，陆默拉着韩茉莉去逛武汉市最大的汇生合商城。两人在逛的时候，发现汇生合商城内"就你美"美容店正在搞优惠活动，导购员看见这对小夫妻后，十分热情地对他俩说："我们店这几天周年庆，优惠只有此时有哟！花1000元就可以获得一张美容年卡，一年之内可以累计做30次美容护理呐！抓紧时间订购吧！"韩茉莉算了一算，觉得比较实惠，陆默于是就给韩茉莉办了张年卡。办卡的当天，韩茉莉就享受了一次美容服务。

陆默所在的出版社最近几个月来特别忙，韩茉莉作为陆默的左右手也忙得不可开交。所以自从上次办好美容卡后，韩茉莉就一直没有时间去做美容。直到1月份，韩茉莉想着快过年了，就想做一次美容护理。当韩茉莉再次来到汇生合商城找"就你美"美容院时，她发现美容院的店铺已经变成了一家化妆品专柜，美容院已不知去向。韩茉莉找到汇生合商城的负责人，负责人告诉韩茉莉，那家美容院的租赁期只有3个月，到期后就搬走了，商城也不知道这家美容院搬到哪里去了。如今，由于美容院的"失踪"，韩茉莉手中的美容卡成为了一张"废纸"。

情景说法

如今有不少美容、美体、瘦身、护理等店面都入驻大型宾馆和商城进行经营，但也有一些店面浑水摸鱼，打着店铺的牌子，干着欺骗消费者的勾当。上述故事中的"就你美"美容院的套路就是一种典型的欺骗方式：在商城内进行短期租赁，向往来的消费者推销"预付卡消费"服务，等租赁期满，钱骗得差不多了，就携款潜逃。

遇到这种情况，韩茉莉想要找到"就你美"美容院要回预付款是很困难的，因为韩茉莉对该美容院的相关信息，比如经营者、注册信息、注册地等都不了解。但是韩茉莉也不用慌，因为根据《消费者权益保护法》，消费者在展销会、租赁柜台购买商品或者接受服务，其合法权益受到损害的，可以向销售者或服务者要求赔偿。展销会结束或者柜台租赁期满后，也可以向展销会的举办者、柜台的出租者要求赔偿。展销会的举办者、柜台的出租者赔偿后，有权向销售者或者服务者追偿。具体到本故事，如果韩茉莉找不到"就你美"美容院，她可以向汇生合商城要求赔偿。

韩茉莉购买年卡的行为属于预付款消费，是一种由消费者首先对商家授信，预先付费，然后延期消费其服务和产品的消费模式。这种先付款后服务的"预付款消费"，商家往往以不同档次的优惠、折扣来吸引消费者。由于商家对预付款消费一般都给出很大的折扣，相比一次性消费要便宜很多，所以很多消费者开始接受这种消费形式。但是，这种看似价廉物美的消费并非个个"明明白白""货真价实"，有的甚至暗藏陷阱。先付款再消费的方式往往让消费者陷于被动境地,无法预知商家在经营中的变故和服务中可能出现的问题。因此,一旦遇到欺诈、侵权行为,如本故事中美容院的行为,消费者就很难及时挽回损失。

在办理预付卡时,要弄清自己是否真的长期需要此类服务,要保持头脑清醒,按照自己的实际需要来办理。如果贪便宜买了一年或者更多的服务,承担的风险其实也相应地增加。因为办理预付卡后,韩茉莉不仅已损失了同期利息,而且在一定意义上来看,韩茉莉其实也是限制了自己的选择范围。

对于我们广大消费者来说,有几项内容需要注意,以免遇到和韩茉莉一样的情况:(1)在选择各类服务时,要理智,不能轻易相信商家的口头承诺,如果有消费额度,一定要有书面合同并详细阅读合同内容明确双方的责任和义务;(2)消费后,要索要相应的证据,如发票、信誉卡、服务卡等,因为一旦发生纠纷,我们就可以凭借证据合法保护自己的权益;(3)如若遇到类似侵害,一定要及时投诉和申诉,请求市场监督局及有关的行政部门对侵害消费者权益的行为进行曝光和行政处罚;(4)如若有必要,要勇于拿起法律的武器保护自己,通过向法院诉请依照消费者保护法的规定维护自己的权益。

法条索引

《消费者权益保护法》

第四十三条

消费者在展销会、租赁柜台购买商品或者接受服务,其合法权益受到损害的,可以向销售者或者服务者要求赔偿。展销会结束或者柜台租赁期满后,也可以向展销会的举办者、柜台的出租者要求赔偿。展销会的举办者、柜台的出租者赔偿后,有权向销售者或者服务者追偿。

食品安全法

  安托尼是一名来自意大利的知名美食博主，在外国社交网站 Ins 上有着近三百万粉丝。一开始安托尼仅仅是出于对美食的热爱，并希望将更多美丽且有趣的意大利本地食物与大家分享，并且记录自己享受生活的点滴。但是来自全世界的越来越多的用户对于安托尼的分享充满激情，当然也包括来自中国的用户。安托尼每次发布美食后都会乐此不疲地浏览关注者的评论，甚至和部分关注者因为相同的美食爱好成为好友，这包括中国的陈小密小姐——一个来自重庆的美食博主，同样在微博中拥有百万粉丝。陈小密建议安托尼来中国尝试更多的有趣且新奇的食物，显然安托尼被这个点子打动，并在充分准备后动身前往中国。

  安托尼目前居住于西安这个千年古城，并且选择了一处非常具有当地特色的民宿入住。

进口食品没有中文标签合法吗？

进口食品的中文标签

这期的视频中，安托尼打算对中国的各种方便面做测评。同时，在陈小密的推荐下，他选择购买"海味牌芝士鳕鱼香肠"同方便面搭配，同时可以作为福利回馈粉丝。

于是安托尼到当地"好再来"大型连锁超市购买了三箱鳕鱼香肠，每箱有 10 根鳕鱼香肠，且每箱 99 元人民币。安托尼爽快地付款后接过购物小票便兴冲冲地跑回家想要快点品尝美食。但是当安托尼回家打开装着鳕鱼香肠的纸箱，正想要撕开包装品尝时，他发现鳕鱼香肠的外包装仅有日文标签，却没有一般进口食品本应有的中文标签，安托尼对于食物的安全有着近乎苛刻的标准，显然他不能容忍进口商品缺乏中文标签的现实。此时，略通日文的安托尼发现鳕鱼香肠的包装上标明"海味牌芝士鳕鱼香肠"的原产地为日本宫城县，实际上日本福岛县、群马县、栃木县等为日本核辐射区域，在这一区域内生产的食品等存在着受到核辐射的危险。

于是安托尼找到购物小票去和与"好再来"超市交涉，"好再来"超市解释称没有中文标签是因为超市工作人员忘记粘贴，他们可以给安托尼重新粘贴中文标签或者为安托尼更换有中文标签的鳕鱼香肠，甚至可以给安托尼退货。

情景说法

接下来，我们将逐一讲解安托尼所遇到的事情中的全部法律问题。

第一，中国法律规定所有进口到中国的食品和食品添加剂必须有"中文标签"，也就是说进口到中国的食品或者食品添加剂除了标有出口国自己的食品标签外，还应当标有符合中国标准的中文标签。所以，我们可以据此明确的是"好再来"超市所销售的"海味牌芝士鳕鱼香肠"是不符合中国食品安全标准的。同时这个中文标签还需要说明食品的原产国和中国代理此进口食品或者食品添加剂的代理商名称、地址和联系方式。进口食品或者食品添加剂没有中文标签或者中文标签内容不符合内容要求的，都是不符合中国食品安全标准的食品或者食品添加剂。在故事中，安托尼所购买的鳕鱼香肠没有中文标签，当然是不符合中国食品安全标准的，并且这种中文标签更不是可以随意粘贴的，所以即使"好再来"超市事后为安托尼重新粘贴中文标签，也是不符合中国食品安全标准的。

第二，中国进口食品应当符合诸多中国食品安全的规定，例如进口的食品、食品添加剂应当按照中国出入境检验检疫部门的要求随附合格证明材料。因为"海味牌芝士鳕鱼香肠"来源于日本核辐射地区，它也是不符合中国食品安全标准的。中国禁止从日本福岛县、群马县、栃木县、茨城县、宫城县、山形县、新潟县、长野县、山梨县、琦玉县、东京都、千叶县等12个都县进口食品、食用农产品和饲料，这主要是因为上述地区的食品、食用农产品和饲料很可能受到日本福岛核辐射事故的影响，对人体有十分巨大的危害。所以故事中来源于日本宫城县的"海味牌芝士鳕鱼香肠"不符合中国食品安全标准。

因此，安托尼可以要求"好再来"超市退还购买鳕鱼香肠的全部价款。

《食品安全法》

第九十七条

进口的预包装食品、食品添加剂应当有中文标签；依法应当有说明书的，还应当有中文说明书。标签、说明书应当符合本法以及我国其他有关法律、行政法规的规定和食品安全国家标准的要求，并载明食品的原产地以及境内代理商的名称、地址、联系方式。预包装食品没有中文标签、中文说明书或者标签、说明书不符合本条规定的，不得进口。

《关于进一步加强从日本进口食品农产品检验检疫监管的公告》

第一条

自即日起，禁止从日本福岛县、群马县、栃木县、茨城县、宫城县、山形县、新潟县、长野县、山梨县、琦玉县、东京都、千叶县等12个都县进口食品、食用农产品及饲料。

"吃了吗" 外卖

外卖平台责任和 10 倍赔偿金

在中国待了一段时间，安托尼发现大街小巷里都有外卖小哥的身影，这与自己的家乡是截然不同的，于是安托尼也想尝试一下这个新鲜事物。于是他下载了外卖 APP "吃了吗"，APP 为安托尼提供了近百家十分优秀的餐厅，安托尼选择了一家名为 "停不下西安特色刀削面" 的餐厅，购买店内推荐特色面食——牛肉刀削面。40 分钟过去了，安托尼在送餐员手中接过一个外观精美的包装盒，显然安托尼对此非常满意，毕竟这说明 "停不下西安特色刀削面" 的食物卫生是有保证的。但是安托尼的判断明显出现误差，当他打开餐盒后迎面而来的并不是牛肉汤汁特有的醇厚香气，而是一阵酸腐的气息，安托尼用筷子挑起几根面条，发现面条上甚至有些许霉变痕迹。本来想要在家中安逸享受美食的安托尼此时愤怒异常。

安托尼首先想要和"停不下西安特色刀削面"餐厅联系，于是安托尼拨打"吃了吗"APP提供的卖家电话，几次"嘟"声过后响起的便是冰凉的电子女性声音，告诉他"对方无人接听"，安托尼尝试了多次后均是同样的结果。而"吃了吗"APP仅提供了餐厅的联系电话，这让安托尼根本不可能找到餐厅的具体位置。此时安托尼不得不联系"吃了吗"APP，他告诉客服人员"吃了吗"APP提供的餐厅联系方式无效，希望"吃了吗"APP提供有效的联系方式，而客服人员告诉安托尼"吃了吗"APP仅仅是一个订餐服务提供平台，对安托尼和"停不下西安特色刀削面"餐厅之间的纠纷，他们并不提供任何帮助，只能对安托尼的处境表示同情。实际上，安托尼可以要求"吃了吗"APP赔偿，那么他应该怎么做呢？

情景说法

对于安托尼遇到的情况，我国法律实际上已经做出规定：网络食品交易第三方平台提供者应当对平台内部的食品经营者进行审查、监督，如果食品经营者损害消费者的利益，网络食品交易第三方平台提供者有义务协助消费者维护权利，当然，如果他们不能履行这个义务就应当承担责任。接下来我们将逐一分析这一故事中的法律问题。

我们先分析为什么"吃了吗"APP客服人员说食品变质仅仅是安托尼和"停不下西安特色刀削面"餐厅之间的纠纷，而"吃了吗"APP作为订餐服务提供平台就不用承担责任。其实，"吃了吗"APP客服人员是从合同的关系来解释这个问题的，安托尼购买"停不下西安特色刀削面"餐厅牛肉刀削面的行为实际上是一个签订合同的行为，只是这种合同不那么正式而已。既然安托尼和餐厅之前签订了合同，就要遵守"合同相对性"的约束。我们会问，什么是"合同相对性"，简单来说就是两个人之间签订的合同一般不能约束或者影响他人，好比在本故事中安托尼和"停不下西安特色刀削面"餐厅之前签订的合同，是由"停不下西安特色刀削面"餐厅为安托尼制作食物，而不是其他餐厅，只能是"停不下西安特色刀削面"餐厅。所以"吃了吗"APP客服人员说食品变质是安托尼和"停不下西安特色刀削面"餐厅之间的纠纷,与"吃了吗"APP无关,就是从"合同相对性"角度来说的。

但是,安托尼购买的是食物,这个不受"合同相对性"约束,因为中国法律对此有着更为特殊的规定。网络食品交易第三方平台提供者需要对平台内部的食品经营者进行监督,当消费者因为食品经营者而受到损失时,网络食品交易第三方平台提供者需要向消费者提供食品经营者的真实名称、地址和有效联系方式。如果网络食品交易第三方平台提供者不能提供食品经营者的真实名称、地址和有效联系方式,便需要向消费者赔偿。所以在本故事中,"吃了吗"APP是网络食品交易第三方平台提供者,当"吃了吗"APP不能提供平台内部的食品经营者——"停不下西安特色刀削面"餐厅的真实名称、地址和有效联系方式时,就需要向安托尼赔偿他因此受到的损失。

所以,在本故事中,安托尼完全可以要求"吃了吗"APP在不能提供"停不下西安特色刀削面"餐厅的真实名称、地址和有效联系方式时,赔偿他的全部损失。

法条索引

《食品安全法》

第六十二条

网络食品交易第三方平台提供者应当对入网食品经营者进行实名登记,明确其食品安全管理责任;依法应当取得许可证的,还应当审查其许可证。

网络食品交易第三方平台提供者发现入网食品经营者有违反本法规定行为的,应当及时制止并立即报告所在地县级人民政府食品药品监督管理部门;发现严重违法行为的,应当立即停止提供网络交易平台服务。

第一百三十一条

违反本法规定,网络食品交易第三方平台提供者未对入网食品经营者进行实名登记、审查许可证,或者未履行报告、停止提供网络交易平台服务等义务的,由县级以上人民政府食品药品监督管理部门责令改正,没收违法所得,并处5万元以上20万元以下罚款;造成严重后果的,责令停业,直至由原发证部门吊销许可证；使消费者的合法权益受到损害的，应当与食品经营者承担连带责任。

消费者通过网络食品交易第三方平台购买食品，其合法权益受到损害的，可以向入网食品经营者或者食品生产者要求赔偿。网络食品交易第三方平台提供者不能提供入网食品经营者的真实名称、地址和有效联系方式的，由网络食品交易第三方平台提供者赔偿。网络食品交易第三方平台提供者赔偿后，有权向入网食品经营者或者食品生产者追偿。网络食品交易第三方平台提供者作出更有利于消费者承诺的，应当履行其承诺。

麦子香
特色糕点

生产日期2019年4月3日

食品安全责任

　　安托尼在陈小密的介绍下知道西安有种类很多的糕点，而如果要想品尝最为正宗的西安特色糕点，一定要去有着上百年糕点制作历史的"麦子香"糕点店。现在安托尼正站在"麦子香"糕点店里面，在店员的推荐下购买了一盒名为"陕西精品十大怪"的特色糕点，共计99元人民币。每盒里面有着数十种不同种类的糕点。店员向安托尼保证每一盒糕点都是最近三天生产的，并且糕点绝不添加任何防腐剂，所以"麦子香"店内售卖的全部糕点都只有7天的最佳赏味期限。安托尼看到盒子底部标明2019年4月3日，也就是两天前，他对此非常满意并决定立即回家品尝。

回家后安托尼立即吃掉了半盒糕点，他摸着圆滚滚的肚皮，目光被精美的包装盒吸引，木质的包装盒上面竟然镂空雕刻着一些中国传统图画故事，这让安托尼惊喜不已，所以不断在手中把玩。可是他突然发现盒子底部日期左下侧有一行模糊不清的字迹，安托尼仔细辨认后发现这一行字是："生产日期：2019 年 2 月 31 日"，也就是说这盒糕点实际上是一个多月前生产的。安托尼看到里面剩下的糕点其实并没有变质的迹象，而且他回忆起店员所说："麦子香店内售卖的全部糕点都有 7 天的最佳赏味期限"，虽然糕点并没有异味，可是安托尼的肚子竟然开始不舒服，他最终因为食用变质食物生病住院，共花费5000 元人民币。事后，他拿着购物小票希望"麦子香"糕点店给出合理解释并对他进行赔偿。但是"麦子香"店员告诉他，日期并未标错，糕点实际上也并不存在食品安全问题，所以拒绝了安托尼的要求。面对店员的无情拒绝，安托尼该如何捍卫自己作为消费者的权利呢？

情景说法

实际上，"麦子香"糕点店店员的拒绝理由是完全没有法律依据的，安托尼可以要求"麦子香"糕点店赔偿购买糕点的全部价款，共计 99 元人民币；另加赔偿金 15297 元人民币。接下来，我们将对这一故事中涉及的法律问题逐一分析。

"麦子香"糕点店店员认为即便日期标错，糕点实际上也并不存在食品安全问题，那么仅仅更改生产日期而没有变质的糕点是否符合中国食品安全标准呢？答案是否定的，即使糕点实际上没有变质，但是标注虚假生产日期的食品依旧是不符合中国食品安全标准的食品。因为食品的生产日期对于我们消费者而言是一项非常重要的信息，消费者依据生产日期辨别食品的最佳赏味期限，如果食品生产日期不准确，就有可能对消费者的身体健康和生命安全产生严重的影响，所以生产日期必须是准确的。在本故事中，"陕西精品十大怪"特色糕点上标注有两个生产日期，使得安托尼根本无法辨别这盒糕点真正的生产日期，所以这份糕点不符合中国食品安全标准，安托尼完全有理由要求"麦子香"糕点店赔偿他购买这盒糕点所花费的全部金钱，即 99 元人民币。

此外，安托尼还可以要求"麦子香"糕点店向他支付共 15297 元人民币的赔偿金。为什么安托尼可以要求15297元人民币的赔偿金呢？这当然是基于我国《食品安全法》的规定：当食品不符合中国食品安全标准时，购买食品的消费者除了可以要求食品生产厂家或者食品销售者赔偿损失外，还可以要求食品生产厂家或者食品销售者赔偿实际支付食品价款的10倍或者损失3倍的赔偿金。如果赔偿金不足1000元人民币的，以1000元人民币计算。那么在本故事中，安托尼的损失是购买"陕西精品十大怪"特色糕点所花费的99元人民币和就医费用5000元人民币，共计15297元的损失，当以"实际支付食品价款的10倍"计算时仅有990元人民币，而根据"损失3倍"计算时有15297元人民币。所以安托尼还可以要求"麦子香"糕点支付15297元人民币的赔偿金。

所以在本故事中，"麦子香"糕点店店员的拒绝理由是错误的，安托尼可以要求"麦子香"糕点店赔偿购买糕点的全部价款，共计99元人民币，以及共计15297元人民币的赔偿金。也就是说安托尼可以要求"麦子香"糕点店向他支付15396元人民币。

法条索引

《食品安全法》

第四条

食品生产经营者对其生产经营食品的安全负责。

食品生产经营者应当依照法律、法规和食品安全标准从事生产经营活动，保证食品安全，诚信自律，对社会和公众负责，接受社会监督，承担社会责任。

第三十四条

禁止生产经营下列食品、食品添加剂、食品相关产品：

（一）用非食品原料生产的食品或者添加食品添加剂以外的化学物质和其他可能危害人体健康物质的食品，或者用回收食品作为原料生产的食品；

（二）致病性微生物，农药残留、兽药残留、生物毒素、重金属等污染物质以及其他危害人体健康的物质含量超过食品安全标准限量的食品、食品添加剂、食品相关产品；

（三）用超过保质期的食品原料、食品添加剂生产的食品、食品添加剂；

（四）超范围、超限量使用食品添加剂的食品；

（五）营养成分不符合食品安全标准的专供婴幼儿和其他特定人群的主辅食品；

（六）腐败变质、油脂酸败、霉变生虫、污秽不洁、混有异物、掺假掺杂或者感官性状异常的食品、食品添加剂；

（七）病死、毒死或者死因不明的禽、畜、兽、水产动物肉类及其制品；

（八）未按规定进行检疫或者检疫不合格的肉类，或者未经检验或者检验不合格的肉类制品；

（九）被包装材料、容器、运输工具等污染的食品、食品添加剂；

（十）标注虚假生产日期、保质期或者超过保质期的食品、食品添加剂；

（十一）无标签的预包装食品、食品添加剂；

（十二）国家为防病等特殊需要明令禁止生产经营的食品；

（十三）其他不符合法律、法规或者食品安全标准的食品、食品添加剂、食品相关产品。

第一百二十四条

违反本法规定，有下列情形之一，尚不构成犯罪的，由县级以上人民政府食品药品监督管理部门没收违法所得和违法生产经营的食品、食品添加剂，并可以没收用于违法生产经营的工具、设备、原料等物品；违法生产经营的食品、食品添加剂货值金额不足1万元的，并处5万元以上10万元以下罚款；货值金额1万元以上的，并处货值金额10倍以上20倍以下罚款；情节严重的，吊销许可证：

（一）生产经营致病性微生物，农药残留、兽药残留、生物毒素、重金属等污染物质以及其他危害人体健康的物质含量超过食品安全标准限量的食品、食品添加剂；

（二）用超过保质期的食品原料、食品添加剂生产食品、食品添加剂，或者经营上述食品、食品添加剂；

（三）生产经营超范围、超限量使用食品添加剂的食品；

（四）生产经营腐败变质、油脂酸败、霉变生虫、污秽不洁、混有异物、掺假掺杂或者感官性状异常的食品、食品添加剂；

（五）生产经营标注虚假生产日期、保质期或者超过保质期的食品、食品添加剂；

（六）生产经营未按规定注册的保健食品、特殊医学用途配方食品、婴幼儿配方乳粉，或者未按注册的产品配方、生产工艺等技术要求组织生产；

（七）以分装方式生产婴幼儿配方乳粉，或者同一企业以同一配方生产不同品牌的婴幼儿配方乳粉；

（八）利用新的食品原料生产食品，或者生产食品添加剂新品种，未通过安全性评估；

（九）食品生产经营者在食品药品监督管理部门责令其召回或者停止经营后，仍拒不召回或者停止经营。

除前款和本法第一百二十三条、第一百二十五条规定的情形外，生产经营不符合法律、法规或者食品安全标准的食品、食品添加剂的，依照前款规定给予处罚。

生产食品相关产品新品种，未通过安全性评估，或者生产不符合食品安全标准的食品相关产品的，由县级以上人民政府质量监督部门依照第一款规定给予处罚。

第一百四十八条

消费者因不符合食品安全标准的食品受到损害的，可以向经营者要求赔偿损失，也可以向生产者要求赔偿损失。接到消费者赔偿要求的生产经营者，应当实行首负责任制，先行赔付，不得推诿；属于生产者责任的，经营者赔偿后有权向生产者追偿；属于经营者责任的，生产者赔偿后有权向经营者追偿。

生产不符合食品安全标准的食品或者经营明知是不符合食品安全标准的食品，消费者除要求赔偿损失外，还可以向生产者或者经营者要求支付价款10倍或者损失3倍的赔偿金；增加赔偿的金额不足1000元的，为

1000元。但是，食品的标签、说明书存在不影响食品安全且不会对消费者造成误导的瑕疵的除外。

《最高人民法院关于审理食品药品纠纷故事件适用法律若干问题的规定》

第三条

因食品、药品质量问题发生纠纷，购买者向生产者、销售者主张权利，生产者、销售者以购买者明知食品、药品存在质量问题而仍然购买为由进行抗辩的，人民法院不予支持。

好孩子叶黄素酯软糖

婴幼儿配方食品

今天，陈小密邀请安托尼到家里来做客，体验一下原汁原味的中式家庭氛围。饭后安托尼看到陈小密给一岁半的女儿小蜜蜂喂一种橘黄色的软糖，安托尼很是奇怪，难道小蜜蜂生病了？陈小密告诉安托尼，其实这种橘黄色软糖是叶黄素酯，它的主要成分是类胡萝卜素，而类胡萝卜素对于眼睛的保护有非常好的效果。安托尼眉头一皱发现事情并不简单，他似乎记得叶黄素酯实际上是一种功能性新资源原料，婴儿禁止食用叶黄素酯，但是秉持着科学求真的态度，安托尼和陈小密还是查询了相关科学依据和国家规定，他们发现果然国家禁止将叶黄素酯作为婴幼儿食品原料。陈小密告诉安托尼，她实际上是在商家的极力推荐下才购买叶黄素酯软糖的，商家介绍这种物质对于 3 岁以下儿童的视力有非常大的好处，所以她才毫不犹豫地为小蜜蜂买下。商家还叮嘱陈小密 3 岁以下儿童每日只能吃 2 颗。

这类叶黄素酯片正是"好孩子"儿童糖果公司生产并销售的，陈小密要求"好孩子"公司赔偿购买叶黄素酯软糖所花费的 329 元人民币。但是"好孩子"公司表示自己生产的叶黄素酯软糖是安全的，公司内部实验结果显示它们生产的叶黄素酯软糖并不会给 3 岁以下儿童的身体健康造成任何损害。陈小密难道就因此知难而退吗，陈小密又该如何应对"好孩子"公司的说辞呢？

情景说法

实际上，"好孩子"儿童糖果公司生产并销售的含有叶黄素酯的软糖并不符合中国食品安全标准，而陈小密也可以据此要求"好孩子"公司赔偿。我国法律对于婴幼儿食品的监管非常严格，在《食品安全法》中就列专章进行规定，作为"特殊食品"进行保护。比如不得以分装的方式生产婴幼儿配方乳粉，而同一企业也不得使用同一配方生产不同品牌的婴幼儿配方乳粉。接下来，我们将逐一分析本故事中存在的法律问题。

"好孩子"公司内部实验结果显示它们生产的叶黄素酯软糖并不会给婴幼儿身体健康造成任何损害，因此是安全的。这种说法是否正确呢？其实是错误的。我们一步一步来分析错误所在。

首先我们应当明确的是，"好孩子"公司宣称它们生产和销售的叶黄素酯软糖是适合 3 岁以下儿童食用的，这种"宣称"是对产品性质的一种说明，说明它们生产的叶黄素酯软糖食用人群包含 3 岁以下儿童。接下来，我们再来看看婴幼儿到底可不可以食用这种含有叶黄素酯的软糖。中国卫生部在 2008 年发布的《关于批准嗜酸乳杆菌等 7 种新资源食品的公告》中称叶黄素酯是一种新资源食品，它虽然可以作为食品原料或者添加剂，但是每日食用量必须小于等于 12 毫克，而且婴幼儿是完全不可以食用的。也就是说婴幼儿食品中不可以含有叶黄素酯。我们又会疑问，"好孩子"公司说的是"3 岁以下儿童"，而中国法律规定的是"婴幼儿"，这两种一样吗？在我国，《食品安全国家标准较大婴儿和婴幼儿配方食品》中规定，幼儿是指 12 月龄至 36 月龄的人，就是 1 岁到 3 岁的人，那么"好孩子"公司所说的是"3 岁以下儿童"实际上就是法律所称的"婴幼儿"。

此外，我国法律也规定了诸多禁止添加的物质，比如在婴幼儿配方食品中禁止添加牛初乳，婴幼儿食品中禁止添加人工合成色素、谷蛋白、氢化油脂。

"好孩子"公司说明 3 岁以下儿童可以服用它们生产并销售的叶黄素酯软糖是不符合中国食品安全标准的，即便"好孩子"公司内部实验结果显示它们生产的叶黄素酯软糖并不会给婴幼儿身体健康造成任何损害，也不能因此就表明它们生产销售的软糖是安全的，仍然有损害婴幼儿身体健康和生命安全的危险。所以陈小密完全有理由要求"好孩子"儿童糖果公司赔偿她购买叶黄素酯软糖的损失以及赔偿金。

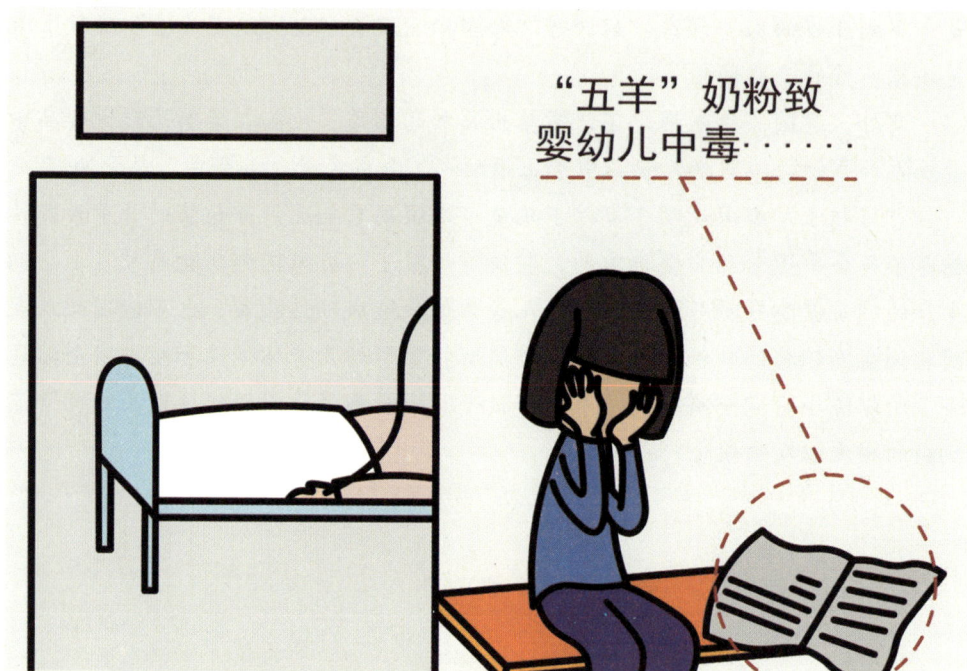

"五羊"奶粉致
婴幼儿中毒……

宝宝吃了『毒奶粉』怎么办？

婴幼儿奶粉

陈小密的好友赵冰冰女士的儿子牛牛出生后，赵冰冰的奶水不足，只能以奶粉替代母乳。"五羊"乳制品有限公司生产的"五羊"奶粉是家喻户晓的知名品牌，价格虽然会略高于同类产品，但是赵冰冰还是毫不犹豫地买下，她清楚地记得，"五羊"奶粉是 158 元人民币一罐。

就这样，牛牛每天喝着"五羊"奶粉，一天天地成长起来。不过，赵冰冰开始发现牛牛的身体似乎有一些变化，牛牛的头发开始脱落以致最终脱光，上厕所的次数也开始变得很频繁，而每次上厕所的时候牛牛总是尿不尽。一开始赵冰冰并没有太多关注，以为是牛牛身体弱的原因，但是后来牛牛的尿液颜色变得黄黑，尿液中甚至有颗粒，赵冰冰才发觉事情可能没有她想象得这么简单。于是和好友陈小密一起带着牛牛来到医院检查，检查结果让赵冰冰自责不已——肾结石！牛牛只是一个 3 岁的孩子啊！赵冰冰唯一能想到的病因就是牛牛一直以来喝的"五羊"奶粉。经过检验，"五羊"奶粉中含有大量三聚氰胺，而三聚氰胺是化工产品，人体在服用后会对身体健康和生命安全产生严重损害。当然这种对人体有害的三聚氰胺并不在"五羊"奶粉的产品配方表中。没过几天，"五羊"奶粉引起婴幼儿中毒导致"肾结石"和脑部发育不健全变成"大头娃娃"的新闻报道引得全国震惊。

当赵冰冰找到"五羊"乳制品有限公司要求赔偿时，"五羊"乳制品有限公司要求赵女士提供合法证据证明它们生产的奶粉有质量问题，否则就说明它们的奶粉是安全的。那么赵冰冰接下来该怎么做呢？

情景说法

实际上，"五羊"乳制品有限公司生产的"五羊"奶粉是不符合中国食品安全标准的婴幼儿乳品，赵冰冰女士完全有理由要求"五羊"乳制品有限公司赔偿全部损失，这里自然包括牛牛的医疗费等费用。

首先，生产厂家生产婴幼儿乳粉必须要符合中国食品安全标准的规定，并且需要一定的程序。中国法律规定婴幼儿配方乳粉的产品配方应当经国务院食品药品监督管理部门注册。在注册时生产厂家应当提交配方研发报告和其他表明配方科学性、安全性的材料。我们知道，三聚氰胺是一种对人体有害的物质，但是为什么"五羊"奶粉中要添加三聚氰胺呢？因为奶粉制作需要检查蛋白质含量，而直接检测蛋白质含量的技术复杂且成本高，所以业界一般采取"凯氏定氮法（Kjeldahl method）"以测量氮原子的含量来间接测定蛋白质的含量，而三聚氰胺价格便宜且氮原子的含量很高，所以就成为某些奶粉企业的节约成本的最佳选择。中国法律规定婴幼儿乳粉的配方应当备案，同时乳粉生产企业必须按照备案的产品配方生产乳粉。但显然在本故事中"五羊"乳制品有限公司并没有按照其备案的产品配方生产奶粉，所以是不符合中国食品安全标准的食品。

此外，这里还涉及法律上所说的"举证责任"，简单来说举证责任就是由谁来证明事情的真假。在《食品安全法》中，其实就是谁应当证明食品不符合中国食品安全标准，是消费者还是食品生产厂商或者销售商家？其实很多时候，消费者都会遇见食品生产厂商或者销售商家要求消费者证明食品不符合中国食品安全标准的情况，这种证明十分困难，于是消费者往往望而却步或者花费大量财力人力去证明。其实，我们消费者可以大声地向生产者说"不！"因为中国法律规定，对于食品是否符合中国食品安全标准的证据，是由食品的生产厂商或者销售商家证明，消费者并不需要证明他们生产或者销售的食品存在质量问题，反而是他们需要证明自己的食品没有食品质量问题，如果他们不能证明，法律上就"推定"他们的食品存在问题。所以当食品生产厂商或者销售商家要求消费者证明他们的食品存在问题时，消费者要严词拒绝。

所以在本故事中，"五羊"乳制品有限公司生产的十羊奶粉不符合中国食品安全标准，而赵冰冰也完全有理由要求"五羊"乳制品有限公司赔偿她的全部损失。

法条索引

《食品安全法》

第三十四条

禁止生产经营下列食品、食品添加剂、食品相关产品：

（五）营养成分不符合食品安全标准的专供婴幼儿和其他特定人群的主辅食品。

第八十二条

保健食品、特殊医学用途配方食品、婴幼儿配方乳粉的注册人或者备案人应当对其提交材料的真实性负责。

省级以上人民政府食品药品监督管理部门应当及时公布注册或者备案的保健食品、特殊医学用途配方食品、婴幼儿配方乳粉目录，并对注册或者备案中获知的企业商业秘密予以保密。

保健食品、特殊医学用途配方食品、婴幼儿配方乳粉生产企业应当按照注册或者备案的产品配方、生产工艺等技术要求组织生产。

《最高人民法院关于审理食品药品纠纷案件适用法律若干问题的规定》

第六条

食品的生产者与销售者应当对于食品符合质量标准承担举证责任。认定食品是否合格，应当以国家标准为依据；没有国家标准的，应当以地方标准为依据；没有国家标准、地方标准的，应当以企业标准为依据。食品的生产者采用的标准高于国家标准、地方标准的，应当以企业标准为依据。没有前述标准的，应当以食品安全法的相关规定为依据。

暖暖胃胶囊

"意想不到的胃黏膜保护功能"
"不吃药还你一个好肠道"

保健食品

陈小密的老公王先生是一名程序员，经常熬夜加班，陈小密也因为工作的原因不能够时常陪伴女儿，两人经常拜托安托尼照顾女儿，为了感谢他，两人再次邀请安托尼到家里做客。安托尼一进陈小密家，就发现饭桌上已经摆满了各色中国家常美食，王先生热情地招呼安托尼坐下，而自己则在一旁取过一粒黄色胶囊吞下，安托尼有些奇怪，难道王先生生病了？王先生向安托尼解释自己因为长期熬夜导致了肠胃问题，并顺手将胶囊的宣传单递给了安托尼。这种胶囊其实是一种保护胃黏膜的保健品，叫作"暖暖胃"，宣传单上面用夸张的黄色字写着"意想不到的胃黏膜保护功能""不吃药还你一个好肠道"。安托尼有些疑惑，保健品为什么可以保证自己的治疗效果呢？甚至还说自己可以替代药品。保健品实际上是不可以替代药品的，而"暖暖胃"胶囊外包装底部有着保健食品标志，就是保健品。怀着这样的疑问，王先生试图和"暖暖胃"胶囊的生产销售商——胃动力保健品有限公司交涉。

胃动力保健品有限公司告诉王先生，它们生产并销售的"暖暖胃"胶囊原材料包括低聚肽粉，低聚肽粉相较于普通蛋白质粉更能保护肠胃黏膜且有益于人体吸收，所以它们宣传自身保健品功能是完全合理、合法的。胃动力保健品有限公司的解释合法吗？

情景说法

实际上，胃动力保健品有限公司对其生产、销售的"暖暖胃"胶囊的宣传已经违反我国法律，王先生完全可以据此要求胃动力保健品有限公司赔偿。

我国对于保健品和药品的监管机构和制度是不同的，法律规定了"保健食品在广告中不可以对保健品的功效或者安全性进行断言或者保证，不可以强调自己有治疗或者预防疾病的功能，更不能和药品或者其他保健品进行对比。"对于暖暖胃的宣传，我们也许会问，这种宣传不是有着科学依据的吗？因为"暖暖胃"胶囊的原材料——低聚肽粉的确可以保护胃黏膜，但是我们不要忘记，"暖暖胃"胶囊是一种保健品，保健品和药品是不同的，保健品在本质上并不能替代药品。在本故事中，王先生购买的"暖暖胃"胶囊的宣传单上写的"意想不到的胃黏膜保护功能""不吃药还你一个好肠道"都是对胶囊预防或者治疗功能的"断言"，甚至误导消费者只需要服用"暖暖胃"胶囊就可以康复，不需要其他药品。所以这些宣传内容已经违反了我国法律。

经营者对于其生产、销售的商品进行宣传时，应当真实、全面，不能作出任何虚假的违法宣传。比如在广告中不对保健品的效果做出保证，而提醒消费者"本品不能替代药品"，提示消费者做出合理、谨慎的购买决定。否则，就应当对消费者的损失作出赔偿。所以在本故事中，胃动力保健品有限公司对"暖暖胃"胶囊的宣传即使有一定的科学依据，但是作为保健品的"暖暖胃"胶囊却让消费者误以为它有药品的功效，并且向消费者承诺了胶囊的疗效，这种行为违反了法律规定。作为消费者的王先生完全有权利要求胃动力保健品有限公司对他的损失进行赔偿。

法条索引

《食品安全法》

第七十八条

保健食品的标签、说明书不得涉及疾病预防、治疗功能，内容应当真实，与注册或者备案的内容相一致，载明适宜人群、不适宜人群、功效成分或者标志性成分及其含量等，并声明"本品不能代替药物"。保健食品的功能和成分应当与标签、说明书相一致。

保健品和药品

　　虽然安托尼是一个美食博主，但也长期保持健身的好习惯。来到西安后，他便选择离家不远的 FIT 健身房开始每日运动打卡。事实上，健身房也是一个结识志同道合的好友的地方，意大利留学归来的许浩很快和安托尼成为无话不谈的好友，当然这也是由于许浩流利的意大利语使他和安托尼交流起来并无任何障碍。

　　许浩有着一些难言之隐，他决定向这位新的外国友人哭诉。事情是这样的，就在几个月前，许浩跟风在博美保健品公司买入"博美"蛋白粉一罐，商家介绍这种蛋白粉安全无副作用，"吃一脸盆鸡蛋都不如蛋白质粉一茶匙"，许浩心动地买下了"博美"蛋白粉。但是服用不久后就发现自己的脸上开始长出大量痤疮，而身体的毛发也逐渐开始脱落，还有心慌恶心的症状。许浩以为是自己训练过度，便减轻了训练的强度，但是后来发现自己经常出现口渴、体重减轻过快、性功能障碍、胸部过度发育、便血等现象。许浩惊慌不已去医院检查，医院检查后认定许浩的症状正是医学上甾体激素的毒性反应。许浩思来想去，认为原因就在"博美"蛋白粉，于是他便去有关部门鉴定，果然发现"博美"蛋白粉里面含有"甾体激素"。本来想要通过健身变得更有阳刚之气的，谁知却成了这副样子。许浩非常苦恼，他应该怎样维护自己的权利呢？

情景说法

实际上，博美保健品公司生产、销售的"博美"蛋白粉作为保健食品是不符合中国食品安全标准的，许浩完全有理由要求博美保健品公司赔偿全部损失，这里自然包括医疗费等费用。

我们首先要明白"保健食品"和"药品"是不同的，保健食品是特殊的食品，是根据食品的法律规范进行监督管理的。除了国务院列出的一些"食药同源"的清单，其他的药品都是不可以加入保健食品中的。而我国法律同时规定生产厂家生产的食品中不可以添加任何药品。当然，在中国还有一个特殊的情况，中国人讲究"药食同源"，有的物质既是食品又是中药材，比如丁香、八角茴香、山药、山楂、木瓜、甘草等，当然具体有哪些"药食同源"的物质是由国务院有关部门制定并公布的。所以保健食品中是不可以添加任何药品的，而在本故事中博美保健品公司生产、销售的"博美"蛋白粉含有"甾体激素"，甾体激素中含有糖皮质激素（醋酸可的松等）和性激素（睾酮类和雌二酮类），这在中国属于药品，含有甾体激素的药品也是以处方药的方式由医生向病人开出。含有药品物质的"博美"蛋白粉显然是不符合中国食品安全标准的保健食品。

同时，中国法律对于保健食品的安全性也作出了规定，法律要求保健食品不能对人体产生任何急性、亚急性或者慢性危害。在本故事中，我们也注意到"博美"蛋白粉向许浩声称自己是安全、无副作用的，但是事实上导致了许浩非常多的不良反应：恶心、便血、高血糖、体重减轻、肾损害、乳房发育、性功能减退及神经症状等。实际上已经对消费者造成了亚急性或者慢性危害，在本质上也是不符合中国食品安全标准的。

所以，许浩完全有理由要求博美保健品公司赔偿全部损失，这里自然包括许浩的医疗费等费用。因为博美保健品公司生产、销售的"博美"蛋白粉作为保健食品已经不符合中国法律所要求的食品安全标准，并对人体具有较大的损害。

法条索引

《食品安全法》

第三十四条

禁止生产经营下列食品、食品添加剂、食品相关产品：

（一）用非食品原料生产的食品或者添加食品添加剂以外的化学物质和其他可能危害人体健康物质的食品，或者用回收食品作为原料生产的食品。

第三十八条

生产经营的食品中不得添加药品，但是可以添加按照传统既是食品又是中药材的物质。按照传统既是食品又是中药材的物质目录由国务院卫生行政部门会同国务院食品药品监督管理部门制定、公布。

第七十五条

保健食品声称保健功能，应当具有科学依据，不得对人体产生急性、亚急性或者慢性危害。

保健食品原料目录和允许保健食品声称的保健功能目录，由国务院食品药品监督管理部门会同国务院卫生行政部门、国家中医药管理部门制定、调整并公布。

保健食品原料目录应当包括原料名称、用量及其对应的功效；列入保健食品原料目录的原料只能用于保健食品生产，不得用于其他食品生产。

产品质量法

    安娜今年 42 岁，来自爱沙尼亚的首都塔林。读完初中后，她便辍学开始海洋捕捞，售卖海生物和手工海产品来贴补家用。2005 年安娜遇到了前来旅游的中国福州人余刚，两人一见钟情，后来安娜便随着余刚前往中国。刚开始二人还是很甜蜜的，但是婚后因为语言交流的障碍和文化的差异，矛盾日益凸显，二人离婚。离婚后，安娜辞掉了海产品店的工作，在外国人聚居的地方福州仓山开了一家名叫"爱沙海货铺"的个体经营店铺，主要是出售自己制造加工的海产品和从生产商进购的海产品。同时她也在不断地学习汉语和中国文化，日子渐渐红火起来。

产品质量责任

到了一年一度吃小龙虾的季节，中国许多人都在叫嚷着吃小龙虾，店里小龙虾售卖的生意非常火爆。很多外国人也鼓足勇气，买一些新鲜小龙虾回去尝尝。小龙虾剥壳比较麻烦，外国人不熟练小龙虾剥壳工序，为了满足客户的需求，安娜从一些小作坊里面买了一些小龙虾"剥壳神器"（金属制作），这些金属器件可以实现三秒钟剥壳。剥壳神器伴随小龙虾的畅销一度断货。

有一天，店铺来了一位怒气冲冲的美国人杰克，他说自己在使用"剥壳神器"的过程中，"剥壳神器"坏了，里面的弹簧弹出把自己额头弹伤，手指还被龙虾夹出了血，去医院就医花了一大笔钱。杰克说这些"剥壳神器"上没有产品标识和使用方法，要求退货退钱，赔偿自己就医的费用，并且还说要去工商局举报安娜，说她售卖三无产品。

安娜非常苦恼和委屈，她认为自己卖的这些"剥壳神器"虽然没有产品标识，但是自己只是售卖者，产品出现什么问题跟她没关系啊，为什么要找她呢？而且退货这个要求也不合理，东西你都用了，买的时候不检查清楚，用一段时间才出现问题，不关我的事情啊，也许是你自己弄坏的呢。

情景说法

在这个故事中，杰克主张两个要求：一是退货退钱，有瑕疵不合格的东西不能继续使用，必须退货退钱；二是要求安娜进行损害赔偿，将没有产品标识的东西卖出去，就要对这个产品负责到底。而安娜的反驳观点是：一是产品已经用过，购买时客户应该仔细检查，用的时候有问题是自己没有好好检查造成的；二是产品不是自己制造的，自己只是销售者，有没有产品标识不是自己能做主的，有问题就去找厂家。

安娜和杰克主要就这两件事情争论不休。

一则产品的质量、包装和标识应该满足的条件。根据《产品质量法》，销售者在进货的时候应该及时查收货物，不仅需要检查货物的质量是否符合安全要求，还需要检查产品是否有合格证书或者其他能证明产品合格的标识。安娜作为销售者，应该在进货的时候就确保自己出售的小龙虾"剥壳神器"有产品标识，从进货源头上就应该保证自己进货的产品有产品标识，这是销售者应该尽到的义务。

销售者售出的产品应该具备使用性能，产品或者产品包装上应该注明产品的质量状况或者产品标准，对使用者起到提示的作用，以避免使用者使用不当造成损害。安娜作为销售者，其售出的产品没有产品包装，没有对产品性能、产品标准和质量状况进行说明，因为小龙虾"剥壳神器"在使用过程中弹簧弹出造成杰克受伤，安娜应该对此负责。根据该条款，安娜对该瑕疵商品进行退货或者换货（根据杰克要求来定），并且承担杰克因此受损害的医疗费用。

二则因产品缺陷造成的人身财产损害，消费者可以向谁要求赔偿？因产品存在缺陷造成人身、他人财产损害的，受害人可以向产品的生产者要求赔偿，也可以向产品的销售者要求赔偿。销售者没有过错但是对缺陷产品进行修理、更换、退货、赔偿损失后，有权利向生产者或者供应商追偿。对于消费者而言，最便捷的获得赔偿的途径就是向销售者追究责任，正所谓"跑得了和尚跑不了庙"。对于销售者而言，谨慎销售货物并对销售货物尽责是其义务，其在对消费者承担责任后也可以向生产者或者供应商追偿。安娜根据杰克的要求退货或者换货，并且承担杰克因此受损害的医疗费用后，因为产品的质量缺陷和无产品标识问题均来自于小作坊厂家，所以安娜可以向当初进货的小作坊厂家追偿，这也就回应了安娜对于自己不是生产者不需要承担责任的想法。

事实上，法律从保护消费者的角度出发，规定产品出现问题，销售者要对消费者负责。销售者对所出售的产品负有一定的责任。但是产品问题实质上是由生产者造成的，销售者在向消费者承担责任后可以向生产者追偿。

法条索引

《产品质量法》

第四十三条

因产品存在缺陷造成人身、他人财产损害的，受害人可以向产品的生产者要求赔偿，也可以向产品的销售者要求赔偿。属于产品的生产者的责任，产品的销售者赔偿的，产品的销售者有权向产品的生产者追偿。属于产品的销售者的责任，产品的生产者赔偿的，产品的生产者有权向产品的销售者追偿。

生产者的免责条款

　　安娜的爱沙海货铺逐渐走上了正轨，已经成为当地必吃的十大小吃之一，安娜也准备扩大规模做点别的生意。最终，她选择投资一家生产海鲜清洗机和海鲜风干机的小生产商，这也与她的海货铺生意密切相关。

　　投资的第一个月，安娜拿到的分红非常可观。于是安娜和生产商计划生产一种新型的海鲜风干机，在原来的机器基础上提高效率和性能。新机器研发成功后，开始向市场投放，可是新产品的市场运营情况并不理想。有客户投诉说，新的海鲜风干机在风干过程中温度过高，会将鱼肉烤焦。安娜百思不得其解，新机器在投放市场前已经无数次检测过，并且试运行一个月都没出现任何问题。而且投放市场前，为了保险起见，安娜聘请了一个著名的外部检测机构对所有新机器都进行检测，这个机构确定没有任何问题。

现在出现客户投诉的这种缺陷故障，应该如何处理呢？安娜这边的生产商已经尽自己所能检测新机器，引起损害的缺陷到底应该由谁负责呢？

情景说法

安娜作为生产者，对新型海鲜风干机承担产品责任须具备三个条件。一是产品存在缺陷。即"产品存在危及人身、他人财产安全的不合理的危险"，产品不符合"保障人体健康，人身、财产安全的国家标准、行业标准"。二是存在损害事实，即消费者人身或者他人人身、缺陷产品以外的财产已经存在损害。三是消费者人身或者他人人身、财产存在损害是由于产品缺陷造成的，即二者有直接的因果关系。不论缺陷产品的生产者主观上是否存在过错，都应当对缺陷产品造成的损害承担赔偿责任。该故事中新型海鲜风干机在风干过程中出现温度过高，将鱼肉烤焦的情况，这种缺陷导致客户的鱼肉被烤焦，财产受到损害和产品的缺陷存在直接的因果关系。

但是根据《产品质量法》，安娜作为生产者的产品责任在三种情况下可以免除。

（1）生产者能够证明未将产品投入流通的，不承担赔偿责任。要是安娜能够证明其改良制作的新型海鲜风干机没有投入市场进行销售，那么将不承担赔偿责任。处于生产或者试运行阶段，尚未进行市场销售的产品造成的产品损害不需要生产者为其负责。显然，新型的海鲜风干机已经投放市场，不满足该项免责情形。

（2）生产者能够证明产品投入流通时，引起损害的缺陷尚不存在的，不承担赔偿责任。也就是说，安娜要是能够证明其将新型海鲜风干机投放市场，转移到销售商或者直接出售给购买者时，产品并不存在缺陷的，将不承担赔偿责任。因为生产者承担产品责任的首要条件就是产品自身存在缺陷，此种情形下，产品自身并不存在缺陷，导致其出现缺陷的原因可能是来自销售商或者购买者本身。所以，不应由生产者来承担产品责任。在产品投放市场前，安娜对产品多次检测和试运行，并聘请外部机构对产品进行检测，都没能发现任何缺陷。产品流通到了客户那儿，发生了故障。安娜若能拿出足够充分的证据证明产品在售出时并不存在缺陷，不承担产品责任。

（3）生产者能够证明将产品投入流通时的科学技术水平尚不能发现缺陷的存在的，不承担赔偿责任。也就是说，以当时整个社会所具有的科学技术水平都不足以检测到产品存在质量缺陷的，即使后来因科学技术水平的发展而发现了该产品存在缺陷，生产者也不需要承担责任。对于这种产品缺陷，生产者是根本无法预见到的，所以对其免除责任是合理的。安娜如是能拿出证据证明当时的技术水平无法检测出该缺陷，不承担产品责任。

综上所述，在该故事中，安娜可以通过举证，证明产品在售出时并不存在缺陷，或者存在的缺陷是当时的技术水平无法检测出来的。以此来免除自己作为生产者的产品责任。

法条索引

《产品质量法》

第四十一条

因产品存在缺陷造成人身、缺陷产品以外的其他财产（以下简称他人财产）损害的，生产者应当承担赔偿责任。

生产者能够证明有下列情形之一的，不承担赔偿责任：

（一）未将产品投入流通的；

（二）产品投入流通时，引起损害的缺陷尚不存在的；

（三）将产品投入流通时的科学技术水平尚不能发现缺陷的存在的。

损害赔偿请求权与诉讼时效

故事三

购买产品已逾两年，还能索赔吗？

　　2019 年 5 月的一天，安娜过生日，她邀请了同住在一个小区的好友，打算做一大桌子美食来招待这些朋友们。安娜像往常一样在电饭煲中加入米饭和红豆，并将洗干净的老母鸡加水放进高压锅中。等安娜炒完所有的菜，发现电饭煲和高压锅都还没有跳闸，很是纳闷。突然，一声爆响，高压锅的气阀跳出，整个高压锅炸开，滚烫的汁液灼伤了安娜的手臂和大腿多处。电饭煲的盖子被蒸汽顶出，锅身裂开，米饭四溅，灼伤在厨房帮忙的杰克。闻讯赶来的另外三位朋友连忙将安娜和杰克送往医院。

　　因为皮肤受到大面积烫伤，二人在医院接受治疗长达三个月之久。她决心找出事故发生的原因，好好的电饭煲和高压锅怎么就突然爆炸了呢？幸好她平时有保存杂物的习惯，找到电饭煲和高压锅的说明书，她惊讶地发现电饭煲保质期是 12 年，高压锅保质期是 8 年！愤怒的安娜心想，"这怎么可能啊，还在保质期的锅应该可以继续使用啊，就算过了保质期，这些电器造成身体严重受伤也要找超市赔偿"。于是她找到当初购买电饭煲和高压锅的超市，要求赔偿。可是超市说购买时间距离现在超过了两年，过了诉讼时效拒不赔偿。

情景说法

在这个故事中，安娜购买的电饭煲和高压锅是在 2019 年出现质量问题，她一开始并没有发现这些质量问题，因此没有在两年内向超市提起诉讼。10 年后，产品才出现严重问题，导致安娜和杰克身体受到伤害。超市主张超过诉讼时效拒不理会，也有一定的道理。

现实生活中，购买的产品在一开始使用时性能表现良好，使用起来没有任何问题，很多年过去后出现质量问题又不知道如何处理。有些产品尚在质量保质期内，但是超过了法律规定的两年诉讼时效期限。

根据《产品质量法》，产品存在缺陷造成损害要求赔偿的诉讼时效是两年，两年的起算点是当事人知道或者应当知道其权益受损时，超市主张超过诉讼时效不无道理，安娜不能通过向法院起诉的途径来维权，但是其要求超市进行赔偿的权利仍然存在。

针对安娜遇到的问题，分为两种情况处理：

（1）保质期为 8 年的高压锅，从安娜将高压锅带回家使用到出现严重故障导致损害，已经超过 10 年，且超过保质期（8 年），安娜向法院起诉请求超市进行赔偿的权利丧失，且因产品存在缺陷造成损害要求超市进行赔偿的权利丧失。在此提醒广大读者，购买的商品使用满 10 年后，切记注意更换产品。因为从产品交付之日起 10 年后，消费者不能因产品缺陷造成的人身财产损害请求生产商、销售者赔偿。

（2）保质期为 12 年的电饭煲，从安娜将电饭煲带回家使用到出现严重故障导致损害，虽然已经超过 10 年，但是并未超过说明书上明确写明的保质期（12 年），安娜向法院起诉请求超市进行赔偿的权利丧失，但是仍然可以要求超市对产品缺陷造成的损害进行赔偿。

　　广大消费者需要从该故事中收获一些警示教育，购买产品时注意看商品的保质期，只要是在保质期内的产品存在缺陷造成损害，都可以要求销售者或者生产者进行损害赔偿。两年的诉讼时效不同于损害赔偿请求权的期间，前者是指自受害人因产品缺陷遭受损害之日起计算，在此之后的 2 年时间内，受害人均有权向法院提起产品责任的诉讼，要求侵害人赔偿损失；后者是指 10 年内，受害人不通过法院直接向侵害人要求损害赔偿的权利，产品安全使用期超过 10 年的话以安全使用期为准。

法条索引

《产品质量法》

第四十五条

　　因产品存在缺陷造成损害要求赔偿的诉讼时效期间为 2 年，自当事人知道或者应当知道其权益受到损害时起计算。因产品存在缺陷造成损害要求赔偿的请求权，在造成损害的缺陷产品交付最初消费者满 10 年丧失；但是，尚未超过明示的安全使用期的除外。

消费者维权的范围和途径

　　为了保持体形，安娜报了一个民族舞舞蹈班。她学习了一个星期，觉得孔雀舞非常有趣，就向舞蹈机构买了两套孔雀舞的服装，上课的时候穿，平时在家里自己也穿着跳舞。穿着孔雀舞服装跳舞的第一天，满头大汗的安娜发现身上有一些蓝色的颜料痕迹，皮肤上还出现了零星小红点，起初她以为只是衣服稍微有一些染印问题，加上最近天气湿热长了一些湿疹，并未放在心上。

　　安娜每天兴致勃勃地学习孔雀舞，发现身上蓝色的印记开始大块大块渗透皮肤了，怎么洗都洗不掉，之前的小红点扩散到全身，脸上都开始长了，这些小红点令她瘙痒难耐，常常不知不觉抓得自己皮肤出血。她养的一只幼年哈士奇突然暴病身亡。宠物医院的医生诊断认为，哈士奇是因为吸入致癌物质导致身体抵抗力急剧下降。身体疼痛难以忍受的安娜去医院检查，医生诊断认为是劣质衣物染色剂渗透皮肤，导致皮肤过敏。由于没有及时就医，她的病情恶化严重，需要赶快住院治疗。安娜听从医生的建议，暂时关闭了自己的爱沙海货铺，在医院接受治疗。失去爱犬的安娜非常难过，感到很孤单，她住院两个月，身上的小红点和蓝斑才褪去。

安娜购买的幼年哈士奇花了 1500 块，短短两天就暴病身亡；购买两套孔雀舞服装花掉 500 块；医院就诊目前已经花掉了两万元，还在接受治疗中，后期不知道还要花多少钱；店铺无人经营暂时关闭，现在就完全没了经济来源。她联系舞蹈机构，舞蹈机构一副高高在上不管事的样子，非常傲慢地给了她服装进货的厂家地址，让她去找厂家。可是安娜按照舞蹈机构提供的地址，怎么都找不到厂家。安娜非常焦虑，身上的病还没有完全治愈，积蓄几乎都花光了，自己孤零零的一个人，不知道该如何维权。找不到厂家那找谁赔偿呢？购买哈士奇的费用、住院费、治疗费、误工费、精神遭到创伤等到底可以赔偿多少呢？

情景说法

安娜遭遇的处境，主要涉及 3 个方面的法律问题。

一是，消费者要求谁来赔偿？根据《产品质量法》，受害人因产品缺陷遭到的人身和财产损害，既可以向生产者要求赔偿，也可以向销售者要求赔偿。属于产品的生产者的责任，产品的销售者赔偿的，产品的销售者有权向产品的生产者追偿。这种法律规定给消费者提供了极大的便利和更多的选择空间，其可以找销售者和生产者赔偿，而不仅仅限于生产产品的厂家。因为孔雀舞服装的缺陷造成安娜人身、财产损害，安娜既可以向生产商要求赔偿，也可以向作为销售者的舞蹈机构要求赔偿。

二是，消费者去找销售者赔偿的话，销售者是否可以不承担责任？如果销售者能提供正确的生产者，他可以免责。但是销售者提供了错误的生产商地址，所以销售者自己应该承担责任。销售者面对消费者的损害赔偿要求，除非能提供生产产品的厂家，否则就应该对此承担责任。孔雀舞服装存在严重的缺陷，导致安娜的财产（哈士奇）和人身遭到严重损害。作为销售者的舞蹈机构应对此承担赔偿责任，舞蹈机构提供的生产机构地址错误，查无此人，其没有指明存在缺陷的服装的生产者或者供货者，应该承担赔偿责任。

三是，因产品缺陷造成的损害，消费者可以就哪些范围要求赔偿？《产品质量法》也对产品缺陷造成损害的赔偿范围进行了明确，明确规定赔偿范围包括医疗费、治疗期间的护理费、因误工减少的收入等费用。因此，安娜可以向舞蹈机构要求赔偿的范围包括：医疗费、治疗期间的护理费、因关闭自己的店铺而减少的收入等费用。

因产品存在缺陷造成受害人财产损失的，侵害人应当恢复原状或者折价赔偿。受害人因此遭受其他重大损失的，侵害人应当赔偿损失。安娜的爱犬哈士奇两天内暴病身亡，属于财产损失，鉴于狗狗无法重新活过来，可以要求舞蹈机构折价赔偿。

法条索引

《产品质量法》

第四十二条

由于销售者的过错使产品存在缺陷，造成人身、他人财产损害的，销售者应当承担赔偿责任。销售者不能指明缺陷产品的生产者也不能指明缺陷产品的供货者的，销售者应当承担赔偿责任。

第四十四条

因产品存在缺陷造成受害人人身伤害的，侵害人应当赔偿医疗费、治疗期间的护理费、因误工减少的收入等费用；造成残疾的，还应当支付残疾者生活自助具费、生活补助费、残疾赔偿金以及由其扶养的人所必需的生活费等费用；造成受害人死亡的，并应当支付丧葬费、死亡赔偿金以及由死者生前扶养的人所必需的生活费等费用。

因产品存在缺陷造成受害人财产损失的，侵害人应当恢复原状或者折价赔偿。受害人因此遭受其他重大损失的，侵害人应当赔偿损失。

劳动合同法

　　沈卫国是中国人，现在已经退休了，他的妻子杨丽莎（Yolanda）来自哈萨克斯坦，目前二人定居在广州，有一个儿子沈大力和女儿沈海棠，两个孩子也一直在中国长大，现在也到了找工作的年纪。沈海棠的梦想是当一个厨师，可是厨师行业一般都是男性做主厨，所以沈海棠遇到了就业歧视。沈大力则是一个高级工程师，遇到了服务期和签订保密协议的问题。

　　他们一家人偶尔会回哈萨克斯坦探望亲戚，但是有时候杨丽莎的很多亲友也会来中国，尤其在"一带一路"倡议实施之后，想要来中国工作的亲友就更多了，他们会找到沈卫国寻求帮助。沈卫国在退休前是一个高中英语老师，英文也很好，所以也可以帮助外国人在中国进行熟悉和办理一些手续。后来，居委会知道了沈卫国的事情，就特意委托沈卫国爷爷在居委会工作，帮助左邻右舍解决他们在工作时候遇到的一些问题。

　　他们的亲戚中，有的是受过良好教育的高级管理人员，但是也会遇到职场中被随意调岗的问题；而有的则是只会夸夸其谈，为了找一份好工作甚至会弄虚作假；还有的女孩子则面临着孕期、产期被解雇的风险；有的则是因为家境贫穷，未满18岁就出来工作了；还有的是勤勤恳恳工作的技术人员，跟劳务派遣公司签订了合同而被派遣到别的单位工作，因为劳务派遣复杂的关系而找不到应该对自己负责的单位。

外国劳动者到中国就业

　　杨丽莎的外甥杰森是哈萨克斯坦人，今年35岁了，毕业于美国麻省理工学院，获得博士学位，获得了美国的绿卡，现在已经是一名高级计算机软件工程师了。中国互联网产业的发展吸引了很多优秀的国外人才，杰森也是其中一个。他曾经在美国一家计算机软件研发公司工作了3年，2017年，在一次交流会议上，他认识了中国劈里啪啦互联网公司的技术总监尼克，两人相谈甚欢，杰森对尼克讲述了自己关于人工智能领域的一些构想，而尼克则表示，自己的公司正在拓展这方面的业务。尼克对杰森青睐有加，于是想要邀请杰森到自己的公司工作。但是杰森表示，这是一个重大的决定，他需要慎重考虑。于是回家之后杰森同自己的父母商议，父母表示，自己三十多年前到过中国，感觉中国是一个经济发展十分落后的国家，所以担心杰森并不能在中国有很好的发展。杰森表示，虽然自己没到过中国，但是根据学术会议上的交谈，感觉中国的互联网技术还是很先进的，便打算去尝试一下。

在咨询了阿姨杨丽莎，同时在网上搜集了很多资料之后，杰森最终决定要到中国工作了。于是他联系了尼克，两人决定携手一起创造属于他们的人工智能王国。

可是在杰森来中国工作之前，面临着一个极大的困难，就是他作为一个外国人，需要什么手续才能够到中国来工作呢？

情景说法

杰森想要到中国来工作，必须要办理相应的手续才是合法的。

首先，来中国工作的劳动者需要满足的前提条件有：第一，年满18周岁，身体健康；第二，具有从事其工作所必需的专业技能和相应的工作经历，一般要求两年；第三，无犯罪记录；第四，有确定的聘用单位；第五，持有有效护照或能代替护照的其他国际旅行证件。中国目前对外国工作人才实行分类管理，而杰森已经35周岁了，名校毕业，获得了高级工程师的证书，也有超过两年的工作经验，品行良好，未曾犯罪，并且有尼克的公司聘用。所以是符合前提条件的。有的部门可能需要提供无犯罪记录证明，这时候就需要按照要求在本国开好证明，并进行公证。

在杰森入境中国之前，需要尼克在中国为他办理好外国人就业许可，取得《中华人民共和国外国人工作许可通知》。一般情况下，需要尼克以公司的名义先在"外国人来华工作管理系统"上进行网上申请，然后根据提示提交相关的电子材料和纸质材料。经过审查通过的，就可以自行在网上下载打印《外国人工作许可通知》。所需杰森的材料包括：（1）护照复印件；（2）二寸白底或蓝底照片一张；（3）境外人员体检证明复印件；（4）中文简历；（5）本科或本科以上学位证书和专业技能资格证书原件及复印件；（6）学历中文翻译件（盖翻译公司公章）；（7）工作经验累积2年的证明；（8）工作经验中文翻译件（盖翻译公司公章）。

所需尼克公司材料包括：（1）营业执照副本原件及复印件（盖公章）；（2）批准证书原件及复印件（盖公章）（此项外商独资企业或外商合资企业提供）；（3）公司章程复印件；（4）合资合同复印件（合资、合作企业提供）；（5）企业社会保险登记证原件及复印件（盖公章）（此项内资企业提供）；（6）聘用外国人书面申请报告（详细说明聘用原因、职务、盖公章）；（7）企业聘用外国人的聘用意向（副总以上职位带董事会决议，盖公章）；（8）外国人就业申请表一份（在申办单位处盖公司公章），二寸照片一张贴表上。

需要的表格都可以在网上下载或者在办理部门领取。

第三，杰森拿着《外国人工作许可通知》和其他办理签证需要的材料去中国驻境外大使馆或者大陆驻香港特派员公署领取工作签证（Z字签）。

第四，在拿到工作签证入境之后，杰森需要在15日内在外国人来华工作管理部门网站上申领《外国人工作许可证》，经审批通过后，杰森需要本人亲自到规定的地点去领取工作许可证。

一般情况下需要的材料如下：

（1）有效护照原件；（2）个人中文简历；（3）临时住宿登记表；（4）健康体检证明原件（去出广州市入境检疫部门办理）；（5）最高学历证明（经过中国驻当地大使馆认证）；（6）2年以上相关工作的证明原件；（7）本国官方出具的无犯罪记录证明（经过公证）。

要注意的是，如果上述材料是外文的，都需要翻译成中文，并且加盖单位的公章。其中，用人单位和外国人签订的劳动合同期限不得超过5年。

第五，就是杰森在入境中国后要拿着《外国人工作许可证》去市公安局出入境管理处申办居留手续，取得《外国人居留许可证》。

完成上述的步骤之后，杰森才算是合法取得了在中国工作的资格，否则他在中国工作是不会受到中国劳动法保护的。

在办理就业许可证的时候，不同的地域可能会需要不同的材料，这个时候可以提前向劳动部门打电话咨询一下，或者网上查询，按照相关部门的要求准备材料就好了！

《外国人在中国就业管理规定》

第八条

在中国就业的外国人应持 Z 字签证入境（有互免签证协议的，按协议办理），入境后取得《外国人就业证》（以下简称就业证）和外国人居留证件，方可在中国境内就业。

未取得居留证件的外国人（即持 F、L、C、G 字签证者）、在中国留学、实习的外国人及持 Z 字签证外国人的随行家属不得在中国就业。特殊情况，应由用人单位按本规定规定的审批程序申领许可证书，被聘用的外国人凭许可证书到公安机关改变身份，办理就业证、居留证后方可就业。

外国驻中国使、领馆和联合国系统、其他国际组织驻中国代表机构人员的配偶在中国就业，应按《中华人民共和国外交部关于外国驻中国使领馆和联合国系统组织驻中国代表机构人员的配偶在中国任职的规定》执行，并按本条第二款规定的审批程序办理有关手续。

许可证书和就业证由劳动部统一制作。

劳务关系还是劳动关系？

劳动关系和劳务关系

沈卫国的侄女沈美嘉一毕业便结婚做了全职太太，全心全意支持李子乔的创业。十年过去了，李子乔的公司渐渐地有了起色，可是沈美嘉却发现，李子乔回家的次数越来越少了。最终宛若晴天霹雳一般，沈美嘉发现李子乔出轨了。伤心欲绝之下，虽然李子乔再三挽留，沈美嘉还是下定决心要离开这个囚笼似的家庭。摆脱了那个负心汉，可是沈美嘉还面临着生存的问题，因为已经与社会脱节许久的她，很难找到一份体面的工作。

沈美嘉找到沈卫国帮忙，在沈卫国的联络下，沈美嘉进入了柯梦投资管理公司当保洁人员，双方没有签订任何的书面协议，沈美嘉的工作时间也不固定，她只需要每天将 1 楼的卫生打扫干净就可以了，约定工时为每天 5 小时，每小时 20 元，按月结算。原本沈美嘉对这份工作还是很满意的，但是后来她听到沈卫国一家在讨论沈卫国的退休金和养老保险的问题，沈美嘉才发现自己根本就没有缴纳过社会保险，对此也没有任何概念。经过上网搜索，她才知道缴纳社会保险对自己是很好的保障，用人单位也有义务为员工缴纳社会保险，于是沈美嘉就去找柯梦公司，要求他们为自己缴纳社会保险，但是被公司一口回绝了。

情景说法

在中国，用人单位有为劳动者缴纳社会保险的义务，但是前提是双方已经建立了合法的劳动关系，才能适用《劳动合同法》的相关规定；如果是劳务关系，只是平等的民事主体之间提供服务的一种约定，双方之间发生争议，只能适用普通的民事争议的解决方法，如《民典法》等法律，而不能归入劳动法保护的范围内。一般情况下，如果公司招聘诸如兼职清洁工、装卸工等临时性工种的工作人员，双方之间一般成立的是劳务关系，这样可以减少用人单位的用工成本。

区分劳动关系和劳务关系，要注意以下事项：

第一，劳动关系的双方是合法的劳动者和用人单位。一般情况下，在中国，年龄在 16 周岁以上，退休年龄以下（一般情况下男性 60 周岁，女性 55 周岁），就可以签订劳动合同。用人单位可以是：企业、个体经济组织、国家机关、事业组织、社会团体。所以说，如果是两个自然人之间签订了一个提供劳动的合同，应该属于普通的劳务关系，而不可能是劳动关系。但是容易引发争议的是一方是合法的用人单位，一方是自然人，双方之间的关系很像是劳动关系，所以此时要通过其他的因素来判断，也就是我们的故事中沈美嘉和柯梦投资管理公司之间的关系。

第二，在劳动关系中，劳动者对用人单位具有一定的人身依附性，需要遵守用人单位的劳动纪律和各项规章制度，完成用人单位分配的工作任务，接受用人单位的劳动用工管理，用人单位对于违反劳动纪律和规章制度的劳动者可以采取如降级、撤职和解除劳动关系等处分，这是劳务关系与劳动关系的最重要区别。但是劳务关系双方的主体是平等的，不存在上下隶属关系或者管理与被管理、支配与被支配的关系。而故事中的沈美嘉并不需要严格遵守柯梦投资管理公司的规章制度，只需要完成打扫卫生的工作即可。

第三，工作内容上，劳动关系中劳动者提供的劳动是用人单位业务的组成部分，且往往需要其他人协调配合完成；而劳务关系中提供劳务的内容一般非用人单位业务的组成部分，劳动过程主要依靠提供劳务一方独立完成。而沈美嘉所从事的打扫卫生等工作亦不属于公司的业务组成部分，其自己独立工作即可完成。

第四，劳动关系的确立需要经过较为正式的招聘程序，并常以工作证、入职证明等形式表现出来，具有长期性、持续性和稳定性的特征；劳务关系一般只需双方达成合意即可成立，体现的是一种即时清结的关系，具有临时性的特征。沈美嘉进入公司工作是经人介绍，双方达成口头约定，并未经过正式的招聘程序，也未约定工作期限，其实际工作时间也只有一个月，实际上体现出一种临时性的特征。

劳务关系中也需要支付劳务报酬，但是并不能以此证明双方之间形成劳动关系，所以与公司成立劳务关系的沈美嘉是不能要求公司为她缴纳社会保险的。

另外，如果是在退休之后已经开始享受养老保险待遇和领取了退休金的，被用人单位返聘，成立的也是劳务关系！

法条索引

《劳动合同法》

第二条

中华人民共和国境内的企业、个体经济组织、民办非企业单位等组织（以下称用人单位）与劳动者建立劳动关系，订立、履行、变更、解除或者终止劳动合同，适用本法。

《最高人民法院关于审理劳动争议案件适用法律若干问题的解释》

第七条

用人单位与其招用的已经依法享受养老保险待遇或领取退休金的人员发生用工争议，向人民法院提起诉讼的，人民法院应当按劳务关系处理。

就业歧视

　　沈海棠从小的梦想便是做一名主厨，于是她报名了山东新西方厨师学校，每天早早的起床开始练习刀工，并且把自己当作小白鼠，尝试各种各样的料理。经过一年的艰苦卓绝的训练，沈海棠在学校举办的厨艺大赛中获得了第一名，还考到了梦寐以求的"中式烹调师技能职业资格证书"。沈海棠似乎离梦想越来越近了。

　　一天，沈海棠在"59同城"上看到广州市最大的"龙门大酒店"在招聘厨房的学徒，这可是沈海棠梦寐以求的酒店呀！广告里说：招聘学徒，可长期留用，表现优异者可升任厨师，薪资面谈。沈海棠信心满满地去报名面试了。

　　可是残酷的现实告诉沈海棠，自己还是很傻很天真，那里的经理居然在看到沈海棠之后就一口回绝了，说他们不缺人。沈海棠据理力争：“你们的招聘广告明明还在，怎么就不缺人了！你们可以先看一下我的本领，我非常的踏实肯干，一定会好好努力胜任这份工作的！”于是他们说了实话，一句接一句宛若当头一棒，把沈海棠的热情浇灭：“厨房学徒不要女的”“厨房里没有女工，都是男的”“公司规定厨房不招女工，即便具备厨师证也不行”“不招女工，你填了表也是没用”“不是说有没有实力的问题，这是管理的问题，就是说不招女生的话就是不招”。

沈海棠没办法，只能流着眼泪离开了。

情景说法

对于女性就业，相关数据显示：

22%的女性认为在就业过程中存在严重的性别歧视，25%认为在晋升中存在严重的性别不平等现象，而男性的比例分别为14%和18%；

43%的具备硕士学历的女性认为就业中存在严重的性别歧视，男性的比例仅为18%。

44%的女性报告到目前为止尚未升过职，而男性的这一比例为31%。获得过升职的女性表示升职的时间也长于男性。

28%的受访者报告自己的直属领导为女性，其余均为男性领导。

而我国的劳动法明确写出，男女享有平等的就业权利，女性不应受到歧视，所以我们应当注意：

如果单位所招聘的岗位并非不适合女性的工种，而其仅因招聘者性别而产生的区别、限制以及排斥的行为不具有合法以及合理性，损害了女性应聘者的就业平等权，应构成就业歧视中的性别歧视。

这是一则典型的就业歧视中的性别歧视故事，违反了劳动法规定的就业平等权。就业平等权系指劳动者不论民族、种族、性别、宗教信仰的不同，而依法享有平等就业、自主择业而不受歧视的权利。就业平等权不仅属于劳动者的劳动权利范畴，亦属劳动者作为自然人的人格权范畴。在这种情况下，沈海棠可以向法院提起诉讼，但是应当注意保留证据，比如说在谈话中录音，如果用人单位真的是因为性别问题就拒绝录用，则沈海棠有权获得精神损害赔偿。

在应聘的过程中，我们可能会面对各种各样的歧视，不仅仅是沈海棠遇到的性别歧视，还有年龄歧视、身高歧视、人群歧视（比如拒收乙肝病患者或艾滋病患者）等。如果是招聘单位明确提出来的，这都是不合法的，这个时候我们要提高警惕意识，同时注意收集单位就业歧视的证据，以维护自己的合法权益。

法条索引

《就业促进法》

第三条

劳动者依法享有平等就业和自主择业的权利。

第二十六条

用人单位招用人员、职业中介机构从事职业中介活动，应当向劳动者提供平等的就业机会和公平的就业条件，不得实施就业歧视。

第二十七条

国家保障妇女享有与男子平等的劳动权利。用人单位招用人员，除国家规定的不适合妇女的工种或者岗位外，不得以性别为由拒绝录用妇女或者提高对妇女的录用标准。用人单位录用女职工，不得在劳动合同中规定限制女职工结婚、生育的内容。

第二十八条

各民族劳动者享有平等的劳动权利。

用人单位招用人员，应当依法对少数民族劳动者给予适当照顾。

第二十九条

国家保障残疾人的劳动权利。

各级人民政府应当对残疾人就业统筹规划，为残疾人创造就业条件。

用人单位招用人员，不得歧视残疾人。

第三十条

用人单位招用人员，不得以是传染病病原携带者为由拒绝录用。但是，经医学鉴定传染病病原携带者在治愈前或者排除传染嫌疑前，不得从事法律、行政法规和国务院卫生行政部门规定禁止从事的易使传染病扩散的工作。

第三十一条

农村劳动者进城就业享有与城镇劳动者平等的劳动权利，不得对农村劳动者进城就业设置歧视性限制。

第六十二条

违反本法规定，实施就业歧视的，劳动者可以向人民法院提起诉讼。

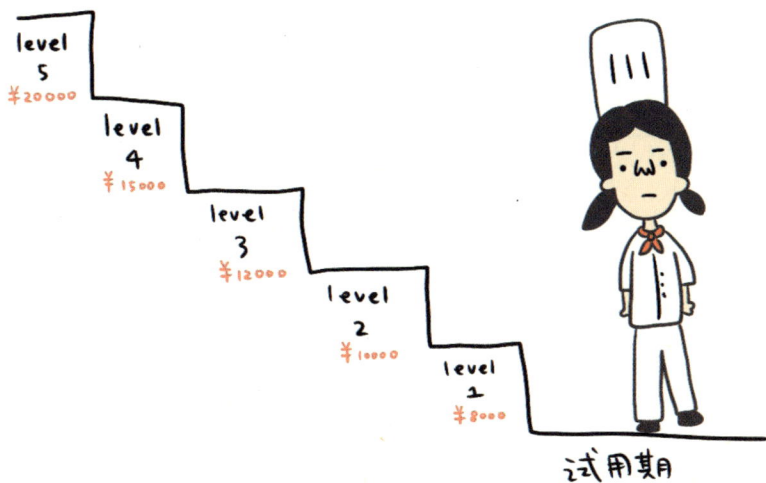

试用期

被龙门大酒店拒绝后,沈海棠又找到了同福大酒店,这家酒店号称是业内良心酒店,只要能在酒店组织的大众评审试吃会中获得前三名,就可以直接被录用成为五级厨师,再不必经过学徒过程的煎熬了。同福大酒店的厨师分为一级至五级,从五级至一级工资依次递增,五级厨师的工资是每月 8000 ~ 10000 元人民币,年底还有奖金,根据工作能力和工作年限可以升为不同等级的厨师,等到最后就可以变成厨师长,薪水也自然是水涨船高了。最终沈海棠凭借自己精湛的厨艺突破重围,打动了大众评审的胃,得到了公司的录用机会。

沈海棠如约来报道,首先,他们签订了《员工试用期合同》：试用期合同期限从 2019 年 12 月 5 日起至 2020 年 3 月 5 日。试用期工资为：4800 元。合同里还规定，如果试用期间沈海棠的考核成绩不合格，她就不能转正了。能够得到这个工作机会，沈海棠已经是十分高兴了，于是没多想就签了这份合同。沈海棠每天兢兢业业地工作，但是专注于厨艺的她却忽略了对人际关系的维护，其他的五级厨师为了赶快晋升，都争先恐后地去给厨师长送礼物、拍马屁，沈海棠却不屑一顾。可是令沈海棠没想到的是，在 2020 年 2 月 14 日，她收到了同福酒店解除劳动关系的通知，说沈海棠在试用期间不能够胜任工作。知道这件事情后，沈海棠充满了委屈与不解。

情景说法

劳动合同法规定了签订劳动合同可以约定试用期，但是对于试用期的期限和工资，以及在试用期间解除劳动合同法律都是有明确的限制的。

首先，劳动合同仅约定试用期的，试用期不成立，该期限为劳动合同期限。因此，沈海棠的试用期合同即为正式劳动合同，则沈海棠的试用期依法并不存在，在此前提下，同福酒店再对沈海棠进行所谓的试用期考核，进而按不符合试用期录用条件为由而解除双方的劳动合同，明显是违法解除劳动合同。

其次，试用期的期限是根据劳动合同的期限来确定的，最长不得超过 6 个月，试用期的期限包含在合同的期限内，同一个单位和同一个劳动者之间只能约定一次试用期。劳动合同期限 3 个月以上不满 1 年的，试用期不得超过 1 个月；劳动合同期限 1 年以上 3 年以下的，试用期不得超过 2 个月；3 年以上固定期限和无固定期限的劳动合同试用期不得超过 6 个月。

劳动合同期限	<3 个月	3 个月~1 年	1~3 年	>3 年或无固定期限
试用期期限	不得约定	≤1 个月	≤2 个月	≤6 个月

试用期的工资需要根据正式工的工资来确定。试用期的工资不得低于本单位相同岗位最低档工资或者劳动合同约定工资的 80%，同时也不得低于用人单位所在地的最低工资标准。也就是说，对于沈海棠来说，即使是在试用期，她的工资也不能低于 8000 元，因为五级厨师的最低档工资就是 8000 元，如果是签订了正式的劳动合同，她的工资不能低于合同约定的正式工资的 80%。如果

说合同约定工资的80%低于当地的最低工资标准了，那么应当按照最低工资标准来计算。

　　试用期期间一般不能解除劳动合同。只有在出现3种情形的时候，才能在试用期间解除劳动合同：（1）在试用期间被证明不符合录用条件的；（2）劳动者患病或者非因工负伤，不能从事相应工作的；（3）劳动者不能胜任工作，经过培训或者调整工作岗位，仍不能胜任工作的。所以即使是在试用期间，同福大酒店也不能随意解除与沈海棠的劳动合同，如果同福酒店说沈海棠不符合录用条件，还要证明当时录取时的录用条件是合理的，并且拿出沈海棠不符合录用条件的证据，无论如何都不能随意解除合同。

法条索引

《劳动合同法》

第十九条

劳动合同期限3个月以上不满1年的，试用期不得超过1个月；劳动合同期限1年以上不满3年的，试用期不得超过2个月；3年以上固定期限和无固定期限的劳动合同，试用期不得超过6个月。

同一用人单位与同一劳动者只能约定一次试用期。

以完成一定工作任务为期限的劳动合同或者劳动合同期限不满3个月的，不得约定试用期。

试用期包含在劳动合同期限内。劳动合同仅约定试用期的，试用期不成立，该期限为劳动合同期限。

第二十条

劳动者在试用期的工资不得低于本单位相同岗位最低档工资或者劳动合同约定工资的80%，并不得低于用人单位所在地的最低工资标准。

第二十一条

在试用期中，除劳动者有本法第三十九条和第四十条第（一）项、第（二）项规定的情形外，用人单位不得解除劳动合同。用人单位在试用期解除劳动合同的，应当向劳动者说明理由。

第三十九条

劳动者有下列情形之一的，用人单位可以解除劳动合同：

（一）在试用期间被证明不符合录用条件的；

（二）严重违反用人单位的规章制度的；

（三）严重失职，营私舞弊，给用人单位造成重大损害的；

（四）劳动者同时与其他用人单位建立劳动关系，对完成本单位的工作任务造成严重影响，或者经用人单位提出，拒不改正的；

（五）因本法第二十六条第一款第（一）项规定的情形致使劳动合同无效的；

（六）被依法追究刑事责任的。

第四十条

有下列情形之一的，用人单位提前 30 日以书面形式通知劳动者本人或者额外支付劳动者 1 个月工资后，可以解除劳动合同：

（一）劳动者患病或者非因工负伤，在规定的医疗期满后不能从事原工作，也不能从事由用人单位另行安排的工作的；

（二）劳动者不能胜任工作，经过培训或者调整工作岗位，仍不能胜任工作的；

（三）劳动合同订立时所依据的客观情况发生重大变化，致使劳动合同无法履行，经用人单位与劳动者协商，未能就变更劳动合同内容达成协议的。

服务期

因为出色的成绩，沈大力本科一毕业就被中国软件研发行业龙头企业 BCS 计算机公司录取了。而沈大力一直在努力地工作，想要研发出一套独特的办公操作系统，从而使国人能拥有自己的专利技术，降低办公成本，打破现在市场上的办公软件系统被现有的两家外国公司垄断的局面。

但是，在研发过程中，却遇到了技术瓶颈，沈大力认为，自己还是需要对现有技术进行深入分析考察，才能够知己知彼百战不殆，如果能够去美国读书深造，是最好的选择。最终，经过公司研究决定，由公司资助其 80 万元的学习费用，支持沈大力申请美国麻省理工的 2 年期的计算机硕士学位，但是双方要签订一个服务期合同，在沈大力完成硕士学业回国后，要在 BCS 公司继续工作至少 10 年的时间才可以，如果沈大力违约，则需要赔偿给 BCS 公司造成的损失，并且支付 200 万元违约金。为了能够顺利出国，沈大力签下了这份服务期合同。

两年很快就过去了，沈大力的专业水平也是突飞猛进，回国之后，他开始继续在 BCS 公司从事软件研发的工作。但是沈大力渐渐发现，BCS 公司的各方面条件都令他十分不满，不仅仅是科研设备的落后，还有公司内部的争权夺利，使得科研人员都无法安心进行研究。更为重要的是，BCS 公司长期未给沈大力缴纳社会保险，最终，沈大力决定离开 BCS 公司，但是却被告知，他违反了之前签订的服务期的合同，给公司造成了损失，被要求沈大力支付违约金。

该行为合法吗？

情景说法

本故事中，沈大力和 BCS 签订了服务期合同，约定了在完成学位后沈大力要在 BCS 公司至少工作 10 年，而他在完成学业后，实际上只工作了两年就想要离职了，这时候就涉及沈大力是否需要对 BCS 公司承担赔偿责任，赔偿的金额又应该是多少呢？

第一，我们应当明确，服务期究竟是什么？服务期就是由用人单位出资，让劳动者去参加某些专业培训，这时候双方可以签订一份协议，约定在完成培训后，劳动者不能随意离开公司，而是必须按照合同约定在公司服务一定的时间，这就是所谓的服务期，而服务期的期限一般会根据公司出资的培训费用的多少，由双方协商订立的。这主要是为了保障用人单位的权利，避免劳动者学会了本领之后就立马离开公司，对公司造成损失。所以沈大力和 BCS 公司的服务期合同是合法有效的。

第二，如果劳动者违反了服务期合同的期限约定，想要提前离开公司，是要支付违约金的，但是违约金的数额最多不得超过用人单位提供的培训费用。实际上支付的违约金，应当按照剩余的应当服务的时间和服务期约定的时间的比例来确定。比如说，沈大力的服务期合同约定的时间是 10 年，但是他实际工作了 2 年，还剩 8 年未履行，那么他需要支付的违约金，就不得超过用人单位支付的学费（80 万元）的 8/10，即 64 万元。

第三，但是如果是用人单位出现了法律规定的违法行为，劳动者想要提前离开公司，是不用支付违约金的。这些违法行为主要规定在《劳动合同法》第三十八条，具体包括：（1）没有按照劳动合同的要求提供相应的劳动条件和安全的工作环境的；（2）拖欠工资的；（3）未缴纳社会保险的；（4）违反法律规定，损害劳动者权益的；（5）因欺诈、胁迫、乘人之危导致劳动合同无效的。（在后面的文章中会有详细的解释）概括下来就是如果出现了劳动者可以不用提前告知用人单位即可解除劳动合同的情形，就可以不支付违约金。而 BCS 公司一直没有给沈大力缴纳社会保险，所以沈大力是不需要支付违约金的。甚至可以向劳动监察大队投诉 BCS 公司要求他们补缴社会保险！

通过以上分析，我们知道了签订服务期合同后，劳动者想要离职应当怎样处理。但是我们知道，劳动合同和服务期合同是两个独立的合同，如果这两个合同约定的期限不一致，有一个到期了应该怎么处理呢？

第一，如果劳动合同期限长于服务期期限，服务期满后，劳动者仍应当按照劳动合同约定期限履行合同义务。劳动者在服务期满后劳动合同期满前要求解除劳动合同，不需要向用人单位承担违约责任。

第二，如果服务期期限长于劳动合同期限，那么劳动合同期限就可以自然顺延，服务期满前，劳动者要求解除劳动合同，应当向用人单位承担违约责任。如果劳动合同到期了，用人单位不需要继续延长劳动合同了，那么双方的关系就自然终止，劳动者也不需要支付违约金。

第三，也有可能出现用人单位提出解除劳动合同的情形。此时，如果是因为劳动者违法而用人单位合法解除劳动合同，那么劳动者需要支付违约金；如果是因为用人单位违法解除劳动合同，那么就视为其放弃了权利，不可以主张违约金。

法条索引

《劳动合同法》

第二十二条

用人单位为劳动者提供专项培训费用，对其进行专业技术培训的，可以与该劳动者订立协议，约定服务期。

劳动者违反服务期约定的，应当按照约定向用人单位支付违约金。违约金的数额不得超过用人单位提供的培训费用。用人单位要求劳动者支付的违约金不得超过服务期尚未履行部分所应分摊的培训费用。

用人单位与劳动者约定服务期的，不影响按照正常的工资调整机制提高劳动者在服务期期间的劳动报酬。

《劳动合同法实施条例》

第十七条

劳动合同期满，但是用人单位与劳动者依照劳动合同法第二十二条的规定约定的服务期尚未到期的，劳动合同应当续延至服务期满；双方另有约定的，从其约定。

第二十六条

用人单位与劳动者约定了服务期，劳动者依照劳动合同法第三十八条的规定解除劳动合同的，不属于违反服务期的约定，用人单位不得要求劳动者支付违约金。

有下列情形之一，用人单位与劳动者解除约定服务期的劳动合同的，劳动者应当按照劳动合同的约定向用人单位支付违约金：

（一）劳动者严重违反用人单位的规章制度的；

（二）劳动者严重失职，营私舞弊，给用人单位造成重大损害的；

（三）劳动者同时与其他用人单位建立劳动关系，对完成本单位的工作任务造成严重影响，或者经用人单位提出，拒不改正的；

（四）劳动者以欺诈、胁迫的手段或者乘人之危，使用人单位在违背真实意思的情况下订立或者变更劳动合同的；

（五）劳动者被依法追究刑事责任的。

加班的时间限制与补偿

沈大力新结交了女朋友郑咖喱，两人决定一起去美丽的云南旅行，刚好在五一节假期，加上沈大力的年假，他凑出了一周的时间。4月30号，两人顺利地出发了，打算在苍山洱海边度过这美丽的一周，可是没想到第二天便接到了老板的电话。

"我不管你现在在哪儿，今晚12点之前必须出现在我的办公室，有一个大的项目要去谈，如果你没出现，以后就不要来了！"老板在电话那头蛮横无理地叫喊着。

从2017年1月份沈大力入职公司到现在，这样的加班已经不是第一次了，沈大力的魔鬼老板以压榨员工著称，每天早上8点沈大力就要到办公室，听候老板吩咐，晚上要一直工作到 12 点才能下班，沈大力一直都默默忍受着，这次的休假，还是辗转找到了老板娘软磨硬泡了好几天并搭进去好几顿饭，老板才放他走的。可是现在他正在外面旅行，突然又要被叫回去加班，沈大力就实在是忍无可忍了。

"老板，我已经按照手续请过假了，现在是我的休息时间，而且我是和女朋友在外面旅行，如果现在就回去，谈成了客户，女朋友肯定就丢了啊！"

"你什么理由我不管，反正不能耽误工作，赶快回来，买最近一班的机票，我看过了，你现在立刻动身是可以回来的！"

说完之后老板就挂了电话了，而沈大力则陷入了两难的选择。

情景说法

很多劳动者可能像沈大力一样，面临着被老板要求加班的情形，那么遇到这种情形，我们应当怎么处理呢？我们应当清楚的是，加班分为：（1）延长每天的工作时间；（2）在休息日加班；（3）在法定节假日加班。同时，劳动者也有休带薪年假的权利。我们来一一讨论。

第一部分是关于加班工资的问题。

首先，对于第一种延长工作时间的加班。一般情况下，标准工时制是我们最常见的形式，这里主要介绍这种工作形式，每天工作 8 小时，每周 40 小时，每周休息 2 天，每周的工作时间最长不得超过 44 小时；加班必须在保障劳动者的身体健康的前提下才能够进行。所以如果是确实需要加班的，需要跟工会和劳动者进行协商，一般情况下每天的加班时间不得超过 1 小时，每天最长不得超过 3 小时，一个月总加班时间不得超过 36 小时。此时，对于延长的工作时间，需要支付不低于工资 1.5 倍的加班费。也就是说，沈大力对于每天老板让他超出 8 个小时的加班，可以要求老板支付 1.5 倍的工资。而每个月如果超出了 36 个小时的加班，沈大力完全可以直接拒绝，如果老板因为沈大力拒绝加班而开除他，则属于违法解除劳动合同，沈大力可以要求赔偿金。

另外，虽然标准工时制规定了每周的工作时间不超过 44 小时即可，在 40 ~ 44 小时之间也不用支付加班费，但是用人单位如果长期这种做法实际上是违规的，劳动监察部门有权制止他们的行为。

其次，对于在休息日加班。也就是一般情况下的双休日，用人单位应该优先安排劳动者补休，如果不能补休的，就应当支付不低于2倍的工资。所以沈大力的老板让其在双休日也上班，沈大力可以要求补休，如果没有补休的，就可以得到双倍的工资。

再次，在法定节假日加班。也就是在元旦、春节、清明节、劳动节、端午节、中秋节、国庆节这些节假日加班，用人单位需要直接支付3倍的工资，没有选择给予补休的权利。所以，老板要求沈大力在五一的当天回去加班，必须支付至少3倍的工资。

总结下来，就是加点1.5倍工资，周末双薪，法定节假日3倍工资。

接下来我们就要讨论带薪年假的问题。

带薪年假是指，已经连续工作一年以上的劳动者，每年可以享受休假，在休假期间工资照发。按照工作时间的不同，休假的天数也不同，在计算年假天数的时候，即使是中间跳槽了，工作时间也可以累积计算。如果用人单位未安排劳动者休年假，应当支付3倍的工资。

具体的年假时间见下表：

累计工作时间（N）	$N < 1$ 年	1 年 ≤ N < 10 年	10 年 ≤ N < 20 年	N ≥ 20 年
带薪年假天数	不能休年假	5 天	10 天	15 天

沈大力是第二年在公司工作，所以他今年是可以享受5天的带薪年假的，如果老板不同意沈大力的年假，在这期间工作，他也可以要求老板支付3倍的工资！

法条索引

《劳动合同法》

第四十一条

用人单位由于生产经营需要，经与工会和劳动者协商后可以延长工作时间，一般每日不得超过1小时；因特殊原因需要延长工作时间的，在保障劳动者身体健康的条件下延长工作时间每日不得超过3小时，但是每月不得超过36小时。

第四十二条

有下列情形之一的，延长工作时间不受本法第四十一条的限制：

（一）发生自然灾害、事故或者因其他原因，威胁劳动者生命健康和财产安全，需要紧急处理的；

（二）生产设备、交通运输线路、公共设施发生故障，影响生产和公众利益，必须及时抢修的；

（三）法律、行政法规规定的其他情形。

第四十三条

用人单位不得违反本法规定延长劳动者的工作时间。

第四十四条

有下列情形之一的，用人单位应当按照下列标准支付高于劳动者正常工作时间工资的工资报酬：

（一）安排劳动者延长工作时间的，支付不低于工资的150%的工资报酬；

（二）休息日安排劳动者工作又不能安排补休的，支付不低于工资的200%的工资报酬；

（三）法定休假日安排劳动者工作的，支付不低于工资的300%的工资报酬。

你被解雇了！

故事七 无固定期限合同等于铁饭碗吗？

无固定期限劳动合同

从 2011 年进入公司工作，他已经是第三次与公司签订劳动合同了。第一次是 2011 年 3 月—2014 年 3 月，第二次是 2014 年 4 月—2017 年 4 月，都是为期 3 年，在第二次的劳动合同要到期的时候，公司原本打算继续像原来一样，跟沈大力再签订一份 3 年的劳动合同，但是沈卫国提出来让沈大力跟公司提议签订一个无固定期限的劳动合同，这样就相当于有了一份铁饭碗了。一般情况下，公司是拒绝跟劳动者签订无固定期限劳动合同的，但是基于沈大力一直勤恳敬业的工作，最后公司还是同意了。

有了"铁饭碗"的沈大力也放松了自己，打算尝试一些以前自己没有做过的事情，于是，在公司新来的托马斯的带领下，他们一起加入了夜店大军，从此沈大力便开始晚上在夜店通宵。意料之中的，他白天上班就开始漏洞百出，不是迟到，就是上班时间打瞌睡，设计的程序出现很多错误，而导致工程项目延期，公司不能履行合同，造成巨大损失。最终，因为沈大力严重违反了公司的规章制度，公司提出了要解除跟沈大力的劳动合同，而沈大力则是满脸的糊涂：自己不是已经有了铁饭碗了吗，怎么突然又要变成无业游民了？

情景说法

　　能够签订无固定期限劳动合同，是很多劳动者梦寐以求的事情，顾名思义，这是没有约定合同终止时间的劳动合同，一般情况下，要到退休的时候，这个合同才能够终止，所以劳动者就不用担心劳动合同到期后用人单位就不再跟自己续签的问题了。但是沈大力遇到的情形是，即使是签订了无固定期限劳动合同，也不意味着可以为所欲为而永不失业。所以接下来我们就来继续探讨什么情形下需要签劳动合同，以及什么时候用人单位可以解除无固定期限劳动合同。

　　首先，一般情况下，在三种情形下，用人单位需要跟劳动者签订无固定期限劳动合同：第一种是一般用人单位中连续工作满10年的劳动者；第二种是在国有企业改制中，劳动者连续工作满10年，并且距离法定退休年龄不足10年的（退休年龄：男60岁，女55岁）；第三种是已经连续订立两次固定期限劳动合同，并且劳动者不存在过错和不能胜任工作的情形，第三次续签的。在本故事中，沈大力就属于已经连续签订了两次劳动合同，并且之前一直是认真工作，不存在任何可以解除合同的情形，所以可以要求用人单位签订无固定期限劳动合同，此时公司是不能拒绝的。

　　要注意的是，对于连续两次签订劳动合同的情形，因为《劳动合同法》是在2008年1月1日开始施行的，所以第一次应该从2008年1月1日开始计算。

　　其次，如果用人单位应该与劳动者签订无固定期限劳动合同而未签订的，如果在法院起诉，人民法院可以视为双方之间存在无固定期限劳动合同关系，并且按照原来的劳动合同确定双方的权利义务关系。新入职的劳动者，如果一年内用人单位未与劳动者签订书面劳动合同的，也视为双方之间存在无固定期限劳动合同。同时，从应当签订劳动合同的时间开始，需要向劳动者支付双倍工资，起算时间为应当订立无固定期限劳动合同之日。所以，如果沈大力在第二次劳动合同到期后，公司没有和他签订固定期限劳动合同，法院同样会认定双方是已经签订了的，并且在后面的时间，沈大力都可以获得双倍工资。

最后，虽然签订了无固定期限劳动合同之后，用人单位不能随意解除合同，但是在出现法定事由，例如如果劳动者因此而不认真工作，进而违反公司的规章制度，给公司造成损失的，公司仍然可以依法解除劳动合同，而不需要支付任何的赔偿。本文中沈大力就是这样的情形，因为沉迷夜店而违反公司的规章制度，所以公司可以立即解除劳动合同。

法条索引

《劳动合同法》

第十四条

无固定期限劳动合同，是指用人单位与劳动者约定无确定终止时间的劳动合同。

用人单位与劳动者协商一致，可以订立无固定期限劳动合同。有下列情形之一，劳动者提出或者同意续订、订立劳动合同的，除劳动者提出订立固定期限劳动合同外，应当订立无固定期限劳动合同：

（一）劳动者在该用人单位连续工作满10年的；

（二）用人单位初次实行劳动合同制度或者国有企业改制重新订立劳动合同时，劳动者在该用人单位连续工作满10年且距法定退休年龄不足10年的；

（三）连续订立二次固定期限劳动合同，且劳动者没有本法第三十九条和第四十条第（一）项、第（二）项规定的情形，续订劳动合同的。

用人单位自用工之日起满1年不与劳动者订立书面劳动合同的，视为用人单位与劳动者已订立无固定期限劳动合同。

《最高人民法院关于审理劳动争议案件适用法律若干问题的解释》

第十六条

劳动合同期满后，劳动者仍在原用人单位工作，原用人单位未表示异议的，视为双方同意以原条件继续履行劳动合同。一方提出终止劳动关系的，人民法院应当支持。

根据《劳动法》第二十条之规定，用人单位应当与劳动者签订无固定期限劳动合同而未签订的，人民法院可以视为双方之间存在无固定期限劳动合同关系，并以原劳动合同确定双方的权利义务关系。

故事八
劳动纠纷可以直接去
法院诉讼吗？

劳动争议的仲裁前置

　　沈卫国的侄子沈铁林出生在小山村，家境贫寒，高中毕业后只身一人来到广州打工。可是这人才济济的广州，哪里又是那么容易留下的，屡屡碰壁之后，几经辗转，沈铁林终于找到了一家叫捉鸡记的餐馆。

　　"老板，请问这里还招人吗？"沈铁林小心翼翼地问道。

　　"招倒是招，你会干啥。"柜台里的老板头也不抬，面无表情地回答道。

　　"什么都能干，只要给我一份工作就行。你可以先让我试用几天，觉得不行我立马走人。"

　　"行，留下吧，这里一个月2000元，包吃包住。"

就这样，沈铁林终于找到了一份工作，在捉鸡记当一个服务员。

可是到现在沈铁林已经工作1年了，依旧没什么积蓄。因为老板处处为难沈铁林，想尽办法克扣他的工资。

"我再也受不了这样的生活了，每天从早上10点工作到晚上11点，两周才能休息一天，工资还少得可怜，幸好这几年我还在厨房学了点手艺，想办法换个工作吧。"

第二天早上，沈铁林找到老板："我不想在这工作了，你把这几个月的工资给我结算一下吧。"

老板一脸不耐烦的样子："工资？你说走就走了，还想要工资？你在这工作摔坏了多少盘子犯了多少错误，我都没给你算呢，你这样一走我去哪里找人去，赶紧哪儿凉快哪儿待着去，别耽误我做生意！"

"老板你怎么可以这样，我在这工作了1年了，没有功劳也有苦劳啊，你拖欠了我3个月的工资，怎么能说不给就不给了！"沈铁林辩解道。

"不给怎么了，你能拿我怎么样啊！"老板理直气壮地叫嚷着。

沈铁林气冲冲地走了。

情景说法

劳动争议的解决方法，不同于一般的民事纠纷。对于沈铁林的问题，我们先讨论他应该通过什么样的方式维权，再讨论他究竟可以主张哪些权利。

首先，对于沈铁林来说，他可以先去当地的劳动争议调解委员会，申请调解，但是申请调解不是必经途径；调解不成的，可以向工作地的劳动争议仲裁委员会申请仲裁；如果对仲裁裁定不服，可以向法院起诉。另外，如果是因为用人单位拖欠或者未支付足额的劳动报酬、经济补偿金或者赔偿金的，劳动者还可以向劳动行政部门投诉。对于劳动纠纷，沈铁林是有很多渠道来解决问题的。对于一般的民事争议来说，如果双方没有约定好去仲裁，仲裁庭是不会受理的，当事人可以直接向法院起诉，但是劳动争议不同，不管有没有约定，劳动仲裁是向法院起诉的前提条件。

但是对于用人单位来说，如果想要通过法律程序解决劳动争议，则存在着"小额诉讼一裁终局"的限制，也就是说，对于总额不超过当地月最低工资标准 12 个月金额的争议，如果经过了仲裁，劳动者不服可以向法院提起诉讼，但是用人单位则不能再提起诉讼。这是因为对劳动者的倾斜保护，防止因为诉讼周期过长，而导致贫困的劳动者一直拿不到赔偿，从而影响社会的稳定性。例如广州市 2017 年月最低工资为 1895 元，如果沈铁林请求赔偿的总金额低于 22740 元（即 1895 元 ×12 个月），那么在仲裁之后，沈铁林如果不服仲裁裁决，可以向法院提起诉讼，而捉鸡记餐厅则只能够履行仲裁裁决的规定。

其次，从劳动者入职工作之日起 30 天内，用人单位应当与劳动者签署书面劳动合同，否则自应当签署劳动合同之日起，用人单位将每月支付劳动者双倍的工资，也就是说这一年之内，劳动者可以获得 11 个月的双倍工资。在这一年的工作时间里，餐厅一直没有与沈铁林签订劳动合同，那么从第二个月开始，餐厅就要支付双倍的工资，也就是第一个月是 2000 元的工资，从第二个月到第 12 个月，都可以获得 4000 元的工资。

而如果是超过 1 年都没有签订劳动合同的，那么就视为用人单位与劳动者签订了无固定期限劳动合同，若也没有签订无固定期限劳动合同，那么劳动者也有权获得双倍工资。所以如果沈铁林继续在餐厅工作超过 1 年，后面的时间也都是可以获得双倍工资的。

最后，如果签订了劳动合同，劳动合同至少应当具备以下条款：

（1）用人单位的名称、住所和法定代表人或者主要负责人；（2）劳动者的姓名、住址和居民身份证或者其他有效身份证件号码；（3）劳动合同期限；（4）工作内容和工作地点；（5）工作时间和休息休假；（6）劳动报酬；（7）社会保险；（8）劳动保护、劳动条件和职业危害防护；除此之外，对于试用期、培训、保守秘密、补充保险和福利待遇等其他事项双方也可以自行约定，但是不是必要的条款。

如果缺少必要的条款而发生争议的，双方可以协商，协商不成的适用集体合同的规定，集体合同没有规定的，由法院根据其他的法律法规进行认定。

《劳动合同法》

第八十二条

用人单位自用工之日起超过 1 个月不满 1 年未与劳动者订立书面劳动合同的，应当向劳动者每月支付 2 倍的工资。

用人单位违反本法规定不与劳动者订立无固定期限劳动合同的，自应当订立无固定期限劳动合同之日起向劳动者每月支付 2 倍的工资。

《劳动争议调解仲裁法》

第四十七条

下列劳动争议，除本法另有规定的外，仲裁裁决为终局裁决，裁决书自作出之日起发生法律效力：

（一）追索劳动报酬、工伤医疗费、经济补偿或者赔偿金，不超过当地月最低工资标准 12 个月金额的争议；

（二）因执行国家的劳动标准在工作时间、休息休假、社会保险等方面发生的争议。

竞业限制协议

杨丽莎的侄女刘雨薇凭借扎实的专业功底和胆大心细的谈判风格，在商务谈判桌上无往不利，年纪轻轻就成为了广州迈讯国际商事谈判公司最出色的高级谈判官之一。最近她接到了一个新项目——协助黄氏集团完成收购迅腾公司。黄氏集团派出的代表人，是他们的继承人董事长的儿子黄韬韬——一个众所周知的不学无术的纨绔子弟。

因为工作的原因，两个人每天都要朝夕相处，渐渐地，刘雨薇发现，黄韬韬并不像别人口中那样的一无是处，其实他是一个有梦想有能力的年轻人，但是因为不想按照父亲的安排接手家族事业，就只能用这样的方式来反抗。两

故事九
竞业限制协议等于保密协议吗？

人开始了轰轰烈烈的恋爱。

但是黄韬韬的父亲黄飞煌，因为刘雨薇的身世和家境，认为她这个平民出身的女孩子不配做黄氏集团的女主人，于是极力反对这门亲事，并冻结了黄韬韬所有的银行卡。同时，黄飞煌还通过自己的人脉，让迈讯公司对刘雨薇施压，从各方面排挤，逼迫她辞职。

原本，优秀的刘雨薇到哪里都可以找到一份不错的工作，之前也有很多公司想要挖走她，但是现在她想要找到一份体面的工作却是难如上青天。因为在入职前，她跟公司签订了保密协议和竞业限制协议，约定在她辞职之后三年内不能进入相关的行业工作，否则就要赔偿三百万元的违约金。

这让黄韬韬和刘雨薇这对苦命鸳鸯陷入了人生最大的困境。

情景说法

接下来，我们就来分析刘雨薇签订的竞业限制协议究竟能对她产生什么样的约束力。

第一，竞业限制协议是指用人单位和劳动者签订的一份协议，约定劳动者在离职后的一定期限内，不得在生产同类产品、经营同类业务或有其他竞争关系的用人单位任职，也不得自己生产与原单位有竞争关系的同类产品或经营同类业务。具体什么是同类业务，往往会在协议中有明确的说明，如果没有约定的，会由法官根据公司的注册经营范围来进行判断。竞业限制协议，不是每个劳动者都要签订的，只能是针对用人单位的高级管理人员、高级技术人员和其他负有保密义务的人员。这主要是因为，作为掌握公司大量商业机密的人，如果离开公司后利用原来的资源到竞争对手处工作或者自立门户，会给原来的公司造成巨大的损失。刘雨薇作为公司的高级谈判员，掌握着公司大量的商业机密和信息，所以公司是有权跟刘雨薇签订竞业限制协议的，而刘雨薇在离职后，也不能立即在别的公司从事类似于谈判官的工作了。

第二，竞业限制不是无偿的，既然劳动者承担了义务，就需要用人单位支付一定的经济补偿。在劳动者离职后，要按月支付，一直到劳动者不用再负担竞业限制的义务。用人单位支付的数额，可以由双方进行协商，如果没有约定金额的话，用人单位还要求劳动者履行义务，则劳动者可以要求用人单位按照劳动者在劳动合同解除或者终止前12个月平均工资的30%按月支付经济补偿。所以刘雨薇在离职后，即使什么工作都不做，都可以获得每月至少3万元的报酬。

第三，如果用人单位超过3个月没有支付经济补偿，劳动者就可以不再履行竞业限制的义务，只需要通知用人单位，就可以解除协议。所以如果公司超过3个月没有向刘雨薇支付补偿金，她就不用再受限制了。

第四，竞业限制的期限，最长不得超过2年，超过的部分是无效的。所以公司和刘雨薇的协议约定了3年，而刘雨薇最多只需要履行2年的义务即可。

第五，如果在竞业限制协议中，可以约定劳动者支付违约金，同时劳动者在支付了违约金之后，还是要继续履行竞业限制的义务。对于违约金的数额，法律没有明确规定，但是法院会根据实际情况，如果违约金数额过高的话，法院会予以调整，一般会跟用人单位向劳动者支付的经济补偿相协调。所以即使是刘雨薇真的违反了竞业限制协议到别的公司做谈判员了，也不一定要支付高达300万元的赔偿金，但是也还是要按照约定承担这样的义务。

第六，要注意的是，在实践中还有保密协议，即要对用人单位的商业秘密进行保密，一般的保密协议和竞业限制是不一样的，用人单位不一定需要支付补偿金。但是如果仅仅是约定了保密协议，劳动者只需要做到不泄露相关的秘密即可，对于劳动者离职后从业是无法进行限制的。

所以，我们了解到，竞业限制协议实际上是倾向于对用人单位进行保护的，那么就需要劳动者注意，在签订协议的时候跟用人单位协商好补偿金的数额，这样才能够避免在离职后陷入失业又穷困的地步。

法条索引

《劳动法》

第一百零二条

劳动者违反本法规定的条件解除劳动合同或者违反劳动合同中约定的保密事项，对用人单位造成经济损失的，应当依法承担赔偿责任。

《劳动合同法》

第二十三条

用人单位与劳动者可以在劳动合同中约定保守用人单位的商业秘密和与知识产权相关的保密事项。

对负有保密义务的劳动者，用人单位可以在劳动合同或者保密协议中与劳动者约定竞业限制条款，并约定在解除或者终止劳动合同后，在竞业限制期限内按月给予劳动者经济补偿。劳动者违反竞业限制约定的，应当按照约定向用人单位支付违约金。

第二十四条

竞业限制的人员限于用人单位的高级管理人员、高级技术人员和其他负有保密义务的人员。竞业限制的范围、地域、期限由用人单位与劳动者约定，竞业限制的约定不得违反法律、法规的规定。

在解除或者终止劳动合同后，前款规定的人员到与本单位生产或者经营同类产品、从事同类业务的有竞争关系的其他用人单位，或者自己开业生产或者经营同类产品、从事同类业务的竞业限制期限，不得超过2年。

第九十条

劳动者违反本法规定解除劳动合同，或者违反劳动合同中约定的保密义务或者竞业限制，给用人单位造成损失的，应当承担赔偿责任。

裁员

金辉公司是一家服装公司，20 多年来，因为公司生产的衣服性价比较高，一直占据着较高的市场份额。而沈卫国作为高级技术工人，也在这家公司工作了 15 年，他见证了这家公司的成长和兴衰。2017 年，沈卫国已经 59 岁了，到 2018 年他就可以光荣退休安享晚年了。沈卫国的侄子沈关鸣在高中毕业后，也进入了这家服装厂工作，到 2017 年沈关鸣已经在金辉公司工作 5 年，但是他最近因为身体检查出了腰间盘突出，医生告诫他必须卧床休养。按照规定，他向公司申请进入医疗期，从而安心休养。

但是从 2015 年起，因为设备陈旧和技术落后，公司的经营状况就大不如从前了。终于，因为效益不好，公司决定裁员。人力资源经理首先从单位这些临近退休的员工下手，包括沈卫国在内，一个个被单位约谈。

"沈卫国，您看您是公司的老员工了，您一直是公司的劳动模范，大家也都很尊敬您，现在公司的经营状况您也是清楚的，现在你马上也要退休了，不如就提前离开，给年轻人一些机会嘛！这里有一个月的工资，就当对您的补偿了，公司也不容易，您多多理解一下吧！"就这样，金辉公司就跟沈卫国解除了劳动合同，让沈卫国回家了。

而第二批，就是对这些像沈关鸣因病不能工作正处在医疗期的人，公司直接给他们发了解除劳动合同的通知："你们现在身体状况也不好，就安心在家养病吧，以后公司效益好起来的话一定会优先考虑你们的！"于是沈关鸣也被解雇了。

这一波突如其来的裁员，让下岗的职工都产生了极大的不满，大家都一起商量着，不能就这样算了，准备去找金辉公司理论。

情景说法

这个故事中，涉及了裁员的问题，裁员并不是公司在觉得经营状况不好想要缩减开支就能够随时决定裁员的，只有在出现法定的情形，并且经过法定程序之后，才能够裁员，对于某些特定的人员，是不能够被裁员的。

第一，裁员的全称是经济性裁员，需要在公司解聘20人以上，或者超过公司人数10%，才能够适用劳动合同法关于裁员的规定。在出现以下情形的时候公司才能够裁员：（1）公司濒临破产，进行重整的；（2）生产经营发生严重困难，达到当地困难企业标准；（3）企业转产、重大技术革新或者经营方式调整，经变更劳动合同后，仍需裁减人员的；（4）其他因劳动合同订立时所依据的客观经济情况发生重大变化，致使劳动合同无法履行的。是否有这些情形的出现，都需要用人单位提供足够的证据来证明。所以金辉公司想要以经营困难为由进行裁员，首先要有充分的证据证明自己已经达到了广州的困难企业的标准。如果不符合裁员的标准则属于违法解除劳动合同，就需要支付赔偿金，或者继续履行原来的劳动合同。

第二，在出现可以裁员的情形后，用人单位要提前30日向工会或者全体职工说明情况，听取工会或者职工的意见后，决定裁减人员方案，然后必须向劳动行政部门报告。只有履行了上述程序，裁员才是合法的，否则就是违法裁员，应当支付劳动者双倍的赔偿金。

第三，用人单位应当支付被裁员的劳动者经济补偿金。按照已经在单位工作的年限，每工作一年，就应当有一个月的工资作为补偿金。例如沈关鸣在公司工作了五年，在最后解除劳动合同的时候，应该拿到额外的五个月的工资作为补偿金。

第四，对于五类人员，是不能被裁员的，否则用人单位应当支付经济赔偿金，也就是经济补偿金的双倍：（1）从事接触职业病危害作业的劳动者未进行离岗前职业健康检查，或者疑似职业病病人在诊断或者医学观察期间的；（2）在本单位患职业病或者因工负伤并被确认丧失或者部分丧失劳动能力的；（3）患病或者非因工负伤，在规定的医疗期内的；（4）女职工在孕期、产期、哺乳期的；（5）在本单位连续工作满15年，且距法定退休年龄不足5年的。其中要注意的是，医疗期是一个法律上的概念，不同于普通的病假，是指企业职工因患病或非因工负伤停止工作治病休息不得解除劳动合同的时限，也就是说这是一个法定的休息期间，在这期间内用人单位是不能解除劳动合同的，同时单位还要给予劳动者一定的病假工资。根据在单位工作时间的长短，医疗期的时间长短也不同。所以，对于正处在医疗期内的沈关鸣，金辉公司是不能将他裁掉的，此时沈关鸣可以要求公司恢复劳动关系，或者支付经济赔偿金。而沈卫国也是，他已经在单位工作了15年了，并且离退休还有1年的时间，也是不可以被裁员的。

第五，有三类人员，在裁员的时候要优先留用：（1）与本单位订立较长期限的固定期限劳动合同的；（2）与本单位订立无固定期限劳动合同的；（3）家庭无其他就业人员，有需要扶养的老人或者未成年人的。但是这三类人员，只是有优先留用权，如果公司有充分的理由，还是可以裁员的，如果没有充分的理由，则还是要支付赔偿金。

第六，对于被裁减的人员，如果在6个月内，公司又重新招聘，这些人有被通知和优先被录用的权利。也就是说，即使沈关鸣是被合法裁员裁掉的，如果在6个月内公司经营情况好转，想要重新招聘，应当先通知沈关鸣，沈关鸣在应聘的时候，同等条件是应该被优先录取的。

《劳动合同法》

第四十一条

有下列情形之一，需要裁减人员20人以上或者裁减不足20人但占企业职工总数10%以上的，用人单位提前30日向工会或者全体职工说明情况，听取工会或者职工的意见后，裁减人员方案经向劳动行政部门报告，可以裁减人员：

（一）依照企业破产法规定进行重整的；

（二）生产经营发生严重困难的；

（三）企业转产、重大技术革新或者经营方式调整，经变更劳动合同后，仍需裁减人员的；

（四）其他因劳动合同订立时所依据的客观经济情况发生重大变化，致使劳动合同无法履行的。

裁减人员时，应当优先留用下列人员：

（一）与本单位订立较长期限的固定期限劳动合同的；

（二）与本单位订立无固定期限劳动合同的；

（三）家庭无其他就业人员，有需要扶养的老人或者未成年人的。

用人单位依照本条第一款规定裁减人员，在6个月内重新招用人员的，应当通知被裁减的人员，并在同等条件下优先招用被裁减的人员。

第四十六条

有下列情形之一的，用人单位应当向劳动者支付经济补偿：

（一）劳动者依照本法第三十八条规定解除劳动合同的；

（二）用人单位依照本法第三十六条规定向劳动者提出解除劳动合同并与劳动者协商一致解除劳动合同的；

（三）用人单位依照本法第四十条规定解除劳动合同的；

（四）用人单位依照本法第四十一条第一款规定解除劳动合同的；

（五）除用人单位维持或者提高劳动合同约定条件续订劳动合同，劳动者不同意续订的情形外，依照本法第四十四条第（一）项规定终止固定期限劳动合同的；

（六）依照本法第四十四条第（四）项、第（五）项规定终止劳动合同的；

（七）法律、行政法规规定的其他情形。

第四十七条

经济补偿按劳动者在本单位工作的年限，每满1年支付1个月工资的标准向劳动者支付。6个月以上不满1年的，按1年计算；不满6个月的，向劳动者支付半个月工资的经济补偿。

劳动者月工资高于用人单位所在直辖市、设区的市级人民政府公布的本地区上年度职工月平均工资3倍的，向其支付经济补偿的标准按职工月平均工资3倍的数额支付，向其支付经济补偿的年限最高不超过12年。

本条所称月工资是指劳动者在劳动合同解除或者终止前12个月的平均工资。

第四十八条

用人单位违反本法规定解除或者终止劳动合同，劳动者要求继续履行劳动合同的，用人单位应当继续履行；劳动者不要求继续履行劳动合同或者劳动合同已经不能继续履行的，用人单位应当依照本法第八十七条规定支付赔偿金。

非全日制用工

在经历过裁员风波后，沈关鸣深切感受到，如果没有过硬的本领，在单位效益不好的时候，必然会任人宰割。于是只有高中毕业的沈关鸣认为自己需要提升一下学历，进行深造。慎重考虑后，他准备参加成人高考，系统地学习服装设计专业。

在用心准备了半年后，他终于如愿以偿地考上了大学，虽然是非全日制的，但是沈关鸣也很满足了。学习之余他在"吃了么"外卖公司找到了一份配送员的工作来赚一些生活费，每天的工作时间是下午3点到7点。之后双方口头约定了沈关鸣是非全日制用工，每天工作4个小时，每小时的报酬为20元，有3天的试用期，"吃了么"公司每月会跟沈关鸣结算工作报酬。

于是沈关鸣每天骑着自己的电瓶车奔波于城市的大街小巷送外卖，一到下雨天的时候，外卖单数就会激增，所以"吃了么"公司就会让全体骑手加班工作，有时候甚至要忙到晚上12点才能结束。或许是因为之前自己一心都放在了学习上，有一天沈关鸣突然才意识到一个问题，之前在金辉公司工作的时候，公司会为自己缴纳所有的社会保险，但是这次"吃了么"公司并没有为自己缴纳社会保险。于是金辉就到公司来进行理论，要求"吃了么"公司为他缴纳社会保险。但是"吃了么"公司却说，沈关鸣不是全日制用工，所以单位没有必要为他缴纳社会保险从而回绝了他的请求。

情景说法

本故事中出现了非全日制用工的概念，它与一般的全日制用工在工作时间、报酬和福利上都存在着不同。

第一，非全日制用工是指以小时计酬为主，劳动者在同一用人单位平均每日工作时间不超过4小时，每周工作时间累计不超过24小时的用工形式。与正常的全日制工时制每天8小时，每周工作5天不同。劳动者在用人单位的工作时间是衡量其与用人单位建立全日制还是非全日制劳动关系的核心标准。

第二，非全日制用工不一定要签订书面的劳动合同，双方协商一致即可。但是在发生争议的时候，用人单位需要提出证据证明自己与劳动者是非全日制的工作关系，否则就要承担未签订劳动合同支付双倍工资的后果。所以沈关鸣与"吃了么"公司未签订书面劳动合同是合理的，但是"吃了么"公司要举证沈关鸣的工作时间每日不超过4小时，否则就会按照正常的全日制工来看待。

第三，非全日制工的工资结算方式，支付周期最长不得超过15日，也不得约定试用期。所以对于沈关鸣来说，"吃了么"公司不应当每月结算支付工资，也不应当约定有试用期，这样的话法院还是会认定是全日制工。

第四，对于非全日制工来说，公司不必缴纳全部的社会保险，只需要缴纳其中的工伤保险即可；而全日制用工则需要缴纳全部的社会保险。这一点是公司倾向于运用非全日制工人的重要的原因之一，因为不必缴纳全部的社会保险，会降低公司的用工成本。所以如果沈关鸣确实是被认定为非全日制用工，则公司需要为他补缴工伤保险，而如果被认定为全日制用工则需要补缴全部的社会保险，包括医疗保险、养老保险，等等。

第五，一般情况下，一个劳动者只能与一家公司建立劳动关系，如果想要同时建立别的劳动关系，则需要原来的工作单位同意，否则用人单位可能会以其影响本单位工作为由与劳动者解除劳动合同。但是如果是非全日制用工，则可以与多家公司建立劳动关系，后签订的合同不影响先签订合同的履行即可。所以沈关鸣是可以同时接多个非全日制的工作的。

第六，非全日制劳动关系双方，都可以随时解除与对方的劳动关系，不需要理由或者支付补偿金，这也导致了工作的不稳定性。对于全日制劳动关系来讲，一般情况下如果劳动者想要解除劳动关系，需要提前30日通知用人单位；而用人单位则需要多支付一个月工资并且支付补偿金才能够提前解除劳动关系。所以如果沈关鸣不能接受忙碌的外卖配送的工作，可随时离开公司。

第七，有人可能会意识到，这里的非全日制用工，和前面讲到的劳务关系之间是很类似的。的确，从形式上看，非全日制用工很像是劳务关系，二者的区别主要在于，非全日制用工属于劳动关系，受《劳动法》保护，劳动者要受到公司规章制度的约束，也要服从公司的日常管理。但是劳务关系则相对自由，劳动者只需要完成相应的工作即可，不需要服从公司人事规章管理制度，对于工作时间也没有限制。

法条索引

《劳动合同法》

第六十八条

非全日制用工，是指以小时计酬为主，劳动者在同一用人单位一般平均每日工作时间不超过4小时，每周工作时间累计不超过24小时的用工形式。

第六十九条

非全日制用工双方当事人可以订立口头协议。

从事非全日制用工的劳动者可以与一个或者一个以上用人单位订立劳

动合同；但是，后订立的劳动合同不得影响先订立的劳动合同的履行。

第七十条

非全日制用工双方当事人不得约定试用期。

第七十一条

非全日制用工双方当事人任何一方都可以随时通知对方终止用工。终止用工，用人单位不向劳动者支付经济补偿。

第七十二条

非全日制用工小时计酬标准不得低于用人单位所在地人民政府规定的最低小时工资标准。

非全日制用工劳动报酬结算支付周期最长不得超过 15 日。

劳动者欺诈

沈大力在经历了辞退风波后，开始创业，他创办了梦得科技公司。在他的带领下，公司的业绩蒸蒸日上，短短五年内就已经跻身行业的前列。

为了扩大公司的队伍，沈大力需要招一些新人。一个叫作刘澈的帅气青年前来公司面试。根据刘澈的简历和面试，沈大力得知，刘澈今年35岁，毕业于中国排名前五的名校之一，曾经在英国留学，做过大型证券公司的销售主管，他信誓旦旦地向沈大力说到，自己有自信且有能力能够为公司拓展客源，开拓新局面，创造更好的经济效益。

这样的刘澈可以说是深得沈大力的心，不仅形象好气质佳，还有留学背景和丰富的实践经验，也正是风华正茂的年龄。于是沈大力决定录用刘澈，并让他担任公司的副经理，协助自己一起管理公司，每月工资2万元。

2017年2月21日，刘澈与梦得公司签订了劳动合同，劳动合同期限为两年，到2019年2月20日为止，刘澈在员工信息表上登记了年龄和学历。登记表的最后写道："我承诺我在本表中所填写的信息及附件真实准确，如有虚假信息将构成公司取消我享受相关福利待遇的资格或解除劳动合同的充分理由。"

可是后来，沈大力渐渐发现刘澈的工作能力与他的描述有很大差距。虽然刘澈没有迟到早退的情况，但是简单的工作总是用很久才能完成，英语交流能力也很弱。于是沈大力拜托人力资源部门对刘澈进行调查。这才发现，原来刘澈在简历和面试中所说的信息都是假的，他只是在他所称的名校名下举办的一个进修班研习过，所谓的留学，也只是去英国旅游，参加了某学校为期一周的体验课程，而他所说的证券公司的高管，其实只是担任了一个普通的秘书，才工作半年就因为违纪行为被开除了。更为重要的是，身份证上的信息显示，刘澈已经40岁了，也就是说刘澈虚报了5岁的年龄。

这令沈大力又气愤又失望，2018年2月10日，他通知刘澈："由于你采取了欺诈手段，你与梦得公司签订的劳动合同是无效的，鉴于此，梦得公司即日取消你的工作职务，请于两日内办好交接手续，离开公司。"

可是谁想到，后来刘澈竟然来到梦得公司理论，说自己在公司工作了一年了，如果公司要解除合同，应该支付他经济补偿金2万元。

情景说法

根据《劳动合同法》的规定，用人单位有权知道劳动者与工作相关的个人信息，劳动者必须如实提供；如果劳动者的简历造假，而上面造假的信息直接影响到用人单位决定是否录用该劳动者，那么则构成劳动者的欺诈，最终导致劳动合同无效，用人单位可以随时解除与劳动者的劳动关系，不用支付赔偿金和补偿金。

例如刘澈对自己的大学学历进行造假，而沈大力正是因为刘澈的高学历才想要录用他，所以刘潋是存在欺诈行为的。同时，梦得公司有刘潋学历造假和年龄造假的证据，《职工登记表》也明确规定了刘潋承诺信息真实准确，如有虚假信息将构成公司取消刘潋享受相关福利待遇的资格或解除劳动合同的充分理由。除非刘潋能够证明梦得公司在与其签订劳动合同时，知道他的身份、学历造假之事并且表示接受，法院在这种情形下一定会认定是刘潋对于劳动合同无效存在过错。所以刘潋是不符合法律所规定的用人单位应当向劳动者支付经济补偿的法定情形的。

但是需要注意的是，即使是劳动合同无效了，如果劳动者实际上真的在单位工作了，单位还是要支付相应的工资的，但是这个时候劳动者就应当有充分的证据证明他在公司工作了，才能够拿到工资。所以刘潋要想得到未支付的工资，应当证明自己实际在公司工作了。

在实践中不仅仅存在着简历造假，还有员工为了带薪休假而对假条造假，例如通过找关系让医院开出相应的病假条，建议休息一定的期间。这种造假行为，如果被用人单位发现，用人单位也可以解除劳动合同并且不支付补偿金。所以在这里提醒各位渴望找到工作的劳动者，虽然你想让自己的简历看起来更漂亮，从而被录取，但是造假的行为是万万不可取的，如果因为你的造假行为给公司带来了损失，这时候，你不仅仅会失去工作，还有可能需要赔偿公司的损失，这真的是得不偿失，所以劝大家还是努力提升自己，凭借真才实学去获得工作，心安理得地赚钱！

法条索引

《劳动合同法》

第八条

用人单位有权了解劳动者与劳动合同直接相关的基本信息，劳动者应当如实说明。

第二十六条

下列劳动合同无效或者部分无效：

（一）以欺诈、胁迫的手段或者乘人之危，使对方在违背真实意思的情况下订立或者变更劳动合同的；

（二）用人单位免除自己的法定责任、排除劳动者权利的；

（三）违反法律、行政法规强制性规定的。

对劳动合同的无效或者部分无效有争议的，由劳动争议仲裁机构或者人民法院确认。

N+1？经济补偿金

陈萍萍是利达公司员工食堂的甜点厨师，已经在利达公司工作了 5 年了，但是由于最近公司的改革，决定将员工食堂的福利转变为现金补贴，员工食堂只提供一些简单的餐食，所以像陈萍萍这样的甜点厨师，公司也就不再需要了，通知工会后，公司最终选择跟陈萍萍解除劳动合同，让他另谋出路。

工作了这么久，突然被辞退，陈萍萍当然是不愿意的，并且说道："我的劳动合同还有一年才到期呢，现在我又没有违反公司的规章制度，也没有犯错误，你们没有权利跟我解除劳动合同。"

"陈萍萍，公司也是实在是没有办法，没有多余的资金来支付甜点师的工资了。你的甜点技术我了解，我的女儿沈海棠现在在同福酒楼当主厨，我把你介绍过去，她一定会为你寻一个好职位的，而且你现在的工资是每个月10000元，到了那里，一定会更高的！"资深人力资源经理杨丽莎经常处理类似的事情。

"真的吗，同福酒楼，就是传说中的广州五星级餐厅同福酒楼吗？那太好了！"于是，陈萍萍开开心心的就跟杨丽莎达成了共识，第二天办好交接手续，多领了一个月的工资，就离开了。

但是过了一段时间，他突然又回来了，说道："我离职的时候，你们好像还差我经济补偿金吧！"

"补偿金？不是已经多支付你一个月的工资了吗？"杨丽莎一头雾水，在之前碰到要解聘员工的时候，杨丽莎都是这么处理的，并且员工还因为多领了一个月的工资高高兴兴地离开了，但是这个补偿金是怎么回事呢？

情景说法

本故事中，杨丽莎与陈萍萍是协商一致解除劳动合同的，那么到底要不要支付所谓的补偿金呢？接下来我们就深入讲解一下，到底什么情形需要支付经济补偿金。

首先，经济补偿金是在劳动合同依法解除的时候，用人单位仍需要支付给劳动者一定数额的金钱。一般情况下，这被认为是用人单位要承担的一种社会责任，可以缓解失业人员的经济困难。

其次，需要支付经济补偿金的情形大致上包括了：（1）用人单位提出解除劳动合同，并且与劳动者协商一致解除的；（2）劳动者不能胜任工作，或者有其他的客观情况变化导致不能再履行原合同的，用人单位在提前30天通知或者多支付了一个月工资之后，仍需要支付经济补偿金；（3）劳动者被迫辞职时，可以获得经济补偿金；（4）在经济性裁员的时候；（5）在劳动合同到期后，用人单位降低劳动合同约定的条件续订劳动合同，劳动者不同意续订的，也可以获得经济补偿金；（6）在用人单位被宣告破产进行最后的清算，结算工资的时候或者用人单位因被吊销营业执照等情形提前解散的。如果是用人单位单方面解除劳动合同，必须要通知工会后才能够进行，否则会变成违法解除。所以，虽然杨丽莎和陈萍萍是协商一致解除劳动合同的，但是因为是用人单位提出要解除的，陈萍萍仍然可以获得经济补偿金。另外，如果是劳动合同自然到期的时候，如果用人单位提出了比原来的劳动合同更好的条件或者是跟原来一样的条件，而劳动者不愿意继续签订的，那么陈萍萍是不能获得经济补偿金的，但是如果是用人单位降低了劳动合同的条件，陈萍萍不愿意续订的，依旧可以获得经济补偿金。

最后，经济补偿金的计算标准，是按照劳动者在本单位工作的年限，每满1年支付1个月的工资；6个月以上不满1年的，按照1年计算，支付1个月工资；不满6个月的，支付半个月的工资。而如果劳动者的月工资，高于用人单位所在地的上年度平均月工资的3倍的，则按照3倍来计算，同时支付的经济补偿的年限最长不得超过12年，也就是最多可以获得12个月的经济补偿金。所以陈萍萍在公司工作了5年，应当获得5个月的工资作为补偿金，而广州市2017年度的平均工资为7210元，陈萍萍是没有超过3倍的，所以就按照每月10000元的工资进行补偿，一共可以获得50000元的经济补偿金。

法条索引

《劳动合同法》

第四十六条

有下列情形之一的，用人单位应当向劳动者支付经济补偿：

（一）劳动者依照本法第三十八条规定解除劳动合同的；

（二）用人单位依照本法第三十六条规定向劳动者提出解除劳动合同并与劳动者协商一致解除劳动合同的；

（三）用人单位依照本法第四十条规定解除劳动合同的；

（四）用人单位依照本法第四十一条第一款规定解除劳动合同的；

（五）除用人单位维持或者提高劳动合同约定条件续订劳动合同，劳动者不同意续订的情形外，依照本法第四十四条第（一）项规定终止固定期限劳动合同的；

（六）依照本法第四十四条第（四）项、第（五）项规定终止劳动合同的；

（七）法律、行政法规规定的其他情形。

第四十条

有下列情形之一的，用人单位提前 30 日以书面形式通知劳动者本人或者额外支付劳动者 1 个月工资后，可以解除劳动合同：

（一）劳动者患病或者非因工负伤，在规定的医疗期满后不能从事原工作，也不能从事由用人单位另行安排的工作的；

（二）劳动者不能胜任工作，经过培训或者调整工作岗位，仍不能胜任工作的；

（三）劳动合同订立时所依据的客观情况发生重大变化，致使劳动合同无法履行，经用人单位与劳动者协商，未能就变更劳动合同内容达成协议的。

办公室恋情

办公室恋情：员工手册的边界

半年前，在利达公司的一次年会上，权震震和白梨花相遇了，白梨花身着一席白色长裙，完美的曲线令权震震一见钟情。两人暗送秋波，很快便相爱了。但是由于公司员工手册上明确写了禁止员工之间谈恋爱，否则会被开除，两人决定做隐秘的办公室恋人，权震震也在等待合适的跳槽机会。

半年以来，他们按照约定，在办公室见面只是微笑点头打个招呼，下班之后，他们和普通的情侣一样，吃饭逛街，乐此不疲。这天，他们如往常一样牵着手去看电影，并且特意选择了一个离公司很远的地方。

可是在意料之外，他们遇到了老板带着他的婚外情人莉莉，为了躲避他的夫人，也约在这里看电影。四人撞见的时候，面面相觑，权震震和白梨花的表情瞬间凝固。

之后，老板便告知杨丽莎说权震震和白梨花有办公室恋情，让杨丽莎通知他们解除劳动合同。果然，他们双双收到了《离职通知书》："你因违反了公司的规章制度，经本公司慎重研究决定，自今日解除与你的劳动合同，请于今日完成工作交接，并离开公司。"

这个通知犹如晴天霹雳，让权震震和白梨花不知所措，恋爱的甜蜜也掩盖不住双双失业的痛苦，两人内心五味杂陈。虽然被开除是意料之中的事情，但是权震震还是心有不甘。

情景说法

禁止办公室恋情，是我们经常看到的，但是这种规定其实是违背法律的。以此为由辞退员工属于用人单位违法解除劳动合同。

首先，如果员工违反了公司的规章制度，公司是可以无条件解除与员工的劳动合同并且不支付任何补偿金的。但是如果这条规章制度本身就是违法的，那么公司是不能凭借这条规章制度解除劳动合同的。我国《婚姻法》规定了公民享有婚姻自由，限制婚姻自由的规定和行为都是违法的。所以这条禁止办公室恋情的规章制度，是违反法律强制性规定的，利达公司解除劳动合同是违法的。

那么在什么时候用人单位可以无条件地单方面解除劳动合同呢？（无条件解除）具体情形如下：（1）劳动者在试用期间被证明不符合录用条件的；（2）严重违反用人单位的规章制度的；（3）严重失职，营私舞弊，给用人单位造成重大损害；（4）劳动者同时与其他用人单位建立劳动关系，对完成本单位的工作任务造成严重影响，或者经用人单位提出，拒不改正的；（5）因劳动者欺诈等行为致使劳动合同无效的；（6）劳动者被依法追究刑事责任的，等等。在出现以上情形的时候，这时候只要用人单位依法通知工会、并且按照规定向劳动者发出通知可以随时与劳动者解除劳动合同，不需要支付任何的经济补偿。

除了上述情形外，在以下情形的时候，如果用人单位想要提前解除劳动合同，需要给予劳动者提前 30 日的预告期，或者多支付一个月工资才能够解除（需要预告的解除）。具体包括了：（1）劳动者患病或者非因工负伤，在规定的医疗期满后不能从事原工作，也不能从事由用人单位另行安排的工作的；（2）劳动者不能胜任工作，经过培训或者调整工作岗位，仍不能胜任工作的；（3）劳动合同订立时所依据的客观情况发生重大变化，致使劳动合同无法履行，经用人单位与劳动者协商，未能就变更劳动合同内容达成协议的。这个时候，仍需要提前通知工会，才能够解除劳动合同。同时要按照工作年限支付劳动者经济补偿金。

还有另外一些情形，出于对弱势群体的保护，及时出现了需要预告的解除的情形，用人单位是不能解除劳动合同的：（1）从事接触职业病危害作业的劳动者未进行离岗前职业健康检查，或者疑似职业病病人在诊断或者医学观察期间的；（2）在本单位患职业病或者因工负伤并被确认丧失或者部分丧失劳动能力的；（3）患病或者非因工负伤，在规定的医疗期内的；（4）女职工在孕期、产期、哺乳期的；（5）在本单位连续工作满15年，且距法定退休年龄不足5年的。但是如果这些劳动者是出现了类似于违反法律等上述可以无条件解除的情形，用人单位还是可以解除劳动合同。

如果用人单位违反法律规定单方面与劳动者解除劳动合同，那么劳动者可以请求用人单位支付经济赔偿金。经济赔偿金是经济补偿金的两倍。所以，权震震和白梨花在向仲裁庭申请仲裁的时候，既可以要求恢复劳动关系，也可以要求利达支付他们经济赔偿金。

法条索引

《劳动合同法》

第三十八条

用人单位有下列情形之一的，劳动者可以解除劳动合同：

（一）未按照劳动合同约定提供劳动保护或者劳动条件的；

（二）未及时足额支付劳动报酬的；

（三）未依法为劳动者缴纳社会保险费的；

（四）用人单位的规章制度违反法律、法规的规定，损害劳动者权益的；

（五）因本法第二十六条第一款规定的情形致使劳动合同无效的；

（六）法律、行政法规规定劳动者可以解除劳动合同的其他情形。

用人单位以暴力、威胁或者非法限制人身自由的手段强迫劳动者劳动的，或者用人单位违章指挥、强令冒险作业危及劳动者人身安全的，劳动者可以立即解除劳动合同，不需事先告知用人单位。

第三十九条

劳动者有下列情形之一的，用人单位可以解除劳动合同：

（一）在试用期间被证明不符合录用条件的；

（二）严重违反用人单位的规章制度的；

（三）严重失职，营私舞弊，给用人单位造成重大损害的；

（四）劳动者同时与其他用人单位建立劳动关系，对完成本单位的工作任务造成严重影响，或者经用人单位提出，拒不改正的；

（五）因本法第二十六条第一款第（一）项规定的情形致使劳动合同无效的；

（六）被依法追究刑事责任的。

第五十条

用人单位应当在解除或者终止劳动合同时出具解除或者终止劳动合同的证明，并在 15 日内为劳动者办理档案和社会保险关系转移手续。

劳动者应当按照双方约定，办理工作交接。用人单位依照本法有关规定应当向劳动者支付经济补偿的，在办结工作交接时支付。

用人单位对已经解除或者终止的劳动合同的文本，至少保存 2 年备查。

第八十七条

用人单位违反本法规定解除或者终止劳动合同的，应当依照本法第四十七条规定的经济补偿标准的二倍向劳动者支付赔偿金。

我要辞职！

请先支付违约金！

辞职法律问题

从年会那晚的一见倾心，权震震和白梨花一起度过了最美好的一段时光，可是最终还是没能抵过时间对爱情的冲蚀，两人还是分手了。3 年的恋情，他们在这个城市的每个角落都留下了属于彼此的回忆，白梨花清醒地认识到，如果继续留在这座城市，她可能永远都无法走出这段恋情。而且她在利达公司的这份工作，虽然收入看起来不低，当时约定好了按月支付工资，但是公司已经欠她 3 个月的工资没有发放了，白梨花刚好可以趁这个机会离开这个地方。

于是，白梨花第二天便到公司去了，对杨丽莎说道："世界那么大，我想去看看，请为我办理离职手续吧。我今天要离开公司了。"

杨丽莎一头雾水："当初你为了留住这份工作，可是费了不少力气的，现在怎么这么轻易的说不要就不要了。"

"我不想在这个城市待着了，我跟权震震分手了，想要换一个环境，尽快从悲伤之中走出。"

"原来是这样，换个环境确实是走出失恋的好办法，但是我很抱歉地告诉你，你并不能立即离开公司，根据公司的员工手册，你要是想辞职，需要提前60天告诉公司并且经过公司批准才行，不然的话，公司可以扣除你3个月的工资，而且你的劳动合同期限还没有到期，提前离职，要支付违反劳动合同期限的违约金，至少要10万元了，这可不是一个小数目。"

3个月的工资对于白梨花来说，狠狠心不要也就罢了，可是巨额的违约金却把白梨花吓着了，想要换个工作怎么就这么难呢？难道她就只能乖乖等到劳动合同到期之后才能够离职吗？

情景说法

本故事中涉及了劳动者想要辞职时遇到的法律问题，接下来我们就来讨论劳动者辞职需要什么条件，以及是否需要向用人单位支付所谓违约金的问题。

第一，在一般情况下，劳动者想要辞职，只需要提前30天以书面形式通知用人单位即可，不需要经过用人单位的同意。在试用期期间，只需要提前3天通知即可，也不需要书面的形式。所以白梨花想要辞职，只需要提前30天向公司发一个邮件或者是辞职信即可，不需要经过公司的批准。

第二，如果是劳动者没有履行通知的程序，用人单位也不能扣发劳动者的工资，给用人单位造成损失的，承担的是对于相应损失的赔偿责任，而不能是违约责任。因为劳动者获得报酬的权利，在任何时候都不应当被侵犯。另外，根据劳动法的规定，除了在保密协议、竞业限制协议和服务期中可以约定违约金，其他情形下是不能够约定违约金的。例如，如果因为白梨花的突然离职，导致公司不得不临时聘用专业人员替代白梨花从而承担了额外的费用，这个费用属于白梨花造成的损失，应该由白梨花进行赔偿。所以利达公司还是应当发放白梨花所有的工资，即使是要求白梨花赔偿损失，也需要利达公司进行举证，因此一般情况下，白梨花离职也不需要承担很多的金钱赔偿责任。

第三，如果用人单位出现一些违法行为，劳动者可以选择立即解除劳动合同，不需要提前通知。具体包括了：（1）用人单位没有向提供劳动保护或者劳动条件的；（2）用人单位拖欠工资的；（3）用人单位未依法为劳动者缴纳社会保险费的；（4）用人单位的规章制度违反法律、法规的规定，损害劳动者权益的；（5）用人单位以欺诈、胁迫的手段或者乘人之危，使劳动者在违背真实意思的情况下订立或者变更劳动合同导致劳动合同无效的；（6）用人单位在劳动合同中免除自己的法定责任、排除劳动者权利的，即劳动合同中有霸王条款的；（7）用人单位违反法律、行政法规强制性规定的；（8）用人单位以暴力、威胁或者非法限制人身自由的手段强迫劳动者劳动的；（9）用人单位违章指挥、强令冒险作业危及劳动者人身安全的。以上的九种情形，都是属于用人单位利用优势地位侵犯劳动者获得报酬权、人身自由权等合法权益的情形。在上面的故事中，利达公司违反约定，拖欠了白梨花3个月的工资，也就是符合了第二种情形，所以白梨花是可以立即辞职而不需要再在公司停留30天的，即使是对公司造成了损失，也属于公司自己的事情，不需要白梨花赔偿。

法条索引

《劳动合同法实施条例》

第十八条

有下列情形之一的，依照劳动合同法规定的条件、程序，劳动者可以与用人单位解除固定期限劳动合同、无固定期限劳动合同或者以完成一定工作任务为期限的劳动合同：

（一）劳动者与用人单位协商一致的；

（二）劳动者提前30日以书面形式通知用人单位的；

（三）劳动者在试用期内提前3日通知用人单位的；

（四）用人单位未按照劳动合同约定提供劳动保护或者劳动条件的；

（五）用人单位未及时足额支付劳动报酬的；

（六）用人单位未依法为劳动者缴纳社会保险费的；

（七）用人单位的规章制度违反法律、法规的规定，损害劳动者权益的；

（八）用人单位以欺诈、胁迫的手段或者乘人之危，使劳动者在违背真实意思的情况下订立或者变更劳动合同的；

（九）用人单位在劳动合同中免除自己的法定责任、排除劳动者权利的；

（十）用人单位违反法律、行政法规强制性规定的；

（十一）用人单位以暴力、威胁或者非法限制人身自由的手段强迫劳动者劳动的；

（十二）用人单位违章指挥、强令冒险作业危及劳动者人身安全的；

（十三）法律、行政法规规定劳动者可以解除劳动合同的其他情形。

调岗

　　沈家辉是沈卫国的侄子，一个普通的大专毕业生，从2011年起，李家辉就一直在一家连锁超市工作，原本他只是一个普通的售货员，但是凭借着自己的努力，他一步步坐到了华东区销售经理的职位。在这期间，他看到职场激烈的竞争，身边也有不少的"空降兵"，凭借着家中的关系直接就能变成部门经理，而这是他辛辛苦苦奋斗数年才能实现的目标。因为没有背景，沈家辉晋升得比较慢，但是他已经很满意了，凭借着自己的努力，现在他已经成为了一名高级白领，在上海买了房子，每月还贷款也不成问题，在工作期间他也结识了自己的爱人，有了小宝宝，虽然不是大富大贵的生活，但是有一个温馨的小家庭也让他很满足。

2017 年 6 月份，沈家辉与超市第三次签订劳动合同，因为之前已经签订了两次为期三年的劳动合同，所以这次根据法律的规定，双方就要签订无固定期限的劳动合同，月薪 5 万元。沈家辉下班后特意买了红酒回家，想要跟家人一起庆祝一下，因为签订了无固定期限的劳动合同，沈家辉就不用在劳动合同要到期的时候担心公司不再跟他签约了，公司也不能随便跟自己解除劳动合同。沈家辉心想，只要自己好好努力，生活一定会越来越好的，他的下一个目标是大中华区总经理这一职位。于是沈家辉比以前更加努力工作，不敢出现任何的差错，虽然有一些晋升比他快的人，沈家辉也不羡慕，他始终信奉着一步一个脚印的原则。

可是好景不长，在 2017 年 10 月 11 日，沈家辉突然收到了来自公司人事部的《人事调动通知书》，上面写着，要求沈家辉在 2017 年 10 月 13 日到超市上海宝山店报道，担任食品部的经理，如果不能按时报到，就视为旷工。这让沈家辉眼前一黑，无缘无故，为什么自己就要被调动岗位了呢，而且这明显是在降职——从华东区的销售部经理到一个分店的食品部经理，这个调动让沈家辉无法接受。后来经过打听，沈家辉才知道原来又有一个空降兵来了，这次空降兵直接顶替了他，于是公司才把他调到基层的分店去工作，工资按照分店的标准执行。于是沈家辉拒绝在这份调动通知书上签字，之后的几天还是继续在自己的销售部工作。2017 年 11 月 15 日，沈家辉收到了一份解除劳动合同的通知书，超市说因为沈家辉连续旷工，严重违反了公司的规章制度，所以公司决定解除与沈家辉的劳动合同。

这下超市彻底惹怒了沈家辉，他准备通过法律手段维护自己的权益。

情景说法

我们知道，如果员工在工作中不能胜任自己的工作，用人单位可以把他调动到别的岗位去，这属于用人单位的自主权，但是这个权利可不能滥用，否则也有可能因违法而付出应有的代价。

首先，用人单位是有权对劳动者的岗位进行调整的。包括以下情形：

1. 双方协商一致的调整。

2. 出现法定事由，用人单位单方调整。法定事由包括：

（1）劳动者患病或者非因工负伤，在规定的医疗期满后不能从事原工作；

（2）劳动者不能胜任工作；

（3）劳动合同订立时所依据的客观情况发生重大变化，致使劳动合同无法履行。

如果是双方协商一致的调岗，应当重新签订一份劳动合同，或者对原来的劳动合同进行修改，注明岗位和薪金的变化。

而对于公司的单方面调岗，用到的最多的理由是劳动者不能胜任工作，此时就很容易引发纠纷。在劳动者不能胜任工作的情形下，用人单位确有调整工作岗位的管理自主权。但是用人单位应当就劳动者不能胜任原工作及调岗的必要性进行举证。所以，对于公司而言，针对不愿意调岗的员工用人单位应当慎用调岗权。如果该员工不同意调整，就要综合进行分析，如果是员工不能胜任工作，公司可以单方调整，但是要有充分的证据进行证明，即用人单位对员工的单方调整必须是合法合理的，每个步骤都要留下清晰的证据，严格遵守法律的规定程序，否则极有可能承担败诉的后果。

所以，如果真的是沈家辉不能胜任工作，超市是有权将其调岗的。但是，超市并没有提交证据证明沈家辉不能胜任工作，在《人事调动通知书》上，沈家辉也没有签字，并不能证明沈家辉同意调动工作，而且最重要的是，将沈家辉调动到上海分店，根据其内部的工资标准，实际上是降低了薪水，这也是将其调岗的目的。所以超市单方面对沈家辉进行降薪降职是不合法的，而沈家辉不接受并且继续在原来的岗位工作，合法合理，超市说沈家辉旷工是没有道理的，所以超市属于违法解除劳动合同，应该支付沈家辉赔偿金。

另外，对于劳动者而言，有些用人单位往往会通过调岗的方式来间接逼迫劳动者提出辞职，这样可以达到用人单位不支付解除劳动合同的经济补偿金的效果。这就需要劳动者提高警惕，首先最基本的是做好自己的本职工作，让用人单位无法挑剔；其次就是在发生不合理、没有依据的调岗时，要注意运用法律武器来维护自己的合法权益。

《劳动合同法》

第三十五条

用人单位与劳动者协商一致，可以变更劳动合同约定的内容。变更劳动合同，应当采用书面形式。

变更后的劳动合同文本由用人单位和劳动者各执一份。

我们要减薪水了！

集体劳动合同

武小栋也是金辉服装厂的员工，说起来也是沈卫国的同事了，因为平时就爱"多管闲事"，就被推选做了工会主席。前些日子，因为员工普遍向工会反映工资太低，平时的加班还没有加班工资，于是，武小栋就代表工会跟金辉服装厂协商，签订了集体劳动合同，确定了普通员工的最低工资、工作时间和加班工资。原本以为这样就万事大吉了，可是合同签订完之后，金辉公司还是按照原来的样子，根本不遵守集体劳动合同，员工这边也不停地抱怨，让武小栋左右为难。因为金辉公司觉得工会就是形同虚设的，所以一点也不在意工会的提醒。而员工这边，觉得自己先前已经跟金辉公司签订了劳动合同，金辉公司的待遇也并没有低于和员工自己签订的合同，所以也没有底气去维权，只能找工会去发牢骚。这让武小栋这个工会主席满肚子委屈，夹在公司和一百多名员工中间，两面受气。

情景说法

本故事中涉及了工会和劳动法中的集体合同的问题，接下来我们就来讨论工会在劳动法中是怎样的地位，以及集体合同的效力问题。

首先，工会是一个维护职工合法权益的组织，其产生的依据是《工会法》。在中国，所有以工资为主要收入来源的劳动者，都有权参与工会组成会员代表大会，然后由工会会员选举产生工会委员会和工会主席。而且，为了保证劳动者权益，工会委员会里是不能有公司的主要负责人和其近亲属的。对于公司而言，有超过25人以上的工会会员的，就应当建立工会委员会，如果人数不足的可以合并建立工会委员会。对于金辉公司来说，有超过一百名的职工，所以应当建立一个工会委员会，武小栋作为普通的职工，因为在员工中间有威望而被选为工会主席也是合法合理的。

其次，工会的主要权利和义务包括了：（1）与用人单位签订集体劳动合同，如果履行集体劳动合同发生争议，工会有权以自己的名义提起仲裁或者诉讼；（2）企业单方面解除职工劳动合同时，应当事先将理由通知工会，否则构成违法解除劳动合同；（3）企业出现侵犯劳动者权益的行为时，工会有权提出纠正，若单位拒不改正的可以请求当地政府作出处理。所以在本故事中，金辉公司的工会为了提高劳动者待遇与金辉公司签订集体劳动合同，是合法合理的。

在对工会有了大致的了解后，我们回归到本故事中涉及的集体劳动合同。

第一，集体劳动合同是企业职工一方与用人单位通过平等协商，最终达成的一份适用于本单位劳动者的关于劳动报酬、工作时间、休息休假、劳动安全卫生、保险福利等事项的劳动合同。一般情况下，集体合同都是由工会代表劳动者订立的，如果没有工会的话就由上级工会指导劳动者推举的代表与用人单位订立。基于对全体劳动者权益的尊重，集体合同草案应当提交职工代表大会或者全体职工讨论通过，也可以充分体现劳动者的诉求。但是在集体劳动合同订立后，还应当报送当地的劳动行政部门，集体劳动合同才能够生效。所以武小栋在与公司订立了集体劳动合同之后并不是就万事大吉了，还应该把合同送到广州的劳动和社会保障局才能够对金辉公司产生效力。

第二，用人单位与劳动者订立的劳动合同中的劳动报酬和劳动条件等标准不得低于集体合同规定的标准。订立了集体劳动合同之后，用人单位和劳动者都要遵守，否则即构成违约。所以金辉公司的集体劳动合同中规定的事项，金辉公司必须遵守，即使之前与劳动者都各自签订了劳动合同，如果集体劳动合同的报酬高于各自的合同的，还应当按照集体劳动合同的规定来实施。因此，其他的员工不必因为之前自己签订的劳动合同而不敢向公司提出涨工资和拒绝加班的要求。

第三，如果因为用人单位违反集体合同，侵犯职工劳动权益的，工会可以依法要求用人单位承担责任；如果因为履行集体合同发生争议，协商解决不成的，工会可以依法申请仲裁、提起诉讼。因此，工会并非形同虚设，即使劳动者不敢出来维护自身权益，武小栋也可以工会的名义要求金辉公司履行集体劳动合同，否则就可以提起仲裁和诉讼。

法条索引

《工会法》

第二十条

工会帮助、指导职工与企业以及实行企业化管理的事业单位签订劳动合同。工会代表职工与企业以及实行企业化管理的事业单位进行平等协商，签订集体合同。集体合同草案应当提交职工代表大会或者全体职工讨论通过。工会签订集体合同，上级工会应当给予支持和帮助。企业违反集体合同，侵犯职工劳动权益的，工会可以依法要求企业承担责任；因履行集体合同发生争议，经协商解决不成的，工会可以向劳动争议仲裁机构提请仲裁，仲裁机构不予受理或者对仲裁裁决不服的，可以向人民法院提起诉讼。

《劳动合同法》

第五十一条

企业职工一方与用人单位通过平等协商，可以就劳动报酬、工作时间、休息休假、劳动安全卫生、保险福利等事项订立集体合同。集体合同草案应当提交职工代表大会或者全体职工讨论通过。

集体合同由工会代表企业职工一方与用人单位订立；尚未建立工会的用人单位，由上级工会指导劳动者推举的代表与用人单位订立。

第五十二条

企业职工一方与用人单位可以订立劳动安全卫生、女职工权益保护、工资调整机制等专项集体合同。

第五十三条

在县级以下区域内，建筑业、采矿业、餐饮服务业等行业可以由工会与企业方面代表订立行业性集体合同，或者订立区域性集体合同。

第五十四条

集体合同订立后，应当报送劳动行政部门；劳动行政部门自收到集体合同文本之日起 15 日内未提出异议的，集体合同即行生效。

依法订立的集体合同对用人单位和劳动者具有约束力。行业性、区域性集体合同对当地本行业、本区域的用人单位和劳动者具有约束力。

第五十五条

集体合同中劳动报酬和劳动条件等标准不得低于当地人民政府规定的最低标准；用人单位与劳动者订立的劳动合同中劳动报酬和劳动条件等标准不得低于集体合同规定的标准。

第五十六条

用人单位违反集体合同，侵犯职工劳动权益的，工会可以依法要求用人单位承担责任；因履行集体合同发生争议，经协商解决不成的，工会可以依法申请仲裁、提起诉讼。

劳务派遣

　　由于高考成绩不佳，武阳在高中毕业后选择去鸿翔职业技术学院学习挖掘机。一年之后，武阳毕业了，经过当地的劳动就业中心推荐，进入了绿地劳务派遣公司，并且跟劳务派遣公司签订了为期一年的劳动合同。后来，绿地公司把武阳派遣到新疆金指矿业公司，主要是在瓦斯抽采区从事打钻工作，包吃包住。虽然武阳没有实现年薪百万的梦想，但是在这里也碰到了一群跟他有很多共同话题的工友，他们也都是被劳务派遣到金指公司的，武阳算下来这个公司有一半的工人，都是跟他一样从外地劳务派遣公司被派过来工作的。其中，他最好的朋友沈家辉已经被派遣到这里一年了，而他同样也是自己在鸿翔技术学校的校友。

原本，武阳觉得只要自己好好干活，就肯定会有出路。可是现在已经工作3个月了，却一分工资都没有拿到。于是武阳去找金指公司，但公司的人却说："你是绿地派过来的，工资应该找他们要。"然后武阳又去找绿地派遣公司，但是派遣公司也说："你是在给金指公司干活，工资应该由他们来付。"就这样，武阳被推来推去，始终没有人说要付给他工资。

情景说法

本故事中涉及的是劳务派遣的问题，由于其涉及三方，所以相互之间的关系比较复杂，接下来我们就来一一解读。

首先，劳务派遣涉及劳动者，用人单位和用工单位三方，劳动者一般是跟用人单位签订了劳动合同，然后被派遣到用工单位工作。其中，用人单位才是真正的雇主，和劳动者之间成立的是劳动关系，会对劳动者进行日常的管理，工资和其他的福利也应当由用人单位支付。而用人单位和用工单位之间会签订相应的劳务派遣协议，之后由用人单位把劳动者派遣到用工单位工作，劳动者要服从用工单位对于其工作的管理。在本故事中，用人单位就是故事中的绿地劳务派遣公司，而用工单位就是金指矿业公司，所以武阳的工资应该由绿地劳务派遣公司来支付。涉及的法律关系如下图：

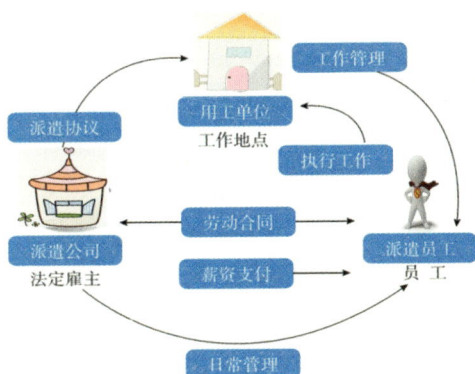

其次，对于劳务派遣单位来说，应当与被派遣劳动者订立2年以上的固定期限劳动合同，按月支付劳动报酬；被派遣劳动者在无工作期间，劳务派遣单

位应当按照所在地人民政府规定的最低工资标准，向其按月支付报酬。所以对于劳动者来说，签订劳务派遣合同，实际上是对自己的一种保障，在没有工作的期间，也可以获得少量的报酬。所以对于武阳来说，绿地公司至少要跟他签订两年的劳动合同才是合法的。

最后，劳务派遣只是一种补充的用工形式，对于用工单位来说，使用的派遣劳动者的数量不得超过其用工总量的10%，被派遣的员工只能承担临时性、辅助性、替代性的岗位上工作，也就是劳务派遣的"三性"。一般情况下，临时性是说岗位的存续时间不超过6个月；辅助性是指为主营业务岗位提供服务的非主营业务岗位，例如公司的保洁员就可以使用劳务派遣的工人；替代性是指用工单位的劳动者因为一些原因无法工作的一定期间，而不得已找其他的劳动者暂时替代的岗位，例如正式工人因为生病而进入医疗期，有两个月不能工作，就可以采用劳务派遣工人。可以看出，劳务派遣在解决用人单位遇到的一些临时的用人困难时，是可以起到很好的作用的，也能够减少用人单位的用工成本，只需要在必要的时候找到劳务派遣公司即可。而对于武阳来说，他在金指矿业公司主要从事的是打钻工、机修工（车间修理设备的）、调度员、材料员的工作，这些工作对于一个矿业公司来说，都是主要的工作岗位，所以实际上，武阳与金指公司成立了事实的劳动关系，实际上需要由金指公司来承担的支付劳动报酬、缴纳社保等一系列的义务。对于沈家辉来说也是如此，长时间的被派遣，同时也从事了主要岗位的工作，实际上也是形成了事实上的劳动关系，其工资也应当由金指公司来支付。

法条索引

《劳动合同法》

第五十八条

劳务派遣单位是本法所称用人单位，应当履行用人单位对劳动者的义务。劳务派遣单位与被派遣劳动者订立的劳动合同，除应当载明本法第十七条规定的事项外，还应当载明被派遣劳动者的用工单位以及派遣期限、工作岗位等情况。

劳务派遣单位应当与被派遣劳动者订立2年以上的固定期限劳动合同，按月支付劳动报酬；被派遣劳动者在无工作期间，劳务派遣单位应当按照所在地人民政府规定的最低工资标准，向其按月支付报酬。

第六十六条

　　劳动合同用工是我国的企业基本用工形式。劳务派遣用工是补充形式，只能在临时性、辅助性或者替代性的工作岗位上实施。

　　前款规定的临时性工作岗位是指存续时间不超过6个月的岗位；辅助性工作岗位是指为主营业务岗位提供服务的非主营业务岗位；替代性工作岗位是指用工单位的劳动者因脱产学习、休假等原因无法工作的一定期间内，可以由其他劳动者替代工作的岗位。

　　用工单位应当严格控制劳务派遣用工数量，不得超过其用工总量的一定比例，具体比例由国务院劳动行政部门规定。

劳务派遣纠纷

  武阳在搞清楚劳务派遣之间的关系之后，成功向绿地公司讨回了自己的工资。于是武阳和沈家辉一起计划着趁着周末的休息时间，到新疆各个有名的景点去逛一逛，在旅行的途中，武阳遇到了心爱的新疆姑娘库尔班江·热巴。恋爱的巨大花销，让武阳愈发觉得自己的收入太低了，在闲暇时，他便跟同事们讨论工资的问题，但是最后发现，自己的工资确实是比公司正常的员工要低的，因为他每月只有 4000 元的基本工资，而其他的员工却还有加班费、绩效奖金等，于是武阳就又找到绿地公司去理论，想要拿回自己的加班费和奖金，可是绿地公司却说："我们之间签订的劳动合同中，只规定了基本的工资，你的奖金我们不负责。"接着他又找到了金指公司，可是金指公司也说："你知道的，你是劳务派遣人员，没跟我们签订劳动合同，所以我们也不应当付给你钱。"武阳又一次被踢来踢去。

于是武阳跟沈家辉说了这件事情，沈家辉说，自己最近一直在思考这件事情，所以这几日晚上也没有睡好觉。而武阳虽然对于自己的工资不满意，为了能跟热巴待在一起他也就暂时没有考虑要离开，还是每天开开心心地工作。

这天，热巴到工地上看望武阳，可是没想到的是，因为沈家辉最近都没有睡好觉，开挖掘机的时候一时分心，就伤到了热巴，因为骨折，热巴要在医院里治疗两个月。

这件事情发生后，武阳和沈家辉产生了隔阂，出于朋友的情谊，武阳没有开口向沈家辉索要赔偿，但是总觉得别扭，觉得让热巴受到委屈了。为此武阳每天闷闷不乐，一天在工作的时候，因为矿井里突然出现了塌方他没有来得及逃走受伤住院；而沈家辉也因为金指公司长期让他使用有故障的挖掘机，造成了手臂损伤而花费了高额的治疗费用。

发生了这么多问题，应该由谁负责？

情景说法

本故事中涉及了三个问题，一是在劳务派遣中的奖金、加班费由谁来支付；二是劳动者在工作时候受伤，应当由谁来负责；三是劳动者在工作时造成他人受伤的赔偿责任。

第一，对于用工单位，应当履行下列义务：（1）执行国家劳动标准，提供相应的劳动条件和劳动保护，也就是要为劳动者提供安全良好的工作环境；（2）告知被派遣劳动者的工作要求和劳动报酬，对于不同的岗位有不同的工资，应当事先告诉劳动者；（3）支付加班费、绩效奖金，提供与工作岗位相关的福利待遇，在用工单位工作的劳动者有获得同工同酬的权利；（4）对在岗被派遣劳动者进行工作岗位所必需的培训，这是为了让劳动者熟悉相应的岗位，保证工作质量和劳动者的安全；（5）连续用工的，实行正常的工资调整机制，用工单位不得将连续用工期限分割订立数个短期劳务派遣协议。这是因为对于正常的员工来说，长时间在用人单位工作可能就会获得更多的涨薪机会；（6）用工单位不得将被派遣劳动者再派遣到其他用人单位，这是为了避免其利用劳务派遣制度逃避法律责任。所以在本故事中，武阳有权获得奖金和加班费，这一部分是要由金指公司来支付的。

第二，对于被派遣的劳动者在用工单位因工作事故遭受事故伤害的，应当由劳务派遣单位申请工伤认定，而用工单位应当协助工伤认定的调查核实工作。这是因为对于劳务派遣的员工，是由派遣单位承担缴纳社会保险的责任的，所以在发生工伤的时候应该由其申请认定，而由于劳动者是在用工单位工作的时候受伤的，所以用工单位也应当承担协助的调查义务。在认定工伤后，工伤保险的赔偿责任，应当由派遣单位承担，但是法律也允许派遣单位和用工单位协商约定补偿的办法。所以对于武阳的工伤，应当由绿地公司去申请工伤认定，并且承担工伤保险责任。

但是，法律还有另外的规定，如果是用工单位违反了劳动合同法和劳务派遣的有关规定，给劳动者造成损害的，应当与派遣单位承担连带赔偿责任。所以对于沈家辉来说，因为金指公司没有提供安全的生产设备和条件，违反了劳动法的规定，对于他的损失，绿地公司和金指公司都应当承担赔偿责任。

第三，对于劳动者在工作时造成的他人的损失，应当依据《侵权责任法》的规定，由用工单位承担侵权责任，如果派遣单位有过错的，才需要承担与过错相适应的赔偿责任。所以，沈家辉在执行工作任务的时候造成了热巴的损失，对于热巴入院治疗的赔偿费用，应当由金指公司来赔偿，而绿地公司对于沈家辉造成他人损伤的行为不存在错误的行为，不需要承担责任。对于沈家辉来说，不必直接对热巴承担责任，而需要根据与工作单位之间的约定对公司承担相应的责任。

法条索引

《劳动合同法》

第六十二条

用工单位应当履行下列义务：

（一）执行国家劳动标准，提供相应的劳动条件和劳动保护；

（二）告知被派遣劳动者的工作要求和劳动报酬；

（三）支付加班费、绩效奖金，提供与工作岗位相关的福利待遇；

（四）对在岗被派遣劳动者进行工作岗位所必需的培训；

（五）连续用工的，实行正常的工资调整机制。

用工单位不得将被派遣劳动者再派遣到其他用人单位。

第六十三条

被派遣劳动者享有与用工单位的劳动者同工同酬的权利。用工单位应当按照同工同酬原则，对被派遣劳动者与本单位同类岗位的劳动者实行相同的劳动报酬分配办法。用工单位无同类岗位劳动者的，参照用工单位所在地相同或者相近岗位劳动者的劳动报酬确定。

劳务派遣单位与被派遣劳动者订立的劳动合同和与用工单位订立的劳务派遣协议，载明或者约定的向被派遣劳动者支付的劳动报酬应当符合前款规定。

《劳务派遣暂行规定》

第十条

被派遣劳动者在用工单位因工作遭受事故伤害的，劳务派遣单位应当依法申请工伤认定，用工单位应当协助工伤认定的调查核实工作。劳务派遣单位承担工伤保险责任，但可以与用工单位约定补偿办法。

被派遣劳动者在申请进行职业病诊断、鉴定时，用工单位应当负责处理职业病诊断、鉴定事宜，并如实提供职业病诊断、鉴定所需的劳动者职业史和职业危害接触史、工作场所职业病危害因素检测结果等资料，劳务派遣单位应当提供被派遣劳动者职业病诊断、鉴定所需的其他材料。

《民法典》

第一千一百九十一条

劳务派遣期间，被派遣的工作人员因执行工作任务造成他人损害的，由接受劳务派遣的用工单位承担侵权责任；劳务派遣单位有过错的，承担相应的补充责任。

劳务派遣合同的解除

  在武阳、热巴和沈家辉相继受伤之后，武阳和沈家辉他们一起商量，决定要换一份工作，武阳和热巴也步入了婚姻的殿堂，她也决定不再在家里待着了，想要跟武阳一起去找一份工作。于是他们先找到绿地公司，说想要辞职，绿地公司告知他们要提前 30 天通知，并且征得金指公司的同意才可以离开。于是他们找到金指公司的人事部经理，说想要辞职，但是金指公司却说，现在正处在用人之际，他们不能说走就走，如果要走的话，前两个月的奖金就不发了，作为他们离开公司造成的损失的赔偿。武阳和沈家辉因为已经买好了去广州的机票，就没有跟他们计较便放弃了奖金离开了。

他们一起回到了广州，武阳带着热巴和沈家辉在广州游玩了几日后，大家便开始重新找工作了。第一天，他们看到一家叫鑫生的劳务派遣公司，公司的人力资源经理说道，鑫生公司是一家很靠谱的公司，他们有150万元的注册资金，虽然是新成立的，但是有雄厚的资金基础，承诺会帮他们找到月薪1万元以上的工作，武阳和沈家辉都在鸿翔职业学校学过技术，可以一起被派遣到一家建筑公司，而热巴则可以被派遣到一家航空公司，在签订合同之后即使是在没有实际工作的期间，也会按照广州市的最低工资标准的1.5倍支付工资，同时还会为他们缴纳社保。这样优厚的条件一下子吸引了三个人，于是他们准备第二天就去找鑫生公司去签订劳动合同，却发现鑫生公司门口被贴上了封条。他们询问了周围的人才知道，早上有劳动行政部门的人过来，说他们没有经营劳务派遣业务的资质，所以就依法查封了。

听到这个消息，三人既遗憾又觉得幸运，还好没有跟他们签订合同，不然一定会惹来麻烦的。几经辗转，他们终于找到了一家叫作源聚的劳务派遣公司，也都顺利地找到了相应的工作。可是好景不长，武阳和沈家辉在工作一年半之后，他们所在的千达建筑公司就因为效益不好要裁员了，他们就被退回源聚劳务派遣公司，只能待业，而热巴也因为怀孕总是要请假而被中南航空公司给退回了。两个月后，公司只为武阳和沈家辉找到一份工作，但是要把原来劳动合同中确定的月薪1万元的工资降到8000元，否则只能解除劳动合同，而对于热巴因为他们长期没有适合孕妇的工作，公司也决定要跟她解除劳动合同了……

情景说法

本故事涉及：劳务派遣的员工想要辞职时要经过的程序；劳务派遣公司的资质；用工单位何时可以退回劳动者；用人单位何时可以解除与劳务派遣人员的劳动合同。

第一，如果是劳动者想要解除劳动合同，有三种情形：（1）与劳务派遣单位即用人单位协商一致；（2）提前30日以书面形式通知用人单位，如果在试用期期间提前3日通知即可，之后由用人单位来通知用工单位，所以劳动者不需要征得用工单位的同意，也不需要提前通知用工单位；（3）如果用人单位出现了例如以暴力威胁劳动者工作的违法情形，用人单位可以及时解除劳动合同，不需要提前通知。所以对于武阳和热巴来说，他们想要从金指公司辞职，不需要经过其同意，金指公司也不能扣发他们的奖金。

第二，经营劳务派遣业务的公司必须具备一定的资质：（1）注册资本不得少于人民币200万元；（2）有与开展业务相适应的固定的经营场所和设施；（3）有符合法律、行政法规规定的劳务派遣管理制度；（4）应当向劳动行政部门依法申请行政许可；经许可的，依法办理相应的公司登记。未经许可，任何单位和个人不得经营劳务派遣业务。法律进行这样的规定，是出于对市场监管的需要，劳务派遣业务作为一种特殊的对人力进行调配的业务，如果没有相应的要求，可能会导致劳动市场的混乱。所以对于鑫生公司来说，他们的注册资金少于200万元，并且没有向劳动行政部门申请许可，是不能够经营劳务派遣业务的。

第三，对于解除劳务派遣合同的问题，我们可以从三个方面来解读。

首先，如果是劳动者有过错的，即出现违法违纪的行为的，用工单位可以退工，用人单位也可以因此解除劳动合同，劳动者过错的情形在前述解除劳动合同中我们已经详细解读过了（《劳动合同法》第三十九条）。

其次，如果劳动者因为患病或者非因工负伤导致不能胜任工作的，或者是在因为不能胜任工作在经过培训后仍然不能胜任工作的，用工单位可以退工，用人单位也可以解除劳动合同，但是要支付经济补偿金。

但是，如果是出现了以下的情形，那么用工单位可以将劳动者退回用人单位，但是用人单位不能解除劳动合同：（1）客观情形发生了重大的变化，导致用工单位不能再提供相应的岗位；（2）用工单位要经济性裁员的；（3）用工单位依法被宣告破产、吊销营业执照。责令关闭、撤销、提前解散或者不再继续经营的；（4）劳务派遣协议到期终止的。在劳动者被退回用人单位后，无工作期间，劳务派遣单位应当按照不低于所在地人民政府规定的最低工资标准向劳动者支付劳动报酬；如果要重新派遣的，不能够降低原来的劳动合同标准，更不能因为劳动者不同意降低劳动合同标准而解除劳动合同，而如果是因为用人单位想要提高或者按照原来的标准重新签订劳动合同，劳动者不同意的，则用人单位可以解除合同，但依然要支付相应的经济补偿金。所以对于武阳和沈家辉来说，如果二人不同意降低工资，鑫生公司是不能解除的，否则就属于违法解除劳动合同，应当支付双倍的赔偿金或者继续履行劳动合同。

最后，对于以下情形的劳动者，用工单位是不能退工的：（1）从事接触职业病危害作业的劳动者未进行离岗前职业健康检查，或者疑似职业病病人在诊断或者医学观察期间的；（2）在本单位患职业病或者因工负伤并被确认丧失或者部分丧失劳动能力的；（3）患病或者非因工负伤，在规定的医疗期内的；（4）女职工在孕期、产期、哺乳期的；（5）在本单位连续工作满15年，且距法定退休年龄不足5年的。所以对于怀孕期的热巴，她所在的中南航空公司是不能够将她退回的，而鑫生公司也不能解除劳动合同。

法条索引

《劳动合同法》

第五十七条

经营劳务派遣业务应当具备下列条件：

（一）注册资本不得少于人民币200万元；

（二）有与开展业务相适应的固定的经营场所和设施；

（三）有符合法律、行政法规规定的劳务派遣管理制度；

（四）法律、行政法规规定的其他条件。

经营劳务派遣业务，应当向劳动行政部门依法申请行政许可；经许可的，依法办理相应的公司登记。未经许可，任何单位和个人不得经营劳务派遣业务。

《劳务派遣暂行规定》

第十四条

被派遣劳动者提前30日以书面形式通知劳务派遣单位，可以解除劳动合同。被派遣劳动者在试用期内提前3日通知劳务派遣单位，可以解除劳动合同。劳务派遣单位应当将被派遣劳动者通知解除劳动合同的情况及时告知用工单位。

第十五条

被派遣劳动者因本规定第十二条规定被用工单位退回，劳务派遣单位重新派遣时维持或者提高劳动合同约定条件，被派遣劳动者不同意的，劳务派遣单位可以解除劳动合同。

被派遣劳动者因本规定第十二条规定被用工单位退回，劳务派遣单位重新派遣时降低劳动合同约定条件，被派遣劳动者不同意的，劳务派遣单位不得解除劳动合同。但被派遣劳动者提出解除劳动合同的除外。

第十六条

劳务派遣单位被依法宣告破产、吊销营业执照、责令关闭、撤销、决定提前解散或者经营期限届满不再继续经营的，劳动合同终止。用工单位应当与劳务派遣单位协商妥善安置被派遣劳动者。

第十七条

劳务派遣单位因劳动合同法第四十六条或者本规定第十五条、第十六条规定的情形，与被派遣劳动者解除或者终止劳动合同的，应当依法向被派遣劳动者支付经济补偿。

女性职工的保护

沈海棠正处在热恋之中，他的男朋友张浩杰对她无微不至，不仅仅总是带她逛吃逛喝，而且还在日历上记下了沈海棠的生理期，提前提醒沈海棠要注意，并且准备好一大杯暖暖的红糖水让沈海棠喝下，让沈海棠觉得自己是全世界最幸福的女孩子。于是他们在恋爱后两个月便同居了，张浩杰还说等到他的工作稳定了，就带着沈海棠去领证结婚。

直到那天，一个不速之客的到来，打破了沈海棠幸福平静的生活：沈海棠发现自己怀孕了，现在已经有两个月了。沈海棠赶快给张浩杰打电话，告诉他这个好消息。可是没想到，张浩杰听到消息后，丝毫没有喜悦，只是说了一句，好好照顾自己。等沈海棠下班回家后，发现张浩杰把自己的行李都带走了，没有留下一句话，就这样从沈海棠的世界里消失了。沈海棠原本决定自己生下这个宝宝做单亲妈妈，可是却因为每天内心郁结闷闷不乐，和平时的加班劳累，最终还是在胎儿3个月时流产了。而且因为流产要在医院手术，公司以她长时间请假为由解除了与她的劳动合同。沈海棠最终陷入了失恋和失业的双重困境。

情景说法

基于女职工自身的生理特点，法律给予了其一些特殊的保护，本故事中即涉及了女职工在特殊时期应受哪些保护的问题。

首先，我们要介绍一个概念，"体力劳动分级"，它是中国制定的劳动保护工作科学管理的一项基础标准，是确定体力劳动强度大小的根据。它有复杂的计算公式，但是一般分为四级：一级是轻劳动，例如打字、缝纫、脚踏开关、操作仪器，控制、查看设备，上臂用力为主的装配工作等；二级是中等劳动，例如在工地上开大卡车、拖拉机；三级是重劳动，例如搬重物、凿硬木、割草、挖掘；四级属于极重劳动，例如大强度的搬运，等等。

现在我们回归到故事中女职工的问题。

第一，对于在经期的女职工，用人单位不能安排其从事高处、低温、冷水作业和国家规定的第三级及以上的体力劳动强度的活动。

第二，对于怀孕期间和哺乳未满一周岁婴儿的女职工，不得从事三级及以上的劳动强度的劳动，孕期或者哺乳期禁忌从事的活动（例如在有毒有害的气体之下、频繁的弯腰下蹲等），而对于怀孕7个月以上的女职工，不得安排其长时间工作和夜班劳动。

第三，女职工生育享受98天产假，其中产前可以休假15天；难产的，增加产假15天；生育多胞胎的，每多生育1个婴儿，增加产假15天。女职工怀孕未满4个月流产的，享受15天产假；怀孕满4个月流产的，享受42天产假。所以对于沈海棠来说，因为怀孕三个月而流产，理应享受15天的产假，公司是不能跟她解除劳动合同的。

第四，除了对处在特殊期间的女性进行保护之外，对于所有的女职工，都是禁止从事矿山井下，四级体力劳动强度的工作的。据此，我们可以联系到前面所讲的就业歧视，如果是招收矿工，在招聘广告中明确列出了不招收女员工，是不构成就业歧视的。

对于以上的规定，如果用人单位不遵守，侵害女职工合法权益的，女职工可以依法投诉、举报、申诉，依法向劳动人事争议调解仲裁机构申请调解仲裁，对仲裁裁决不服的，依法向人民法院提起诉讼。

最后，也是最重要的是，因为女职工在这些特殊的期间，劳动能力会有所下降，用人单位就总是想要找一些理由解除劳动合同，但是一般都是不合法的。因为在孕期、产期和哺乳期期间，只要不出现类似于违法犯罪或者严重违反规章制度的情形，用人单位是不能够解除劳动合同的，否则就构成了违法解除劳动合同，劳动者是可以要求用人单位支付违法解除劳动合同的赔偿金的。

法条索引

《女职工劳动保护特别规定》

第五条

用人单位不得因女职工怀孕、生育、哺乳降低其工资、予以辞退、与其解除劳动或者聘用合同。

第六条

女职工在孕期不能适应原劳动的，用人单位应当根据医疗机构的证明，予以减轻劳动量或者安排其他能够适应的劳动。

对怀孕 7 个月以上的女职工，用人单位不得延长劳动时间或者安排夜班劳动，并应当在劳动时间内安排一定的休息时间。

怀孕女职工在劳动时间内进行产前检查，所需时间计入劳动时间。

第七条

女职工生育享受 98 天产假，其中产前可以休假 15 天；难产的，增加产假 15 天；生育多胞胎的，每多生育 1 个婴儿，增加产假 15 天。

女职工怀孕未满 4 个月流产的，享受 15 天产假；怀孕满 4 个月流产的，享受 42 天产假。

未成年工的保护

网络上一个三人女生组合"阳光女孩"因为在微博上翻唱《青花瓷》突然走红，里面的三个女孩子都刚刚14岁，分别叫丽莎、梦露和肖筱。紧接着她们就被各大经纪公司抢占签约，最后彩虹歌舞团顺利地签下了"阳光女孩"。有了公司的支持和包装，她们三人成为了当下炙手可热的小鲜肉，她们的后援团叫"闪闪"，阳光女孩所到之处都有乌泱乌泱的"闪闪"拥簇着。

同为14岁的沈小妹和她17岁的哥哥沈大力也是"闪闪"的一员。以素人出道成名的三个女孩的经历，也唤醒了很多青少年的"明星梦"。于是沈小妹和沈大力打算成立一个"加油兄妹"组合，也想要从网络上出道。遭到妈妈杨丽莎的极力反对后，两人决定一起离家出走。身无分文的沈大力和沈小妹准备先找一份工作养活自己，工作的同时就在网络上拍小视频，等待一夜爆红。

最后，沈小妹在一家网吧找到一份服务员的工作，她选择这个工作也是因为比较清闲并且可免费上网，方便她和哥哥拍小视频。而哥哥沈大力为了多赚一些钱，就去一家矿业公司最后成为了一名矿工，每天下矿井工作。

兄妹离家出走之后可算是急坏了杨丽莎，每天是以泪洗面。而兄妹俩这边也不是一帆风顺，在工作了两个月之后他们依旧没有拿到任何工资，沈小妹在网吧里，也被当作所有员工的小妹，被所有人呼来喝去的；而沈大力则是需要承担最苦最累的工作，还不能有任何怨言，最后没有办法，两人只能灰溜溜地回家了。

情景说法

与女职工一样，未成年人也属于劳动法给予特殊保护的群体。本故事涉及未成年人工作的问题，首先是 17 岁的沈大力和矿业公司之间，其次是 14 岁的沈小妹和网吧之间，再次是 14 岁的"阳光女孩"组合与彩虹歌舞团之间，接下来我们就来分析法律对于未成年人工作的规定，以及对未成年工有哪些特殊的保护。

首先，年满 16 周岁未满 18 周岁的人为未成年工，属于劳动法保护的对象。但是，因为其未成年，劳动法中也有特殊的保护规定：（1）要对未成年工进行上岗培训；（2）不得安排未成年工从事矿山井下、四级体力劳动强度的劳动；（3）应当对未成年工进行定期的健康检查。这是因为未成年人还是祖国的花朵，其心智能力毕竟还不如成年人，所以需要禁止其从事高强度的劳动，并且要进行定期的安全检查确保其身心健康。在本故事中，沈大力就属于法律规定的未成年工，他已经是可以独立地与用人单位签订劳动合同了，但是不能从事矿工的工作。此时杨丽莎可以向劳动行政部门举报，矿业公司则可能会受到罚款等处罚。

其次，16 周岁以下的未成年人则属于童工，法律明确规定禁止雇佣童工，这是出于对未成年人身心健康的保护。一般而言，16 周岁以下的未成年人还不具有完全辨认自身行为意义的能力，很容易在劳动中受到伤害，所以法律予以了更严格的保护。雇佣一人，用人单位至少会被罚款 5000 元，同时还要立即将该未成年工送回监护人处。如果使用童工从事高空、井下、放射性、高毒、易燃易爆以及国家规定的第四级体力劳动强度的劳动，或者使用不满14周岁的童工，或者造成童工死亡或者严重伤残的，用人单位还有可能构成拐骗儿童罪和强迫劳动罪，受到刑事处罚。所以沈小妹在网吧打工也是不合法的，杨丽莎可以去当地的劳动行政部门进行举报，让网吧受到应有的处罚。另外，需要注意的是，童工的权益保护，是不适用《劳动合同法》的，如果发生争议，不能够按照劳动争议来处理，这是因为法律是不承认雇佣童工的合法性的，如果想要拿回报酬只能按照普通的民事纠纷来处理。

最后，虽然法律禁止雇佣童工，但是也有例外的情形，对于文艺、体育和特种工艺单位可以招用未满16周岁的未成年人，但是必须要经过父母或者监护人的同意，并且必须保障童工接受义务教育的权利，即使父母同意，也不能提前辍学。所以对于阳光女孩组合进入彩虹舞蹈团是符合法律规定的，但是也必须要经过父母的同意才可以。

法条索引

《劳动法》

第十五条

禁止用人单位招用未满16周岁的未成年人。文艺、体育和特种工艺单位招用未满16周岁的未成年人，必须遵守国家有关规定，并保障其接受义务教育的权利。

第六十四条

不得安排未成年工从事矿山井下、有毒有害、国家规定的第四级体力劳动强度的劳动和其他禁忌从事的劳动。

第六十五条

用人单位应当对未成年工定期进行健康检查。

第九十四条

用人单位非法招用未满16周岁的未成年人的，由劳动行政部门责令改正，处以罚款；情节严重的，由市场监督管理部门吊销营业执照。

社会保险法

　　尹月来自澳大利亚，在墨尔本大学获得计算机硕士学位，面容姣好，是一位不折不扣的美女学霸。她的妈妈柳彩霞是中国人，并且一直在中国工作，爸爸尹军则一直在澳大利亚工作，她还有一个弟弟尹乔，和一个妹妹尹艾，也刚刚大学毕业准备找工作。尹月在中国找到了一份工作，在一家网络科技公司做研发人员，薪水很可观，于是他们一家人现在准备一起在中国敦煌定居，但是因为尹月是澳大利亚国籍，到中国工作，则面临着缴纳社会保险的问题，对于如何缴纳社会保险，是否要在中国缴纳社会保险，这些问题让尹月一头雾水。同时妈妈也面临着退休，尹月还要为妈妈办理领取退休金的事宜。尹艾以后也要在中国工作定居，于是面临着如何缴纳住房公积金的问题。在一次急性阑尾炎之后，尹月结识了自己的丈夫司马曦，并由司马曦帮她处理好了医疗保险的问题，两人很是恩爱。尹月的生活刚刚步入了正轨，之后，却因尹月怀孕生子使其夫妇二人有些入不敷出，丈夫司马曦的公司因为效益不好，面临着失业，弟弟尹乔也在工作中受伤，面临工伤保险的赔偿问题。面对这一系列的困境，尹月没有畏惧，而是冷静沉着应对，——渡过了这些难关。

外国人缴纳社保问题

　　北京时间 2018 年 1 月 1 日，随着飞机落地，尹月终于回到了她魂牵梦萦的敦煌。一出机场，就有弟弟尹乔和妹妹尹艾在接机，他们兄妹二人一直是跟着妈妈柳彩霞在中国长大的。尹月现在也准备在中国定居工作，除了爸爸还在澳大利亚，他们四个人终于可以团聚了。

　　在家休息了一周之后，尹月就准备到新的单位就职。新单位是一家叫做腾雷的网络科技公司，而尹月这次是被聘请来攻克游戏研发中的技术难题的。入职后，尹月就带着她的团队开始了夜以继日的研发，一个月之后，终于能让游戏顺利上线。工作了一个月，也到了尹月拿到第一笔工资的时间。"叮咚"，尹月的手机来了短信，显示：您有一笔工资交易，金额为 28326.72 元。尹月一下子就皱起了眉头，自己签订的劳动合同中约定，税后月工资明明有 30000 元的，怎么现在却少了一千多块？于是她直接就去找到了公司的人事部经理去理论。

"我的工资怎么变少了？我这个月都没有迟到早退，为什么要扣我的工资呢？"

"尹月你别着急，你忘记了在你签订的劳动合同里面，写到了公司要为你缴纳社保费用，你自己也需要缴纳社会保险费用，少的这一部分就是公司从你的工资中扣掉代缴的。"

虽然尹月得到了解释，但是她对此也是一知半解的，缴纳社保居然要扣掉自己的工资，这个社保究竟有没有缴纳的必要呢？

情景说法

本故事中涉及了社会保险的问题，以及尹月作为一个外国人，究竟是否有必要在中国缴纳社会保险。接下来我们就为大家介绍中国的社会保险包含的内容、作用以及外国人缴纳社会保险的问题。

首先，在中国，社会保险主要包括了五部分：基本养老保险、基本医疗保险、工伤保险、失业保险和生育保险，生育保险是只有女性要缴纳的。这是一项强制的保险，是国家统筹社会福利的一部分，主要是为了保障公民在年老退休、疾病、受到工伤、失业或者生育的时候能够获得社会物质帮助的权利。大致上来说，就是劳动者设立一个保险账户，其中的资金来源大致由两部分构成，一部分来源于个人工资，另一部分来源于用人单位，到了年老或者生病的时候就可以使用这部分钱了。缴纳社会保险费用的责任主要在于用人单位，是劳动法中规定的用人单位的一项法定义务，但是劳动者也要承担一部分缴纳义务，这一部分一般都是由用人单位直接在工资中扣掉代缴。所以对于尹月来说，在劳动合同中写明了由腾雷代缴个人的社会保险部分，自然实际得到的工资会相应地减少。

那么社会保险究竟要缴纳多少呢？

一般而言，对于单位来说，社会保险应当按照本单位职工的工资总额作为缴费基数，而员工个人缴纳的部分，一般按照本人上一年度的月平均工资作为缴费基数，如果是对于新入职的员工，则一般按照第一个月的足额工资作为缴费基数。然后按照国家规定的社保缴纳的比例，二者相乘进行计算，就是应当缴纳的社会保险费用（社会保险费用＝工资 × 社保缴纳比例）。如果劳动者的工资低于上一年度当地的平均工资60%的，就以60%作为缴纳的基数，如果高于平均工资的300%的就按照300%作为工资基数来计算。关于社保的缴纳比例，各地可能会根据各省市的实际情况进行调整，并且国家也在阶段性降低社会保险的缴费比例，以减轻用人单位和个人的缴费负担。以本案中的甘肃省为例，在2018年：职工基本养老保险缴费比例为企业单位20%，个人8%；职工基本医疗保险缴费比例为企业单位8%，个人2%；工伤保险缴费比例为企业单位0.8%，个人无须缴纳；生育保险缴费比例为企业单位0.7%，个人无须缴纳；失业保险缴费比例为企业单位0.7%，个人0.5%。以敦煌市为例，2017年的月平均工资为5312元，所以对于尹月而言，她的工资是高于平均工资的300%的，就按照3倍即15936元来计算，个人缴纳的部分包括了养老保险8%、医疗保险2%、失业保险0.5%，所以一共需要缴纳15936×10.5%=1673.28元。因此尹月最后得到的实际工资少了一千多元，是因为缴纳了社会保险的缘故。可参见下表中的缴费情形。

甘肃省的社会保险表

甘肃省	养老保险	医疗保险	工伤保险	生育保险	失业保险
企业	20%	8%	0.8%	0.7%	0.7%
个人	8%	2%	无	无	0.5%

在缴纳了社会保险之后，相应的劳动者就会享受相应的社会保险待遇，包括了退休后的养老金、受到工伤后的工伤保险金、生病时可以用医疗保险报销费用，等等。

对于在中国工作的外国人，适用的是《在中国境内就业的外国人参加社会保险的暂行办法》。对于港澳台同胞，则按照《台湾香港澳门居民在内地就业管理规定》适用同样的《社会保险费征缴暂行条例》。外国人或者港澳台同胞，如果按照规定缴纳社保，也可以与一般的劳动者一样享受同样的社保待遇，例如在生病时可以用医保卡，到定点医院治疗，医药费中的一部分就可以直接由医保基金支付，可以大大减少治病费用。另外，在发生工伤的时候，按时缴纳了社保，就可以获得工伤保险的理赔，减少相应的治疗压力，等等。对于尹月，每月只需要缴纳一小部分的钱，就可以获得很多的保障。

同时，为员工缴纳社保，是用人单位的法定义务，如果用人单位没有按规定缴纳，员工就可以向当地的劳动监察部门进行投诉或者举报，或是提起劳动仲裁乃至诉讼以维护自己的合法权益。

法条索引

《社会保险法》

第十条

职工应当参加基本养老保险，由用人单位和职工共同缴纳基本养老保险费。

无雇工的个体工商户、未在用人单位参加基本养老保险的非全日制从业人员以及其他灵活就业人员可以参加基本养老保险，由个人缴纳基本养老保险费。

公务员和参照公务员法管理的工作人员养老保险的办法由国务院规定。

第二十三条

职工应当参加职工基本医疗保险，由用人单位和职工按照国家规定共同缴纳基本医疗保险费。

无雇工的个体工商户、未在用人单位参加职工基本医疗保险的非全日制从业人员以及其他灵活就业人员可以参加职工基本医疗保险，由个人按照国家规定缴纳基本医疗保险费。

第三十三条

职工应当参加工伤保险，由用人单位缴纳工伤保险费，职工不缴纳工伤保险费。

第四十四条

职工应当参加失业保险，由用人单位和职工按照国家规定共同缴纳失业保险费。

第五十三条

职工应当参加生育保险，由用人单位按照国家规定缴纳生育保险费，职工不缴纳生育保险费。

我要退休金！

养老保险

时光飞逝，2020 年，又是新的一年，柳彩霞已经 49 岁了，转眼间，到了即将退休的年龄，她一下子变得郁郁寡欢。原因之一即是自己不想一下子变成一个无所事事的老太太；其二则是丈夫尹军向来不靠谱，败光了她大部分的积蓄，在退休之后自己便没有收入了，而听说退休金也只有每月几百元。虽然自己的子女还算孝顺，但是一向独立的柳彩霞也不愿张口向子女要钱。这些事情堆积起来，让柳彩霞忧心忡忡。

尹月也发现妈妈最近不太开心，工作之余便跟同事咨询一些解决的办法，同事邢菲菲说道："刚好，我父亲最近也在为了退休的事情烦心，我也希望能够为父亲做一些事情让他开心。"

原来邢菲菲来自一个单亲家庭，她的母亲在她5岁的时候便出车祸离世了，之后一直由父亲王建国抚养她长大。父亲是一个纺织厂的技术工人，工资不算高，为了供邢菲菲念大学，便跟工厂签订了一个协议，由单位直接将应当缴纳的社会保险费用折算成现金支付，这样便可以每月多得到几百元的工资。但是现在父亲临近退休，发现了自己退休之后可能没有养老金，便反悔想要让纺织厂为其补缴养老保险，而纺织厂却说他们已经签订了书面的协议，是王建国自愿不办理养老保险的，拒绝为其补缴。这让邢菲菲内心十分愧疚。

最终，他们决定一起为父母举办一个退休舞会，为父母多年来的辛勤工作画上一个圆满的句号。此外，尹月和邢菲菲也在讨论，让父母烦心的养老金的问题，在法律上应该如何解决？

情景说法

本故事中涉及的是社会保险中的养老保险问题，包括了养老保险的概念和作用，养老保险的费用和金额，以及如果职工自愿放弃了养老保险的后果。

首先，中国目前的养老保险体系由三部分组成，一是基本养老保险，这是我们一般意义上讲到的社会保险的一部分，具有强制性；二是企业补充的养老保险，是企业根据自身的经济实力而为职工缴纳的，具有辅助性；三是个人储蓄性养老保险，则是个人根据自己的工资自愿参加的。我们所讨论的则是第一层次的基本养老保险。其运作模式则是用人单位和个人分别根据工资按照一定的比例进行缴费，只要是累计缴费超过15年的，退休之后就可以依据个人养老保险按月或者一次性领取其养老保险金。如果到退休时并未缴足15年，可以进行补缴再领取养老保险金。养老保险金的数额与个人的养老保险缴费年限和缴费数额相关，在1998年7月1日以后参加工作的劳动者月基本养老金 = 基础养老金 + 个人账户养老金。基础养老金是当地上年度职工月平均工资的20%，而个人账户养老金则是个人账户储蓄的存额除以120。所以对于柳彩霞来说，只要是之前已经按照规定缴纳了养老保险费用，在退休之后就可以按月得到养老保险金，所以根本不用担心退休之后没有自己的收入而需要向孩子开口要钱了。

其次，对于邢菲菲的父亲王建国，在现实生活中也经常有这样的情形出现，一些劳动者为了能够拿到手里更多的工资，就跟用人单位达成协议，放弃缴纳社会保险金，那么这种协议究竟是否合法呢？在此，我们应当明确的是，企业为职工缴纳社会保险，是国家赋予企业的一种强制的法定义务，并不能够因为员工的自愿放弃而免除这个责任。因为如果是由用人单位以支付工资的形式替代缴纳养老保险的义务，则会破坏国家统筹的社会保险制度，违背社会保障制度建立的初衷。所以若是员工反悔想要单位继续补办养老保险，用人单位是不能够拒绝的，否则还可能受到人力资源保障部门的行政处罚。

法条索引

《社会保险法》

第十六条

参加基本养老保险的个人，达到法定退休年龄时累计缴费满15年的，按月领取基本养老金。

参加基本养老保险的个人，达到法定退休年龄时累计缴费不足15年的，可以缴费至满15年，按月领取基本养老金；也可以转入新型农村社会养老保险或者城镇居民社会养老保险，按照国务院规定享受相应的养老保险待遇。

《国务院关于完善企业职工基本养老保险制度的决定》
（国发〔2005〕38号）

六、改革基本养老金计发办法。为与做实个人账户相衔接，从2006年1月1日起，个人账户的规模统一由本人缴费工资的11%调整为8%，全部由个人缴费形成，单位缴费不再划入个人账户。同时，进一步完善鼓励职工参保缴费的激励约束机制，相应调整基本养老金计发办法。

《国务院关于建立统一的企业职工基本养老保险制度的决定》（国发〔1997〕26号）实施后参加工作、缴费年限（含视同缴费年限，下同）累计满15年的人员，退休后按月发给基本养老金。基本养老金由基础养老金和个人账户养老金组成。退休时的基础养老金月标准以当地上年度在岗职工月平均工资和本人指数化月平均缴费工资的平均值为基数，缴费每满1年发给1%。个人账户养老金月标准为个人账户储存额除以计发月数，计发月数根据职工退休时城镇人口平均预期寿命、本人退休年龄、利息等因素确定。

国发〔1997〕26号文件实施前参加工作，本决定实施后退休且缴费年限累计满15年的人员，在发给基础养老金和个人账户养老金的基础上，再发给过渡性养老金。各省、自治区、直辖市人民政府要按照待遇水平合理衔接、新老政策平稳过渡的原则，在认真测算的基础上，制订具体的过渡办法，并报劳动保障部、财政部备案。

本决定实施后到达退休年龄但缴费年限累计不满15年的人员，不发给基础养老金；个人账户储存额一次性支付给本人，终止基本养老保险关系。

本决定实施前已经离退休的人员，仍按国家原来的规定发给基本养老金，同时执行基本养老金调整办法。

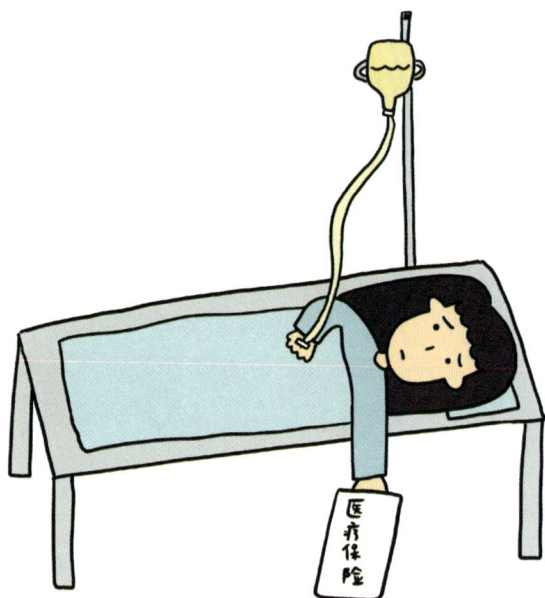

医疗保险

故事三 | 个人缴纳的医保去哪里了？

这天，尹月因为腹痛便早早下班回家，原本以为是生理期的前兆，喝了点红糖水便躺下休息了，可是没想到的是腹痛愈演愈烈，尹月忍受不住，准备打车去医院。一开门，刚好碰到了邻居司马曦加班回来，看到尹月腹痛不止，便主动上前帮忙叫了救护车将尹月送到了医院。在司马曦的搀扶下，尹月在急诊挂了号，最终发现是急性阑尾炎，要立即进行手术，在签字之后尹月便陷入了半昏迷状态，醒来之后已经躺在医院的病床上了。一睁眼，看到的是司马曦那张虽然疲惫却阳光帅气的脸庞。在之后的几天里，司马曦下班之后便来探望尹月，一来二去，两人陷入了朦胧的爱情之中。

而最后出院时，尹月看到住院的账单，有床位费、空调费以及一长串的药品名字，后面还标着甲类、乙类，尹月一眼看过去仿佛在看天书一般，目光迅速扫到最后，找到自己需要缴纳的费用，她便猜想是司马曦为自己垫付了医药费，执意要还给司马曦。

"哦，这件事啊，你误会了，你忘记你用了自己的医保卡吗？你看，除去500元空调费用和急救车费用，可以获得报销的费用医药费总共有20000元，甲类药品有15000元，乙类药品有5000元，上面标明的自费比例为20%，而这里是A类定点医疗机构，可以直接进行社保报销，所以其中的一大部分都由医疗保险替你支付了，还有一小部分是在你的个人账户中支付的，所以我是没有帮你付的。"司马曦害羞地笑了。

司马曦这一番话也让尹月有些害羞，因为自己从来没有用过医保卡，只是在入院前迷迷糊糊的拿出医保卡签了字，不知道还有这么重要的作用，才导致这个大乌龙出现。

情景说法

本故事中涉及的是社会保险中的医疗保险，对于许多像尹月一样的年轻人来说，因为很少生病，对于医疗保险的作用都不是很明晰，但实际上在看病拿药时，出示医保卡是可以省去一大笔费用的。

首先，城镇职工基本医疗保险是指国家建立了基本医疗保险基金，在参保者生病之后报销大部分医药费用的制度，由用人单位和劳动者个人按照各自的比例缴纳。此基金由社会统筹使用的统筹基金和个人专项使用的个人账户基金组成。个人账户的资金来源即是个人缴费的部分和用人单位缴纳费用的其中一小部分，这部分资金属于劳动者的个人财产，但是要专款专用，即用来支付医疗费用。统筹基金的来源是用人单位缴纳部分扣除划入个人账户中剩余的部分，用来报销大部分的医疗费用。在缴纳了医保费用后，如果生病，就可以拿着医保卡到社会保险经办机构确定的定点医疗机构去挂号看病了，由此产生的费用就可以按照一定的比例报销。而尹月作为按照规定缴纳医保费用的外籍劳动者，也与本国劳动者享有相同的医疗保险待遇，所以她的医疗费用自然是可以获得报销的。（如下表）

基本医疗保险基金的构成、来源及作用

名　称	构　成	来　源	作　用
基本医疗保险基金	社会统筹基金	单位所缴纳社保费用－计入个人账户部分	报销医疗费用
	个人账户基金	个人缴纳医保费用＋用人单位缴纳费用的一部分	支付自费部分医疗费用

其次，基本医疗保险的报销比例各地会根据实际情况有所调整，但是大致都按照如下的模式：首先，区分门诊和住院的费用，设置不同的起付标准和最高支付限额，就诊费用超出了起付标准才能够由社会统筹基金报销，不足起付标准的部分则由个人账户中的费用来支付，而超出最高支付限额的部分则全部由个人支付。其次，要选在定点医疗机构去看病，如果不在社保经办机构选定的医院治疗，是无法获得医保报销的。再次，只有在《基本医疗保险药品目录》范围内的药品才能够报销，而其中也分为甲类名录和乙类目录，甲类名录中的药品是由医疗保险直接按照比例支付的，而乙类目录则是由职工自付一定的比例后，再按医疗保险规定的标准予以支付。在药品目录之外的药品费用无法获得报销，需要由员工自行缴纳或者用医保卡中的剩余金额来支付。最后，对于急救车费用、空调费、膳食费护工费等，医疗保险是不予支付的。

以尹月所在的城市为例，2017 年的门诊起付标准为 1800 元，在一年内可以累计计算，最高限额则为 20000 元。而住院费按照一年内的入院次数，第一次起付标准为 1300 元，之后即是 650 元，基本医疗保险统筹基金一年内累计最高支付限额为 10 万元。而对一级、二级、三级医院以及不同的医药费用也会有不同的报销比例。对于尹月来说，她所在的是一级医院，医药费用总计为 20000 元，报销比例应为 90%。甲类药品费用为 15000 元，乙类药品 5000 元扣除个人自费的 1000 元后剩余 4000 元可以获得报销，所以总共可以获得报销的医疗费有 19000 元，扣除起付标准 1300 元，剩余 17700 元的 90% 都由社会统筹基金支付，即 15930 元都可以被报销。对于其他的费用则可以先由医保个人账户的余额支付，不足部分再由个人另外交钱。

《社会保险法》

第二十三条

职工应当参加职工基本医疗保险，由用人单位和职工按照国家规定共同缴纳基本医疗保险费。

无雇工的个体工商户、未在用人单位参加职工基本医疗保险的非全日制从业人员以及其他灵活就业人员可以参加职工基本医疗保险，由个人按照国家规定缴纳基本医疗保险费。

第二十八条

符合基本医疗保险药品目录、诊疗项目、医疗服务设施标准以及急诊、抢救的医疗费用，按照国家规定从基本医疗保险基金中支付。

第二十九条

参保人员医疗费用中应当由基本医疗保险基金支付的部分，由社会保险经办机构与医疗机构、药品经营单位直接结算。

社会保险行政部门和卫生行政部门应当建立异地就医医疗费用结算制度，方便参保人员享受基本医疗保险待遇。

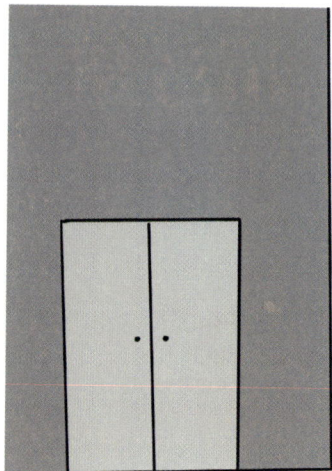

工伤保险

尹乔所在的蓝天石油公司，是敦煌市规模最大的民营企业。2019 年 3 月 26 日，公司老板邓明为了增强企业凝聚力，特别安排了有史以来公司最大的福利活动——全员休息一天来参加"蓝天杯"足球友谊赛，获胜的队伍将会获得 2020 年下一届奥林匹克运动会的门票。而尹乔作为营销部门的头号足球迷，报名参加了这次足球赛。比赛终于开始了，尹乔一个箭步上前想要发起进攻，却一个不小心摔倒，剧烈的疼痛瞬间让他无法站立，并被立即送往医院。后查明是左膝的韧带断裂，需要立即进行手术，而且尹乔以后几乎不能再接触足球了。

手术后，邓明和公司的领导团队便过来慰问了："发生这样的事情是大家都不愿意看到的，虽然你不是因工受伤，但是公司的领导层还是研究决定给你一些补偿，这是公司给的 5000 元的慰问金，你要收下好好静养，尽早回到工作岗位上来。"这番话让尹乔很是感动，在领导走后他竟然偷偷抹起了眼泪。

"唉，兄弟，你在干吗，你真是太傻了，公司这点钱就把你打发了吗？你这可是工伤！"同病房的戴文看不下去了，不禁插话进来。

尹乔一头雾水，两个人便开始聊起来了。原来戴文是因为在公司的餐厅就餐导致了食物中毒才入院治疗的："我跟你一样，原本公司也是给我几千元想要就此了事的，多亏我之前看过一些普法的书籍，才知道原来我的食物中毒也是属于工伤的，于是找到公司理论他们才承认最终给我工伤保险待遇的，不然这一大笔的医药费可都要自己承担了。"

尹乔对此可谓是一无所知，按照他的理解，只有在工作时候受伤才能够属于工伤，但是现在是在足球赛中受伤的，怎么算是工伤呢？

情景说法

本故事涉及的是工伤的认定范围和工伤保险待遇的问题。

首先，关于工伤的范围，一般而言，包括以下六种：（1）工伤是指在工作时间和工作场所内因工作原因受到事故伤害的，例如一名建筑工人在工作时间高空作业时不慎摔伤就是此种情形。（2）工作时间前后在工作场所内，从事与工作有关的预备性或者收尾性工作受到事故伤害的，例如一名技术操作工人在下班后例行清理机床，被掉落的零部件砸伤。（3）在工作时间和工作场所内，因履行工作职责受到暴力等意外伤害的，例如一名保安在巡逻过程中因制服小偷而被打伤。（4）患职业病的，例如建筑工人长期接触粉尘导致的尘肺病。（5）因工外出期间，由于工作原因受到伤害或者发生事故下落不明的，例如快递员被指派送货上门，在搬运过程中受伤。（6）在上下班途中，受到非本人主要责任的交通事故或者城市轨道交通、客运轮渡、火车事故伤害的，也即在上下班途中虽然正常驾车行驶但是发生交通事故被撞伤的。这是我们一般意义上所认为的工伤，其核心就是工作时间、工作场所、工作原因所导致的受伤的后果。

而对于尹乔来说，虽然其是因为足球赛而并非通常意义上的工作受伤，但是我们应当知道的是，所谓的工作原因并不是只包含自己的专业工作，而上班时间也并非狭义的固定上班时间，工作场所也不是仅仅只代表办公室。此足球赛虽然是一种娱乐活动，但是它是公司组织的一项集体活动，也是企业文化建设的一项内容，并且是在上班的时间，应当被认定为是工伤。同样的，单位提供员工食堂，是给职工的一项便利，方便其有时间和精力更好地投入到工作中去，也可以视为工作时间，所以戴文在公司的员工食堂就餐而食物中毒，是因为食堂管理不善造成的，也可以认定为工伤事故。

其次，若是受到工伤，劳动者在受工伤治疗期间可享受工伤医疗期的待遇，即停工留薪。同时，用人单位应当在事故发生之日起30日内向本地区劳动保障行政部门提出工伤认定申请，如果用人单位不申请的劳动者或者其亲属、工会组织可以在事故发生日起1年内提出工伤认定。如果用人单位没有按时申报的，此间还要承担此间发生的工伤医疗费用。被认定为工伤后，员工可以享受工伤医疗待遇，如果经鉴定导致伤残的享有伤残待遇，如果导致死亡的有死亡赔偿待遇。

工伤医疗待遇主要包括了：（1）工伤医疗费用，即入院治疗发生的住院费可由工伤医疗保险报销；（2）康复性治疗费用，例如尹乔在手术后可能需要康复性治疗以恢复正常的行走能力；（3）辅助器具安装配置费用，即假肢、轮椅等。在被认定为工伤后，等到工伤医疗期满或者被治愈、伤情稳定后，应当到本地区的劳动鉴定委员会进行劳动能力鉴定，评定伤残等级，分为1-10级，1-4级的可以退出工作岗位，但是用人单位不能解除劳动关系，然后由工伤保险基金支付一次性的伤残补助金，并可以按月领取伤残津贴。若是5-6级伤残的，由工伤保险基金支付一次性伤残补助金，用人单位不可解除劳动合同，可以适当安排工作，不能安排的，由用人单位按月发放伤残津贴。若是7-10级伤残的，由工伤保险基金支付一次性伤残补助金，在劳动合同期满后，由工伤保险基金支付一次性工伤医疗补助金，用人单位支付一次性伤残就业补助金。所以尹乔应当向用人单位提出自己属于工伤，促使用人单位申请工伤认定，否则是无法享受相应的待遇的，并且有可能因为长期入院治疗而被用人单位解雇。

《工伤保险条例》

第十四条

职工有下列情形之一的，应当认定为工伤：

（一）在工作时间和工作场所内，因工作原因受到事故伤害的；

（二）工作时间前后在工作场所内，从事与工作有关的预备性或者收尾性工作受到事故伤害的；

（三）在工作时间和工作场所内，因履行工作职责受到暴力等意外伤害的；

（四）患职业病的；

（五）因工外出期间，由于工作原因受到伤害或者发生事故下落不明的；

（六）在上下班途中，受到非本人主要责任的交通事故或者城市轨道交通、客运轮渡、火车事故伤害的；

（七）法律、行政法规规定应当认定为工伤的其他情形。

第十五条

职工有下列情形之一的，视同工伤：

（一）在工作时间和工作岗位，突发疾病死亡或者在48小时之内经抢救无效死亡的；

（二）在抢险救灾等维护国家利益、公共利益活动中受到伤害的；

（三）职工原在军队服役，因战、因公负伤致残，已取得革命伤残军人证，到用人单位后旧伤复发的。

职工有前款第（一）项、第（二）项情形的，按照本条例的有关规定享受工伤保险待遇；职工有前款第（三）项情形的，按照本条例的有关规定享受除一次性伤残补助金以外的工伤保险待遇。

第十六条

职工符合本条例第十四条、第十五条的规定，但是有下列情形之一的，不得认定为工伤或者视同工伤：

（一）故意犯罪的；

（二）醉酒或者吸毒的；

（三）自残或者自杀的。

第十七条

职工发生事故伤害或者按照职业病防治法规定被诊断、鉴定为职业病，所在单位应当自事故伤害发生之日或者被诊断、鉴定为职业病之日起30日内，向统筹地区社会保险行政部门提出工伤认定申请。遇有特殊情况，经报社会保险行政部门同意，申请时限可以适当延长。

用人单位未按前款规定提出工伤认定申请的，工伤职工或者其近亲属、工会组织在事故伤害发生之日或者被诊断、鉴定为职业病之日起1年内，可以直接向用人单位所在地统筹地区社会保险行政部门提出工伤认定申请。

按照本条第一款规定应当由省级社会保险行政部门进行工伤认定的事项，根据属地原则由用人单位所在地的设区的市级社会保险行政部门办理。

用人单位未在本条第一款规定的时限内提交工伤认定申请，在此期间发生符合本条例规定的工伤待遇等有关费用由该用人单位负担。

生育保险

虽然饱受阑尾炎的折磨，但是尹月也算因祸得福，与司马曦两人迅速陷入爱河。在双方父母的催促之下，两人很快便领证结婚了，不久之后尹月也怀孕了。

但在喜悦之后，两人还是要面对现实生活。买房之后两人的存款已经所剩无几了，为了给尹月和孩子更好的生活，司马曦只能拼命加班。而尹月为了分担司马曦的压力，在怀孕期间也一直坚持上班，除了因为产检而不得已请假，一直挺到了分娩前半个月才回家休息，此后因为尹月休产假而没有了收入，养家糊口的任务就都落在了司马曦身上。而因为长期以来的辛苦劳累，尹月的身体也有些不堪重负，她遭遇了难产。万幸，尹月顺利生下了女儿司马瑜。

司马瑜不满两个月时，尹月就打算回腾雷公司工作，因为她记得自己的劳动合同上写着产假期限是 70 天，逾期不去上班则会按照旷工处理。而司马曦则坚持尹月现在身体还没有完全恢复需要继续休息，坚持让她多休息一个月。于是在孩子 90 天的时候，尹月才回去工作。

可没想到的是，尹月在回公司的前夕，便收到了腾雷公司的解除劳动合同的通知，这个消息一下子击溃了一直以来苦苦坚持的二人……

情景说法

女性作为特殊的群体，一般来讲在生理上处于相对弱势的地位，尤其是在怀孕、哺乳期间更需要得到特殊的保护，而生育保险就是我国五类基本社会保险中专为女性设置的，那么生育保险可以使女性获得何种待遇呢？

首先，关于生育保险费只需要用人单位缴纳，个人是无须缴纳的，一般是用人单位按照本单位职工的总工资作为缴费基数，按照 0.7% 的比例缴纳。如果用人单位未按照规定缴纳生育保险费，那么女性因怀孕需要生育保险支付的待遇就要由用人单位来承担。所以生育保险实际上是用人单位为女性劳动者买单的一项福利，用来保障女性在生育期间的生活。而对于尹月来说，应当关注单位是否为其缴纳了生育保险，如果公司没有为其缴纳，则可以要求公司承担生育保险待遇的责任。

其次，缴纳了生育保险后，女性享有的待遇包括产假、生育津贴、生育医疗费用。如果夫妻双方只有男性在工作，作为"全职太太"的女性在怀孕期间则可以获得报销生育医疗费用的待遇。

具体而言，关于产假，女职工有不少于 98 天的产假，在生产前可以休假 15 天；如果难产的，增加产假 15 天；生育多胞胎的，每多生育 1 个婴儿，增加产假 15 天。流产的女性也会受到保护，怀孕未满 4 个月流产的，享受 15 天产假；怀孕满 4 个月流产的，享受 42 天产假。同时，按照规定她是可以享受 98 天的产假的，她休息了 90 天是符合规定的，而腾雷公司要求劳动者在劳动合同中放弃法律赋予的产假的权利，应当是无效的，不能凭此解除劳动合同。

生育津贴就是指女性在休产假期间，生育保险基金给予的生活费用，金额应当是职工所在单位上年度职工月平均工资。也就相当于在女性休产假期间，可以获得一份正常的薪水，所以对于尹月来说也不必担心因为怀孕而没有收入来源。

生育医疗费用是指女职工从怀孕到生产这一阶段的大部分检查、医疗费用，都可以由生育保险基金报销。与医疗保险相似，生育保险的报销也是由一定范围和数额限制的，只有在定点医疗机构发生的在规定范围内的费用才能够获得报销。例如违反了国家计划生育的规定的费用是不能够报销的。对于尹月来说，只要是在定点医疗机构按照规定检查、治疗的，在生育之后就可以拿着凭证去社会保险经办机构（一般是人力资源和社会保障局）领取生育津贴和报销医疗费。而如果是在生育时发现了其他的疾病需要治疗的，则需要按照医疗保险的规定报销。

最后，女职工在怀孕期间往往会由于身体的原因，工作效率会受到一定的影响，此时可能会影响到用人单位的利益，但是在一般情况下，如果职工没有出现例如违法犯罪等重大的过错，用人单位是不得因女职工怀孕、生育、哺乳而降低其工资、辞退或者解除劳动合同的。这是法律对于孕期、产期、哺乳期的女职工保护的强制性规定，用人单位在此期间解除劳动合同是违法的。所以对于尹月，从怀孕到司马瑜一周岁之前的哺乳期内，腾雷公司都不能随意解除劳动合同，尹月可以要求继续履行劳动合同。

另外，需要注意的是，各个社会保险统筹地区可能会有额外的生育保险待遇，例如会有男性"陪产假"，或者会延长女性的产假时间，所以怀孕期间的职工应当密切关注本地的法规政策，以最大程度保护自身的合法权益。

法条索引

《女职工劳动保护特别规定》

第七条

女职工生育享受 98 天产假，其中产前可以休假 15 天；难产的，增加产假 15 天；生育多胞胎的，每多生育 1 个婴儿，增加产假 15 天。

女职工怀孕未满 4 个月流产的，享受 15 天产假；怀孕满 4 个月流产的，享受 42 天产假。

第八条

女职工产假期间的生育津贴,对已经参加生育保险的,按照用人单位上年度职工月平均工资的标准由生育保险基金支付;对未参加生育保险的,按照女职工产假前工资的标准由用人单位支付。

女职工生育或者流产的医疗费用,按照生育保险规定的项目和标准,对已经参加生育保险的,由生育保险基金支付;对未参加生育保险的,由用人单位支付。

《社会保险法》

第五十三条

职工应当参加生育保险,由用人单位按照国家规定缴纳生育保险费,职工不缴纳生育保险费。

第五十四条

用人单位已经缴纳生育保险费的,其职工享受生育保险待遇;职工未就业配偶按照国家规定享受生育医疗费用待遇。所需资金从生育保险基金中支付生育保险待遇包括生育医疗费用和生育津贴。

第五十五条

生育医疗费用包括下列各项:

(一)生育的医疗费用;

(二)计划生育的医疗费用;

(三)法律、法规规定的其他项目费用。

第五十六条

职工有下列情形之一的,可以按照国家规定享受生育津贴:

(一)女职工生育享受产假;

(二)享受计划生育手术休假;

(三)法律、法规规定的其他情形。

生育津贴按照职工所在用人单位上年度职工月平均工资计发。

失业保险

　　司马曦所在的广告设计公司陷入经营困境，几个固定的大客户被同行的公司撬走，公司效益直线下降，于是公司高层决定开源节流，让几位新手设计师都回家休息，说等到公司业务好起来会继续通知他们回来工作的。司马曦虽然心有不甘，但也只能服从公司的安排。刚好岳母柳彩霞因为身体原因要回敦煌休养，原本他们还要忧心没有人来照顾刚出生的女儿司马瑜，现在司马曦刚好可以担此重任。不知不觉中，时间已经过去 3 个月了，而女儿也快要一周岁了，司马曦突然意识到，公司还是没有消息传来，虽然尹月的工资已经足以覆盖掉一家人的花销，但是让妻子挑起全家的担子司马曦还是心存愧疚。

而第二天，司马曦就收到了一封快递，里面是一份《解除劳动合同通知书》，上面写道因为公司效益不好要进行裁员，司马曦就是其中的一员，但是因为司马曦已经在公司工作了 3 年，所以可以获得 3 个月的经济补偿金，公司将解除劳动关系的证明一并寄给了司马曦，告知其已经累计缴纳了 3 年的失业保险，可以去劳动保障所领取失业保险金。这些消息一并向司马曦砸来，他就此失业了。

除此之外，司马曦还按照公司的提示去领取了失业保险，心中盘算着，这样在家里带孩子还能够拿到钱，也是不错的选择。可是在领取了 9 个月之后，他却被告知其已经没有领取失业保险的资格了，这让司马曦一头雾水……

情景说法

本故事中涉及的问题包括待岗人员的薪金、失业保险待遇及其领取资格以及领取期限的问题。

首先，因为广告设计公司自身的原因导致司马曦在家待岗 3 个月，期间司马曦是可以按照法律规定获得待岗薪金的。如果待岗时间在一个工资支付周期内（一般而言是一个月），用人单位应当正常的按照劳动合同支付工资；超过一个工资支付周期的，可以根据劳动者提供的劳动，按照双方新约定的标准支付工资，但不得低于本市最低工资标准；用人单位没有安排劳动者工作的，应当按照不低于本市最低工资标准的 70% 支付劳动者基本生活费。在待岗期间，因为还存在着劳动关系，公司还要按期为其缴纳各种社会保险。所以司马曦待岗的第 1 个月可以按照原来的合同约定的工资标准获得工资，而第 2、第 3 个月可以获得相应比例的生活费用，公司不给予任何补贴显然是违法的。

其次，对于失业的人员，如果按规定缴纳了失业保险，在失业期间是可以领取失业保险金的，但是要符合以下条件：（1）劳动者属于非自愿性失业，也就是说一般而言如果是主动辞职是不能够领取失业保险金的；（2）本人及用人单位需要已经缴纳失业保险费满 1 年以上；（3）已经在就业介绍机构进行了失业登记，有继续就业的要求。所以按照相关的规定，司马曦在失业之后，决定专心做家庭煮夫暂时不再工作，实际上是丧失了领取失业保险金的资格的。

再次，根据缴费年限的不同，可以领取失业保险金的期限也不同。失业人员失业前用人单位和本人累计缴费满1年不足5年的，领取失业保险金的期限最长为12个月；累计缴费满5年不足10年的，领取失业保险金的期限最长为18个月；累计缴费10年以上的，领取失业保险金的期限最长为24个月。（如下表）

失业保险缴费年限与领取时限

缴费年限 N	$N < 1$ 年	1 年 ≤ N < 5 年	5 年 ≤ N < 10 年	> 10 年
领取失业保险金年限	无	≤ 12 个月	≤ 18 个月	≤ 24 个月

此处是社会保险法的总体规定，是领取失业保险金的最长期限，但是在具体实施过程中，各地还会有更加细致的规定。例如北京市规定了失业人员领取失业保险金的期限，根据失业人员失业前累计缴费时间确定：

（1）累计缴费时间1年以上不满2年的，可以领取3个月失业保险金；（2）累计缴费时间2年以上不满3年的，可以领取6个月失业保险金；（3）累计缴费时间3年以上不满4年的，可以领取9个月失业保险金；（4）累计缴费时间4年以上不满5年的，可以领取12个月失业保险金；（5）累计缴费时间5年以上的，按每满1年增发1个月失业保险金的办法计算，确定增发的月数。领取失业保险金的期限最长不得超过24个月。

因此对于司马曦来说，其缴纳失业保险费的期限为3年，即使是还有继续就业的意愿，最多只可以领取9个月的失业保险金，超过9个月后自然就丧失了相应资格。

最后，关于失业保险金的数额，不应低于当地城市居民最低生活标准，以北京市为例，2018年失业保险金的发放标准要根据缴费年限来确定：（1）累计缴费时间满1年不满5年的，失业保险金每月1292元；（2）满5年不满10年的，每月1319元；（3）满10年不满15年的，每月1346元；（4）满15年不满20年的，每月1373元；（5）满20年以上的，每月1401元；（6）从第13个月起，失业保险金月发放标准一律按1292元发放。所以如果司马曦符合领取失业保险金的标准，每月可以获得1292元的失业保险金。

《社会保险法》

第四十五条

失业人员符合下列条件的，从失业保险基金中领取失业保险金：

（一）失业前用人单位和本人已经缴纳失业保险费满 1 年的；

（二）非因本人意愿中断就业的；

（三）已经进行失业登记，并有求职要求的。

第四十六条

失业人员失业前用人单位和本人累计缴费满 1 年不足 5 年的，领取失业保险金的期限最长为 12 个月；累计缴费满 5 年不足 10 年的，领取失业保险金的期限最长为 18 个月；累计缴费 10 年以上的，领取失业保险金的期限最长为 24 个月。重新就业后，再次失业的，缴费时间重新计算，领取失业保险金的期限与前次失业应当领取而尚未领取的失业保险金的期限合并计算，最长不超过 24 个月。

第四十七条

失业保险金的标准，由省、自治区、直辖市人民政府确定，不得低于城市居民最低生活保障标准。

我们可以买房子咯！

住房公积金

尹艾从小就十分特立独行，高中毕业她便申请去英国读书，并且选择了古生物学专业，在读完大学之后便去了非洲做义工，一心去考察古生物。而两年后，尹艾了解到在中国的辽宁西部的热河生物群被称作是古生物学家的天堂，刚好可以为尹艾的恐龙蛋研究提供众多的资料和素材，便决定打道回国。凭借着出色的专业能力，尹艾顺利进入了辽宁的河西大学担当古生物专业的讲师。沉迷于学术的尹艾对于相关的福利待遇毫不关心。在母亲柳彩霞的反复追问下，她才到人事部了解自己的薪金。

"在每个月扣除了个人所得税和社会保险金以及住房公积金后，你的工资卡上大概会有 8000 元的现金，年终还会有绩效考评的奖金。"人事部的王渤如是说道。

"社会保险金我倒是听说过，住房公积金是用来做什么的？"

"住房公积金是用来帮助你买房的，它跟社会保险不一样，不是法律强制缴纳的，所以很多单位都会逃避这个责任，但是我们学校作为良心单位，会为每一位员工按照工资的12%进行缴纳，怎么样，我们学校的福利不错吧！"

听到买房二字，尹艾的第一反应是这个住房公积金对自己来说是没有任何用的，习惯了自由自在的生活方式和说走就走的旅行，尹艾一直是拒绝买房的，况且她还有周游世界的梦想，还不如把这笔钱省下来作为自己的旅行基金。但尹艾还是决定回家跟母亲商量后再做决定。

情景说法

本故事涉及的是住房公积金的问题，住房公积金与五种社会保险一起作为劳动者的福利待遇被称作"五险一金"，接下来我们便讨论住房公积金的性质和用途。

首先，关于住房公积金的资金来源。其本质上是劳动者的长期住房储金，依法缴纳住房公积金的劳动者会有自己的住房公积金账户，里面的资金由单位和个人根据工资水平按比例缴纳，并且会有一定的利息，账户里的资金都属于劳动者的个人财产。住房公积金的缴存比例根据各地的经济发展水平的不同而不同，但是不得低于职工上一年度月平均工资的5%，不得高于12%，用人单位可以根据自身的实际情况在此区间内自行确定缴存的比例。除去依照特别规定免除缴纳个人住房公积金的劳动者，职工个人的缴费比例和用人单位原则上应该是一致的，并且由用人单位直接代缴。同时，这部分资金虽然仍属于劳动者个人所有，但却是免缴个人所得税的。所以，河西大学在不超出最高比例的情形下，为职工足额缴纳住房公积金是合法合理的，而尹艾自然也要按照月工资12%的比例将这一部分工资储存到自己的住房公积金账户，并且免去了缴纳个人所得税，对于尹艾实际上是有利的。

其次，关于住房公积金的用途。其首要用途就是贷款买房，里面的资金可以用于偿还房贷，对于想要买房的劳动者来说，还可以申请住房公积金贷款，其利率是大幅低于普通的商业银行的贷款，而决定贷款额度的一个重要因素就是个人住房公积金的余额，这对大部分想要买房的劳动者来说都是很大的福利。但是对于像尹艾一样不想买房的劳动者，缴纳住房公积金是否就没有用处了呢？

实际上，住房公积金账户中的资金在出现以下情形时，是可以提取的：（1）购买、建造、翻建、大修自住住房的；（2）离休、退休的；（3）完全丧失劳动能力，并与单位终止劳动关系的；（4）出境定居的；（5）偿还购房贷款本息的；（6）房租超出家庭工资收入的规定比例的。所以对于尹艾来说，可以用这部分钱来租房，在之后想要出国或出境定居时也可以一次性提取，并且最终拿到的钱高于自己缴存部分的两倍（个人缴存＋单位缴存＋利息），还可以免去缴纳个人所得税，所以对尹艾来说，按照规定缴纳住房公积金才是最明智的选择。

最后，王渤之所以说住房公积金不是法律强制缴纳的原因，在于理论上讲其不属于劳动争议，不属于《劳动法》的调整范畴。如果劳动者因为住房公积金与用人单位发生争议，是不能够申请劳动仲裁的，一般只能够根据《住房公积金管理条例》向住房公积金管理中心投诉、举报，由其做出行政决定。但是这并不意味着用人单位可以随意不缴纳住房公积金，在住房公积金管理中心责令其限期缴纳后其仍不缴纳的，管理中心可以向法院申请对其强制执行，同样可以起到监督管理的效果。

法条索引

《住房公积金管理条例》

第十八条

职工和单位住房公积金的缴存比例均不得低于职工上一年度月平均工资的 5%；有条件的城市，可以适当提高缴存比例。具体缴存比例由住房公积金管理委员会拟订，经本级人民政府审核后，报省、自治区、直辖市人民政府批准。

第十九条

职工个人缴存的住房公积金，由所在单位每月从其工资中代扣代缴。

单位应当于每月发放职工工资之日起 5 日内将单位缴存的和为职工代缴的住房公积金汇缴到住房公积金专户内，由受委托银行计入职工住房公积金账户。

第二十四条

职工有下列情形之一的，可以提取职工住房公积金账户内的存储余额：

（一）购买、建造、翻建、大修自住住房的；

（二）离休、退休的；

（三）完全丧失劳动能力，并与单位终止劳动关系的；

（四）出境定居的；

（五）偿还购房贷款本息的；

（六）房租超出家庭工资收入的规定比例的。

依照前款第（二）（三）（四）项规定，提取职工住房公积金的，应当同时注销职工住房公积金账户。

职工死亡或者被宣告死亡的，职工的继承人、受遗赠人可以提取职工住房公积金账户内的存储余额；无继承人也无受遗赠人的，职工住房公积金账户内的存储余额纳入住房公积金的增值收益。

环 境 法

　　曾恩来自山清水秀的云南，从小在青山绿水的环境之下长大。读大学时考到了河南，这里的美食和热情的老乡令他心生欢喜，但是一到冬天，浓浓的雾霾却令他难以适应，为此他加入了学校的环境公益保护社团，希望能够为除霾事业贡献一分力量。而王莲则是一个资深的环境保护者，她生在河南，长在河南，并通过自己的付出和领导力成为了环境保护社团的社长。二人因环境保护结缘，开启了一段美好的爱情故事。在毕业后王莲决定继续为环保事业奋斗，进入了当地一家名为"绿色之友"的环保公益组织工作。而曾恩也为了爱情留在了河南创业。在郑州做起了农产品的生意，公司被打理得井井有条，正是风生水起时，最近有一些意想不到的麻烦事上门了……

环境公益诉讼

近期，王莲发现城郊有一河道水质污染严重，水体浑浊变色，在高温天气散发着令人难以接受的臭味。在走访过周边居民后，王莲了解到，这片水域水质变差大约是从一年前开始的，河道不远处新建起的一座家畜养殖场经常将养殖产生的粪便、沼液等排入水流中，造成了水体污染。得知此事后，"绿色之友"组织与该家畜养殖场的员工进行沟通，提出加设排污处理装置的建议，希望通过协商解决水污染问题。结果对方的态度却冷淡，员工推脱说这不是自己能决定的事，管理者却迟迟不肯现身。于是，她的同伴带了取样检测的报告，水源取样后委托第三方机构的检测报告显示，这片水域的水质污染物浓度严重超过了我国《地表水环境质量标准》规定的标准。

该河道周边还居住着不少农户，他们在日常生活中也饱受着水污染的苦恼。原来，清澈的河水给他们洗衣浇菜提供了便利，但自从水污染日渐严重之后，他们不仅取水困难，更是成天承受着臭气熏天的苦恼。王莲和其他"绿色之友"的工作人员想要为他们提供帮助，却不料与家畜养殖场的协商陷入僵局。王莲不禁开始思考，是否可以借助司法的力量解决这个难题呢？

情景说法

本故事中，王莲以及"绿色之友"的工作人员参与环境公益活动，并想要通过司法的途径解决某些环境污染的难题，那么她们是否能够如愿以偿呢？

环境公益诉讼即有关环境保护方面的公益性诉讼，是指由于自然人、法人或其他组织的违法行为或不作为，使环境公共利益遭受侵害或即将遭受侵害时，法律允许其他的法人、自然人或社会团体为维护公共利益而向人民法院提起的诉讼。环境公益诉讼的特殊性主要在于，诉讼的发起者不一定是与本故事有直接利害关系的人。比如本故事中，家畜养殖场违反了我国《环境保护法》第四十九条第三款的相关规定，"从事畜禽养殖和屠宰的单位和个人应当采取措施，对畜禽粪便、尸体和污水等废弃物进行科学处置，防止污染环境"。但是，家畜养殖场排污导致的水污染并不直接损害"绿色之友"及王莲的权益，这时如果就此环境污染事件提起公益性的诉讼，则原告的主体资格在我国法律中有所限制。

根据我国《环境保护法》第五十八条规定，在设区的市级以上民政部门登记的社会团体、民办非企业单位以及基金会等社会组织可依法提起环境公益诉讼。社会组织向法院提起环境公益诉讼需满足的基本条件包括：（1）依法在设区的市级以上人民政府民政部门登记；（2）专门从事环境保护公益活动连续5年以上且无违法记录。

最高法院发布的司法解释进一步明确了上述条件。其中，"设区的市级以上人民政府民政部门"是指"设区的市，自治州、盟、地区，不设区的地级市，直辖市的区以上人民政府民政部门"。"专门从事环境保护公益活动"是指"社会组织章程确定的宗旨和主要业务范围是维护社会公共利益，且从事环境保护公益活动"。"无违法记录"是指"社会组织在提起诉讼前5年内未因从事业务活动违反法律、法规的规定受过行政、刑事处罚"。

依据上述规定，本故事中，王莲和其他工作人员无法以个人的名义向家畜养殖场提起环境公益诉讼。但是，"绿色之友"组织如果满足上述条件，依法在设区的市级以上人民政府民政部门登记，专门从事环境保护公益活动连续5年以上且无违法记录，则"绿色之友"组织可以根据我国《环境保护法》向人民法院提起环境公益诉讼。对于参与环境公益活动的公民个人来说，比如本案中的王莲，其权益未受到水质污染的直接损害，只能依据《环境保护法》第五十七条向环境保护主管部门或者其他负有环境保护监督管理职责的部门举报。若地方各级人民政府、县级以上人民政府环境保护主管部门和其他负有环境保护监督管理职责的部门不依法履行职责的，公民、法人和其他组织有权向其上级机关或者监察机关举报。

法条索引

《环境保护法》

第四十九条

各级人民政府及其农业等有关部门和机构应当指导农业生产经营者科学种植和养殖，科学合理施用农药、化肥等农业投入品，科学处置农用薄膜、农作物秸秆等农业废弃物，防止农业面源污染。

禁止将不符合农用标准和环境保护标准的固体废物、废水施入农田。施用农药、化肥等农业投入品及进行灌溉，应当采取措施，防止重金属和其他有毒有害物质污染环境。

畜禽养殖场、养殖小区、定点屠宰企业等的选址、建设和管理应当符合有关法律法规规定。从事畜禽养殖和屠宰的单位和个人应当采取措施，对畜禽粪便、尸体和污水等废弃物进行科学处置，防止污染环境。

县级人民政府负责组织农村生活废弃物的处置工作。

第五十七条

公民、法人和其他组织发现任何单位和个人有污染环境和破坏生态行为的，有权向环境保护主管部门或者其他负有环境保护监督管理职责的部门举报。

公民、法人和其他组织发现地方各级人民政府、县级以上人民政府环境保护主管部门和其他负有环境保护监督管理职责的部门不依法履行职责的，有权向其上级机关或者监察机关举报。

接受举报的机关应当对举报人的相关信息予以保密，保护举报人的合法权益。

第五十八条

对污染环境、破坏生态，损害社会公共利益的行为，符合下列条件的社会组织可以向人民法院提起诉讼：

（一）依法在设区的市级以上人民政府民政部门登记；

（二）专门从事环境保护公益活动连续 5 年以上且无违法记录。

符合前款规定的社会组织向人民法院提起诉讼，人民法院应当依法受理。

提起诉讼的社会组织不得通过诉讼牟取经济利益。

光污染

曾恩和王莲结婚后定居在郑州，生意日渐红火的曾恩也在郑州市买了房，他们的家位于小区西面，紧邻围墙，围墙外是一间空置着的仓库，而曾恩选择此处也是因为仓库比较矮并且活动的人少，可以提供更开阔的视野和安静的环境。最近，这间仓库被附近的佳佳超市租赁下来，存放货物。这本来是再正常不过的商业活动，可是谁都没有想到，曾恩一家平静而安逸的生活就此被打破。

该仓库囤放了佳佳超市大量的存货，各种商品自全国各地的原产地发货而来，其中很多货车于夜晚抵达并进行卸货。为了方便运输与装卸货活动，佳佳超市的仓库管理负责人在仓库周围安装了许多路灯，彻夜照亮仓库和卸货区的场地。

但是，这却给曾恩一家带来了不小的麻烦。路灯自晚七时至次日晨五时开启，彻夜长明，其中有三盏紧挨着小区的围墙。这些路灯散射的强烈灯光，直入曾恩家的卧室。即使拉上窗帘，由于灯光光线过强，依然无法全部有效阻挡。曾恩和妻子感觉晚上就像是白天，灯光下难以安睡，为此还出现了失眠、烦躁不安等症状。时间一久，失眠症状甚至影响了他们白天的精神状态和工作效率，使人苦不堪言。

曾恩去找小区物业反馈情况，物业却告诉他，这是佳佳超市在自己的仓库场所内设置的路灯，物业无权对此进行拆除，因此同样束手无策……

情景说法

曾恩一家饱受灯光苦恼，那么他是否有权依据我国《环境保护法》对所遭受的光污染进行控告呢？

答案是肯定的。我国《环境保护法》第二条规定，本法所称环境，是指影响人类生存和发展的各种天然的和经过人工改造的自然因素的总体，包括大气、水、海洋、土地、矿藏、森林、草原、湿地、野生生物、自然遗迹、人文遗迹、自然保护区、风景名胜区、城市和乡村等。环境指的是影响人类生存和发展的各种天然的和经过人工改造的自然因素的总体，而照明环境显然应当被涵盖在其中。

本故事中，佳佳超市在仓库外安置的路灯，旨在为自己经营场所的外部环境提供照明，本无过错。但是由于其地理位置紧邻周边居民住所，没有任何遮光措施，造成路灯的外溢光、杂散光射入居民居室，形成了不良照明环境。外溢光或杂散光即指该照明设施发出的光落在目标区域或边界以外的部分。如果外溢光或杂散光的数量或方向足以引起人们烦躁、不舒适、注意力不集中或降低对于一些重要信息（如交通信号）的感知能力，甚至对于动植物亦会产生不良的影响时，即称之为障害光，应当被认定构成光污染，而且属于相邻污染侵害，属于我国《环境保护法》依法规制的范围。同时，依据我国《民法典》中的规定，不动产的相邻各方，应当按照有利生产、方便生活、团结互助、公平合理的精神，正确处理截水、排水、通行、通风、采光等方面的相邻关系。给相邻方造成妨碍或者损失的，应当停止侵害，排除妨碍，赔偿损失。

所以，依据我国《环境保护法》，曾恩有权向环境保护主管部门或者其他负有环境保护监督管理职责的部门举报，或者，可以依据我国《民法通则》向人民法院就该环境侵权行为提起民事诉讼。

由上述可知，曾恩可以对佳佳超市设置的路灯导致的光污染请求行政或司法救济，但是，曾恩是否需要向法院证明该灯光已对他及他家人产生实际损害的结果呢？

众所周知，环境污染对人体健康可能造成的实际损害结果，不仅包括那些症状明显并可用计量方法反映的损害结果，还包括那些症状不明显且暂时无法用计量方法反映的损害结果。特别对于随着时代发展而日益严重的光污染和噪声污染等问题，对人体健康可能造成的损害可能体现于情绪烦躁、失眠等难以被量化的症状，这目前已为公众普遍认识。夜间，人们通常习惯于在暗光环境下休息。在本故事中佳佳超市设置的路灯，其射入曾恩家住所内的外溢光、杂散光，强度足以改变人们夜间休息时通常习惯的暗光环境，光污染程度较为明显。曾恩以及家人出现的失眠、烦躁不安即为实际损害，符合日常生活经验法则，无须举证证明，应推定属实。佳佳超市若不能举出该灯光对曾恩及其家人的身体健康没有产生危害的证据，应有责任排除该光污染侵害。

法条索引

《环境保护法》

第二条

本法所称环境，是指影响人类生存和发展的各种天然的和经过人工改造的自然因素的总体，包括大气、水、海洋、土地、矿藏、森林、草原、湿地、野生生物、自然遗迹、人文遗迹、自然保护区、风景名胜区、城市和乡村等。

第五十七条

公民、法人和其他组织发现任何单位和个人有污染环境和破坏生态行为的，有权向环境保护主管部门或者其他负有环境保护监督管理职责的部门举报。

公民、法人和其他组织发现地方各级人民政府、县级以上人民政府环境保护主管部门和其他负有环境保护监督管理职责的部门不依法履行职责的，有权向其上级机关或者监察机关举报。

接受举报的机关应当对举报人的相关信息予以保密，保护举报人的合法权益。

《民法典》

第二百八十八条

不动产的相邻权利人应当按照有利生产、方便生活、团结互助、公平合理的原则，正确处理相邻关系。

第二百九十三条

建造建筑物，不得违反国家有关工程建设标准，不得妨碍相邻建筑物的通风、采光和日照。

废品仓库

XX建材公司

生产废料 →

环境侵权诉讼的举证责任

曾恩在城郊租赁了一片土地，想要建立一个庄园作为农产品开发基地，生产绿色蔬果向城区居民发售。尚在云南时，曾恩就有丰富的与动植物打交道的经验。于是，他理所当然地以为，自己重操旧业并雇佣当地农民打理一片庄园并非难事，对庄园的收成和产量都寄予了很大期望。可是，事情并不像他想象的那么顺利。

他的员工向他反映，庄园西南侧有一块田地，不论种什么幼苗都会很快枯萎，勉强活下来的几株也叶片发黄、无精打采。曾恩觉得很不对劲，他亲自前往勘探，他不禁怀疑是土壤的问题，可是就肉眼观测而言并不能看出这片地的土质与其他区域有任何区别。这时，曾恩发现就在这块地旁边紧挨着一堵围墙，他出于好奇询问员工围墙另一边是什么，被员工告知那是一家新型建材公司。曾恩听闻之后转念一想，这土质问题是否与这家公司有关呢？

曾恩委托第三方的检测机构对土质进行检测，结果报告显土壤酸碱度处于弱碱性与碱性土壤的临界，并且土壤重度盐渍化，因此土质难以改良，耕作层退化劣变。曾恩非常气愤，因为这样严重的土质问题显然不可能是天然的，必定是人为导致的。他与该新型建材公司进行沟通，认为对方理应对造成的污染负责。然而该新型建材公司却拒不合作，其总经理向曾恩表示自己的公司已经配套建设了废水、废气、粉尘等方面相应的治理设施，经市环境监测站验收监测，污染防治措施基本能满足生产要求，废水、废气、粉尘等实现了污染物的达标排放。相关工作人员向曾恩出示了废水排放检测报告，结论为其工业废水排放达到《污水综合排放标准》（gb8978-1996）表4中一级标准限值，符合达标排放。

曾恩非常费解，既然对方的污水处理已经达标，为何自己的土地还会受到严重污染呢？这时，为他工作的一位当地农民告诉他，在他尚未开发这片土地之前，建材公司经常在围墙外部堆放未处理的生产废料，且紧邻围墙内部就是该公司的废品库。曾恩非常气愤，决定用法律的武器维护自己的权益，可是，他发现自己面临着一个难题，既然对方的排污报告显示符合国家或地方规定的污染物排放标准，那自己是否可要求对方对农田受到污染承担责任呢？曾恩又需要提供哪些证据证明自己农田的污染是对方建材公司造成的呢？

情景说法

首先，在环境侵权案件中，如果污染者的排污达到国家或地方标准，却还是造成了侵害他人权益的后果，这种情况应当怎样处理呢？

实际上，根据我国法律规定，污染者不能以主张排污符合国家或地方规定的污染物排放标准要求免除承担侵权责任。因污染环境造成他人损害的，污染者应当按照有损害就要赔偿的原则承担相应的侵权赔偿责任。排污标准只是环境保护主管部门决定排污单位是否需要缴纳排污费以及进行环境管理的依据，并不是确定排污者是否需要承担民事赔偿责任的依据。也就是说，在本故事中，即使建材公司在工业废品和废水处理上确实符合我国或地方的相关标准，但若仍对曾恩的土地造成了污染，致使土壤劣质，导致农作物不能生长的后果，建材公司仍然构成环境污染侵权行为，应当依据《民法典》第一千二百二十九条承担相应民事责任。

其次，在环境侵权案件中，双方承担着怎样的举证责任呢？众所周知，环境污染故事中，受害者通常处于弱势地位，面临举证困难的窘境。很多情况下，环境污染并非一蹴而就的，相反，是日积月累导致的结果。比如本故事中，曾恩的土地受到的污染可能是建材公司于一年前堆放生产废料导致的，也可能是围墙内的废品库在日常的风吹雨淋中发生了渗漏。但无论是哪种情况，都令曾恩难以取证，难以证明其污染一定由该建材公司导致。

对此，我国《最高人民法院关于审理环境侵权责任纠纷案件适用法律若干问题的解释》做出了有利环境侵权受害者的相关规定。作为环境污染侵权的受害者，只需提供下述事实的证据材料：其一，污染者排放了污染物；其二，被侵权人受到损害；其三，污染者排放的污染物或者其次生污染物与损害之间具有关联性。而污染者应当就法律规定的不承担责任或者减轻责任的情形及其行为与损害之间不存在因果关系承担举证责任。以本故事为例，曾恩应当提供证据，证明该建材公司曾经在该块土地上堆放过废料，并且围墙内侧为废品库，存在污染物。同时，曾恩需要证明自己受到了损害，即土质与其他正常土壤不同，无法耕种农作物。其四，只需证明自己受到的损害可能是由于该污染物导致的，即堆放的废料和废品库中的有害物质渗入地面，导致土壤变差。而作为污染者，建材公司需要证据排除自己的污染行为与导致的损害之间存在任何可能的因果联系。也就是说，建材公司要证明的是自己的污染行为，即废品库和堆放废料，不可能使得曾恩这块土地土质变差，若建材公司不能排除这种可能性，则其应当对损害后果承担相应责任。

法条索引

《民法典》

第一千二百二十九条
因污染环境破坏生态造成他人损害的，侵权人应当承担侵权责任。

共同侵权责任

开封的西瓜非常有名,人称"汴梁西瓜",汴梁乃开封的古称。"汴梁西瓜"驰名古今,畅销中外,特点是皮薄汁多、清利可口。开封一带气候温和,夏季雨水均匀,沙壤土质较多,非常适宜西瓜生长。范林想在开封市郊盘下一片种植西瓜的果园,再雇佣当地农民负责种植和照料,他则负责管理、经销等事宜。可是,他计算完成本之后却开始发起了愁,自己的流动资金尚不足够支持上述美好的设想,于是他找到了同样经营农产品种植的老同学曾恩,想要与其合作。

两人一拍即合,决定合作经营果园。曾恩负责在初期投入一半资金,范林负责剩下的资金和实际运营,两人对收益进行分成。这片果园向来收成不错，经过当地农民的种植和照料，平时不用费心管理就能得到不错的收益。可是天有无妄之灾，麻烦事突然就找上了门来。范林告诉曾恩，果园附近的水源受到严重污染，污染源是不远处的一家纸制品工厂和化肥厂的排污。可是当他去找到两家工厂的老板时，双方却互相推诿，开始"踢皮球"。明明是两家工厂的排污都未处理到位，两者同时在向河道排放工业废水导致污染，双方口径却异常一致："旁边那家做纸／化肥的也排污，你怎么不去找他！"范林对此无可奈何，因此来找曾恩商议对策……

情景说法

本故事的难点在于，在共同污染事件中，受害者应当如何追责？

众所周知，在许多环境污染事件中，污染的原因并非是单方的、唯一的，而很可能是由多方面因素导致的共同污染，污染者可能有两个或两个以上。对此，我国《民法典》中规定，两个以上污染者污染环境，污染者承担责任的大小，根据污染物的种类、排放量等因素确定。我国《最高人民法院关于审理环境侵权责任纠纷案件适用法律若干问题的解释》对此做了更明确的解释：

1. 当两个以上污染者分别实施污染行为造成同一损害，每一个污染者的污染行为都足以造成全部损害，行为人承担连带责任。也就是说，当纸制品工厂和化肥厂各自单独排放的污染物足以造成水质污染，使得范林和曾恩的权益受到侵害时，纸制品工厂和化肥厂基于共同侵权的原因而应承担对污染的连带责任。

2. 两个以上污染者分别实施污染行为造成同一损害，每一个污染者的污染行为都不足以造成全部损害，能够确定责任大小的，各自承担相应的责任；难以确定责任大小的，平均承担赔偿责任。也就是说，在本故事中，如果化肥厂和纸制品工厂单独排污都不会导致如今水质的严重污染的后果，就应当确定两者的责任大小，责任大小根据污染物的种类、排放量、危害性以及有无排污许可证、是否超过污染物排放标准、是否超过重点污染物排放总量控制指标等因素确定。若难以通过上述指标加以区分，则化肥厂和纸制品工厂应平均承担赔偿责任。

3. 两个以上污染者分别实施污染行为造成同一损害，部分污染者的污染行为足以造成全部损害，部分污染者的污染行为只造成部分损害，被侵权人可以根据侵权责任法第十一条规定请求足以造成全部损害的污染者与其他污染者就共同造成的损害部分承担连带责任，并对全部损害承担责任。换言之，如果化肥厂的排污足以导致全部污染，而纸制品工厂的排污单独只会造成轻微水质污染，不会造成严重后果，则范林和曾恩可以请求化肥厂对全部损害承担责任，也可以请求化肥厂和纸制品工厂对共同造成的污染部分承担连带责任。

综上所述，纸制品工厂和化肥厂互相"踢皮球"和推诿责任的做法是不可取的。作为环境侵权的受害者，范林和曾恩可以将纸制品工厂和化肥厂中的任一对象作为被告进行诉讼，或者将两者作为共同被告。

法条索引

《最高人民法院关于审理环境侵权责任纠纷案件适用法律若干问题的解释》

第二条

两个以上污染者共同实施污染行为造成损害，被侵权人根据侵权责任法第八条规定请求污染者承担连带责任的，人民法院应予支持。

第三条

两个以上污染者分别实施污染行为造成同一损害，每一个污染者的污染行为都足以造成全部损害，被侵权人根据侵权责任法第十一条规定请求污染者承担连带责任的，人民法院应予支持。

两个以上污染者分别实施污染行为造成同一损害，每一个污染者的污染行为都不足以造成全部损害，被侵权人根据侵权责任法第十二条规定请求污染者承担责任的，人民法院应予支持。

两个以上污染者分别实施污染行为造成同一损害，部分污染者的污染行为足以造成全部损害，部分污染者的污染行为只造成部分损害，被侵权人根据侵权责任法第十一条规定请求足以造成全部损害的污染者与其他污染者就共同造成的损害部分承担连带责任，并对全部损害承担责任的，人民法院应予支持。

第四条

两个以上污染者污染环境，对污染者承担责任的大小，人民法院应当根据污染物的种类、排放量、危害性以及有无排污许可证、是否超过污染物排放标准、是否超过重点污染物排放总量控制指标等因素确定。

《民法典》

第一千一百七十一条

二人以上分别实施侵权行为造成同一损害，每个人的侵权行为都足以造成全部损害的，行为人承担连带责任。

第一千一百七十二条

二人以上分别实施侵权行为造成同一损害，能够确定责任大小的，各自承担相应的责任；难以确定责任大小的，平均承担责任。

第一千二百二十九条

因污染环境、破坏生态造成他人损害的，侵权人应当承担侵权责任。

第一千二百三十一条

两个以上侵权人污染环境、破坏生态的，承担责任的大小，根据污染物的种类、浓度、排放量，破坏生态的方式、范围、程度，以及行为对损害后果所起的作用等因素确定。

反 垄 断 法

　　乔治出生在一个世代经营火腿生意的西班牙家庭，家里靠着祖传的火腿制作秘方，在当地生意一直做得风生水起。一年前，乔治在酒会上认识了来自中国广州的李明，两人因为共同喜欢高迪而一见如故，相谈甚欢。随后乔治邀请李明去家里做客，并拿出了自家最得意的火腿招待，李明品尝后觉得乔治家的火腿如果卖到中国，凭借这个口感和味道肯定会畅销的，于是非常热情地向乔治介绍了中国的庞大市场并邀请乔治在中国设立企业进行火腿销售。乔治这才了解到，原来李明不仅在中国开设了旅游公司，而且在广州有非常好的销售资源。这与乔治一直想要拓展国外市场的想法不谋而合，于是乔治便开始着手在中国的销售适宜。

　　当晚，乔治刚刚毕业没多久的儿子佩奇（Nieto）听说父亲要去中国设立企业，因为自己对电子商务和移动支付非常感兴趣，而中国又在这方面做得非常出色，于是找父亲商量能不能带着他一起去中国。于是如今已经 47 岁的乔治带着 23 岁的儿子佩奇奔赴中国广州，成立了吉汇食品有限公司。

划分市场协议

吉汇公司的西班牙火腿因为享有乔治家族火腿制作秘方的加成，在中国一经上市就受到广泛好评，吉汇食品有限公司也在 2016 年便小具规模，总算在中国初步站稳了脚跟。

但是谁知道好景不长，2017 年年初，肉加工品行业协会召集了该行业内的前十大公司，举办了关于肉加工制品行业的联合会议。经该十大公司协商，共同签署了肉加工制品联合协议，协议主要涉及以下内容：（1）十家企业分别按照协议规定负责对应的华北、华南、华中、华西四个地域的市场，彼此之间不得进行市场抢占与越界销售。（2）在未来的 6 个月内，各类肉质品按照种类参照协议的具体规定进行统一定价，不得私自调整价格。自该会议之后，吉汇牌西班牙火腿的销量大幅下滑，客户流失严重，公司接连几个月出现亏损。

乔治拜托李明帮他查一下原因，最终了解到2017年年初肉制品联合协议的事情。原来，该协会故意整体不合理调低价格，就是为了提高市场进入门槛，打击吉汇这种新型的小公司。再加上差不多整个市场都被他们划分了，他们内部一致对外采取敌对态度，互相协作控住客户数量和价格的话，吉汇公司是没有办法在这种条件下生存的。乔治听完，觉得现今也没有别的法子，只能走一步看一步，希望吉汇顺利渡过这次危机。

情景说法

本故事中，十大企业联合协议构成了划分市场协议和固定或变更价格协议。违反了我国《反垄断法》的规定，即具有竞争关系的经营者达成固定或者变更商品价格的垄断协议以及分割销售市场或者原材料采购市场的垄断协议，且不具有法律规定的除外情形，应当受到法律规制，予以禁止。乔治面对该类情况，可以向执法机构（发展改革委员会和工商局）举报该行业协会签订的垄断协议危害了市场竞争的秩序，若经执法机构审查该行为确实构成垄断，违反我国《反垄断法》，可禁止该协议中的相关行为。

横向垄断协议行为也被称为卡特尔，是指两个或者两个以上因生产和销售同一类型产品或者提供同一类型服务而处于相互竞争中的经营者，通过共谋而实施的限制竞争行为。

本故事主要涉及横向垄断协议中的两种垄断行为，即固定或者变更价格协议（第2条）和划分市场协议（第1条）。

对于前文中提及的除外行为，是指反垄断执法机构在审查的时候，如果发现出现了除外情形，则相应行为的违法性得到阻却，即虽然企业实施了法律上规定的行为，但不会认定其违反了《反垄断法》。之所以会有这个规定，主要是基于除外情形行为本身会产生更好的社会效果，例如，为改进技术、研究开发新产品的；为提高产品质量、降低成本、增进效率等目的而统一产品标准实现专业化分工的；为提高中小经营者经营效率和竞争力的；为实现节约能源、保护环境、救灾救助等社会公共利益的；为缓解因经济不景气而造成的销售量严重下降或者生产明显过剩等情形，反垄断执法机构会对企业行为是否符合这些情形在审查时进行具体的判断。

固定或者变更价格的协议行为是指具有竞争关系的行为人通过协议、决议或者协同行为，确定、维持或者改变价格，从而减弱或者消除竞争的行为。但并不是相同的价格或相同的价格变化就一定是固定或者变更价格协议的行为，例如如果只是因为正常的社会经济条件变化的价格（比如供求关系的变化或者科技发展的变化），因为市场充分且强有力的竞争，企业基于对市场竞争和变化的回应作出价格调整，将之前整个市场都偏高或偏低的定价拉到合理的稳定水平，便不在法律的规制范围内。

之所以将该协议纳入垄断协议加以规制，是因为固定价格协议在一定程度上取消了流通环节竞争厂商之间的价格竞争，使得广大消费者无法分享竞争利益，甚至将该协议用来作为排斥其他竞争者的手段，例如，在本故事中，协议的参加者们在 6 个月内共同保持一个较低的商品售价，从而使得其他竞争者们无法经营下去，或者使得潜在的经营者根本无法进入市场。

划分市场协议行为是指竞争者之间共同划分或者分割地域市场、客户市场或者产品市场的行为。划分市场协议行为是一种间接控制价格的方式，即企业不仅可以通过直接的固定价格或者变更价格协议行为控制价格，而且可以通过企业之间的相互不竞争而间接控制价格。正如本故事中，划分了华南、华北等市场的行为，消除了本地竞争的同时，也间接为第二条固定价格等控制价格的行为打开了方便之门。

划分市场协议行为有多种表现形式，主要表现为划分地域与划分顾客，也可以根据市场的不同分为划分销售市场和划分原料采购市场。其中划分地域是指，参加协议的经营者按照协议各自得到自己的地域市场，在这个地域市场享有独占的生产或者销售权，参加协议的其他企业则不能在该地域生产或者销售特定商品。划分顾客是指经营者之间通过协议将特定的客户分配给参加划分市场协议的某一经营者的行为。如某一行业生产同类产品的几家大公司通过协议选择不同的职业和阶层的客户作为自己的主要顾客以避免在向同一顾客供应商品时产生竞争。而本故事中，是典型的划分地域市场以控制销售排除竞争的情况。

无论是划分地域还是划分顾客，划分产品都属于划分市场的行为，所形成的产品价格就不再反映市场竞争和价值规律，从而间接地固定了价格，尤其是当原本处于竞争的各方共谋划分顾客时，在一定程度上市场划分协议比固定或者变更价格行为更能影响竞争，通过划分市场，消除在被划定的区域中的竞争者，自己成为唯一的经营者，尽管其是在有限的区域内具有独占地位，但这不仅在价格方面不受竞争影响，而且在服务、质量和革新方面也是如此。而且，划分市场可以避免成本不同的生产者的内部差异，而这正是常常引起横向价格垄断协议破裂的原因。因为在横向垄断的价格协议中，如果固定价格，因为各个企业的成本不同，固定价格就造成了各个成员之间的利润不同，这种存在于协议内部的差异如果过大，就会导致部分企业对横向协议的不接受。市场划分协议行为同样限制了销售者之间正常的竞争，往往造成产品的单调和价格的不合理，损害消费者的利益，所以被法律禁止。

法条索引

《反垄断法》

第十三条

禁止具有竞争关系的经营者达成下列垄断协议：

（一）固定或者变更商品价格；

（二）限制商品的生产数量或者销售数量；

（三）分割销售市场或者原材料采购市场；

（四）限制购买新技术、新设备或者限制开发新技术、新产品；

（五）联合抵制交易；

（六）国务院反垄断执法机构认定的其他垄断协议。

本法所称垄断协议，是指排除、限制竞争的协议、决定或者其他协同行为。

第十五条

经营者能够证明所达成的协议属于下列情形之一的，不适用本法第十三条、第十四条的规定：

（一）为改进技术、研究开发新产品的；

（二）为提高产品质量、降低成本、增进效率，统一产品规格、标准或者实行专业化分工的；

（三）为提高中小经营者经营效率，增强中小经营者竞争力的；

（四）为实现节约能源、保护环境、救灾救助等社会公共利益的；

（五）因经济不景气，为缓解销售量严重下降或者生产明显过剩的；

（六）为保障对外贸易和对外经济合作中的正当利益的；

（七）法律和国务院规定的其他情形

属于前款第（一）项至第（五）项情形，不适用本法第十三条、第十四条规定的，经营者还应当证明所达成的协议不会严重限制相关市场的竞争，并且能够使消费者分享由此产生的利益。

几大生产商要联合垄断，
我该怎么办？

限制数量协议

美味的火腿制作需要每一味佐料的精心挑选和每个工序的层层把关，乔治也在不断地寻找靠谱的佐料供应商，而李明也向乔治介绍了自己的老友陈晨，他的三汇佐料公司一直在业界有良好的口碑，三人约定一起吃个饭商谈合作事宜。等到约定时间，乔治和李明早早地到饭店等待陈晨，可是却发现这位新朋友心事重重。李明调侃道："兄弟，有什么不顺心的事吗？"

"可别说了，这几年食用调味品的价格不是一直都在降吗，可那是因为各种智能工业机械提高了不少产量和生产效率，虽然价格降了，可我们销量上去了，本身还是赚钱的。本来挺好的一事儿，可是不知道怎么搞的，市面上几大生产商突然联系我，说要开一个内部会议，我看了一下会议内容，主要就是要我们几大生产商达成协议，说是要限制产量，而且不准我们再投资更新生产线上的设备。我们几大生产商的市场份额能有90%以上，一旦这个协议定了，明年的价格最少得长30%。在我看来这种方式实际上会限制公司的长久发展，我并不赞成。可是如果只有我不加入的话，寡不敌众，怕到时候不仅救不了大局，对自己公司也会造成不小的影响。"听到这里，乔治也不免担心起来，这意味着他的火腿生产成本也要提升了，这对于他这种小公司来说无疑是个坏消息。

情景说法

该故事中，李晨提到的几大生产商拟定的协议违反了我国《反垄断法》的规定，即具有竞争关系的经营者达成限制商品的生产数量或者销售数量的垄断协议以及限制购买新技术、新设备或者限制开发新技术、新产品的垄断协议，且不具有法律规定的除外情形，应当受到法律规制予以禁止。

根据《反垄断法》有关免责条款的规定，即经营者主动向反垄断执法机构报告达成垄断协议的有关情况并提供重要证据的，反垄断执法机构可以酌情减轻或者免除对该经营者的处罚。李晨面对该情形，可以主动向反垄断执法机构（工商局）报告达成垄断协议的有关情况并提供重要证据以免除自身责任并阻止不法行为危害市场秩序。

本故事主要涉及横向垄断协议（卡特尔）中的两种垄断行为，即限制数量协议行为（限产保价内容）和限制创新协议行为（限制投资以更新生产线设备内容）。

限制数量的协议行为又被称为数量卡特尔，是指具有竞争关系的经营者共谋限定商品的生产和销售数量，间接控制商品价格的垄断协议行为。限定数量的垄断协议行为通过控制生产和销售数量，人为地制造了市场的禁止，导致价格上涨，危害消费者的权益。例如本故事中各大生产商限产以人为地使价格上涨就危害了下游企业以及消费者的权益。

限制创新协议行为是指竞争者之间限制购买新技术、新设备或者限制开发新技术、新产品的垄断协议。例如经营者之间在技术转让和设备买卖过程中，转让方通过合同条款限制另一方在合同标的技术的基础上进行新的研究开发或者购买新设备的行为。

在科技高速发展的今天，技术的创新与升级是保障成本降低、保证价格优势最主要的手段。一方面，技术创新将在未来市场竞争中成为核心因素，经营者之间的竞争将在很大程度上源于创新的竞争；另一方面，市场竞争的一个重要功能是促进创新，通过创新可以提高企业生产效率，降低产品成本，优化产品品质，增加消费者福利，最终促进经济的发展。禁止创新在根本上与社会公益所对立，应当予以禁止。

法条索引

《反垄断法》

第四十六条

经营者违反本法规定，达成并实施垄断协议的，由反垄断执法机构责令停止违法行为，没收违法所得，并处上一年度销售额 1% 以上 10% 以下的罚款；尚未实施所达成的垄断协议的，可以处 50 万元以下的罚款。

经营者主动向反垄断执法机构报告达成垄断协议的有关情况并提供重要证据的，反垄断执法机构可以酌情减轻或者免除对该经营者的处罚。

行业协会违反本法规定，组织本行业的经营者达成垄断协议的，反垄断执法机构可以处 50 万元以下的罚款；情节严重的，社会团体登记管理机关可以依法撤销登记。

联合抵制协议

　　基于李晨三汇公司的努力，几大厂商恶意限制生产厂家的协议并没有达成，佐料的价格也并未上涨。得益于此，吉汇食品公司的火腿销量稳步增长，市场占有率越来越高。乔治准备好好答谢一下李晨，打电话请他和李明来一次欧洲深度游。

　　可是李晨这里却遇到了新的麻烦。原来，上次的事情并没有结束："几大生产商觉得我向工商局举报侵害了他们的利益，所以现在联合抵制我。给几家大型超市发了通知，说如果想要得到他们的供货就必须终止和三汇的买卖，一旦他们发现超市里售卖三汇的产品，几大生产商就会立刻集体停止向这些卖场供货。现在，很多卖场经理基于压力，说要解除供货合同。自己的产品做得再好又能怎么样，我就是想要好好经营公司，少弄那些幺蛾子，现在倒是我的问题了！你说现在这种情况，我哪里有心情出去旅游。"

"你先别急，他们这么做肯定是不合理的。你要相信你的经商原则是没有错的，也正是因为你对品质和产品的认真和你的为人，我才会这么放心地把吉汇的所有辅料订单都交到你的手上，我这边也帮你想想办法，我们一起共渡难关！"遇到这种情形，他们又该怎么处理呢？

情景说法

　　该故事中，李晨提到的几大生产商订立的面向卖场的联合抵制协议违反了《反垄断法》，即具有竞争关系的经营者达成了联合抵制交易的垄断协议，且不具有法律规定的除外情形，应当受到法律规制，予以禁止。面对该类情况，李晨可以到执法机构（工商局）举报该联合抵制协议危害了正常的市场竞争秩序，若经执法机构审查，该行为确实构成垄断，违反我国《反垄断法》，可禁止该协议所规定的相关行为。

　　本故事主要涉及横向垄断协议中的联合抵制协议行为。

　　联合抵制行为又称为集体拒绝交易行为。是指竞争者之间联合起来，共同拒绝与其他竞争对手、供应商或者客户进行交易的行为。联合抵制协议具有多种情况，当竞争者们联合起来，迫使供应商或者客户停止与其他竞争对手进行交易，就是非常典型的横向垄断协议。本故事中，几大生产商联合抵制李晨，利用自身所具有的强大市场，通知卖场要想售卖他们的产品便不得售卖李晨公司生产的产品就是典型的迫使客户停止与其竞争对手进行交易的联合抵制行为。

　　联合抵制协议行为破坏了市场竞争秩序，使得特定的经营者失去了公平竞争的机会，另外还可以运用联合抵制协议行为来惩罚那些破坏联合协议的当事人，即联合拒绝与该背叛者的供应商做生意，或者联合拒绝向该背叛者购买商品的客户做生意。正如本故事中李晨所遭遇的一样，由于拒绝加入上篇所提到的联合限产保价协议而遭到不公正的联合抵制。

　　在一般情况下，如果通过直接拒绝与竞争对手的交易，或者迫使供应商或者客户中断与这些竞争对手进行交易，从而将竞争对手置于不利地位的话，其限制竞争的后果是显而易见的，而促进竞争的效果却看不见，这种联合抵制协议就当然会受到反垄断法的规制。

法条索引

《反垄断法》

第十三条

禁止具有竞争关系的经营者达成下列垄断协议：

（一）固定或者变更商品价格；

（二）限制商品的生产数量或者销售数量；

（三）分割销售市场或者原材料采购市场；

（四）限制购买新技术、新设备或者限制开发新技术、新产品；

（五）联合抵制交易；

（六）国务院反垄断执法机构认定的其他垄断协议。

本法所称垄断协议，是指排除、限制竞争的协议、决定或者其他协同行为。

第十五条

经营者能够证明所达成的协议属于下列情形之一的，不适用本法第十三条、第十四条的规定：

（一）为改进技术、研究开发新产品的；

（二）为提高产品质量、降低成本、增进效率，统一产品规格、标准或者实行专业化分工的；

（三）为提高中小经营者经营效率，增强中小经营者竞争力的；

（四）为实现节约能源、保护环境、救灾救助等社会公共利益的；

（五）因经济不景气，为缓解销售量严重下降或者生产明显过剩的；

（六）为保障对外贸易和对外经济合作中的正当利益的；

（七）法律和国务院规定的其他情形。

属于前款第一项至第五项情形，不适用本法第十三条、第十四条规定的，经营者还应当证明所达成的协议不会严重限制相关市场的竞争，并且能够使消费者分享由此产生的利益。

寄件人：
ＸＸ市发改委

快递

固定转售价行为

吉汇公司新研发了一款火腿产品，因为完全采用优中选优的西班牙进口黑猪火腿，连各种配料都特别讲究，所以成本价也就上去了。公司想着相较于之前面向大众用户的火腿产品，这款"火腿中的爱马仕"面向的是更加高消费水平的用户，之前市场上也没有同等级的火腿产品，便设立了一个推荐价格，产品利润十分客观。但是没想到这个产品却引来了发改委的调查，接到电话后，乔治便赶去接受询问。

"乔治先生，请问吉汇食品公司最近有什么固定转售价格的行为吗？就是公司在火腿销售中，是不是存在对公司的零售商或者批发商设定固定的转售价格的行为。请您如实回答。"

"没有的。吉汇公司食品并没有强制性要求对下游企业固定转售价格。但是我们会对下游企业做一个价格推荐。就是'建议销售价格'。"

"那么您设置价格推荐的时候，存在对应的处罚或者抵制交易的条款吗？比如说规定批发商或者零售商如果不按照推荐价格销售，那么会采取罚款金或者增加批发价格等类似的规定？"

"没有的。我们的推荐价格就只是一个推荐而已，采取不采取都是下游企业自己决定的。"

"那有没有存在设置配套的优惠政策？比如针对您的批发商折扣，规定批发商得到折扣价格的前提就是遵守公司推荐的零售价格，否则按照和零售价同一价格水平进行批发等，这种相类似的规定？"

"也没有的。除了推荐价格的建议，没有相关的其他规定。"

"好的，乔治先生。我们大致了解了情况，非常感谢您的配合。我们会开展后续的调查，您可以回去等待通知了，祝您生活愉快。"

这件事儿直到后来裁决书下来，发改委裁定吉汇食品不构成固定转售价格的垄断行为，乔治才真正放了心。

情景说法

本故事中，乔治设置推荐销售价格的行为到底属不属于固定转售价格协议行为？最后发改委裁决不构成垄断协议的原因是什么？我们将在下文展开分析。

根据《反垄断法》，其明确禁止经营者与交易相对人达成固定向第三人转售商品价格的垄断协议，即纵向垄断协议中的固定转售价格协议，若构成则要受到法律的约束。纵向垄断协议行为也被称作垂直限制协议、垂直协议，是指两个或者两个以上在同一产业中处于不同经营层次的经营者之间通过协议、决定或者其他协同方式实施的排除、限制竞争行为。

根据我国《反垄断法》的规定，固定转售价格行为和限定最低转售价格行为是限制转售价格的两种形式。本故事主要讨论固定转售价格行为，限制最低转售价格行为将在下节故事中进行讨论。限制转售价格行为是指产品的制造商或者供应商要求购买方必须按照一定水平的价格水平转售其产品。例如，上游企业将产品卖给批发商时，同时规定批发商需以一定的价格转卖给零售商，并且规定零售商仅能以特定价格再转售给消费者，如果有违反规定者，则要给予违约金处罚、断绝供应、取消折扣等经济制裁手段。

固定转售价格行为是指经营者与交易相对人达成协议，固定交易相对人对第三人转售商品的价格。要将该行为与固定和变更价格协议区别开来，固定转售价格的主体在对价格进行限制时，行为主体之间不是横向竞争者的关系，并不处于同一市场层面上，而是由产业的上游厂商和下游厂商实施，如制造商对批发商，或者批发商对零售商，是典型的纵向垄断协议。结合我们的案情故事也可以很好体现，例如行业协会内部的十大肉类加工品企业达成的联合变更并固定售价便是同一市场竞争者之间的横向固定和变更价格协议，而本故事中吉汇公司对下游零售批发商的相关行为明显并不是处于同一市场，而是上下游企业之间。这也是横向垄断协议和纵向垄断协议最根本的区别。

再回到本故事，吉汇公司食品对下游企业的行为实质上是一种价格推荐行为，而不是明确的固定转售价格行为。价格推荐是制造商对销售商就其所供商品的转售价格作出没有约束力的推荐。价格推荐与固定转售价格的区别在于这种推荐没有约束力，制造商不监督也不制裁销售者的定价行为。因为该行为只是推荐意见，销售商没有义务按照制造商的推荐价格销售商品，从而不会排除销售商之间的价格竞争，是一种合法行为。但是如果制造商为使销售商遵守自己的推荐价格，采取协议中对不同价格销售订立取消经营权、违约罚金等处罚措施，或者以遵守价格推荐为价格折扣的前提等，那么此时，该推荐价格就具有约束力，实际上是固定转售价格应当受到法律规制。这也就是本故事中，发改委工作人员要向乔治询问相关配套条款的原因。所以本故事中，乔治的无约束力推荐只是价格推荐，是合法行为。

限制转售价格实际上是供应商与零售商对零售行为的一种共谋，这种共谋可以提高对消费者的销售价格，可能限制同一商品在不同市场层次的竞争，而且限制的还是价格竞争，因此一般为法律所不允许。

《反垄断法》

第十四条

禁止经营者与交易相对人达成下列垄断协议：

（一）固定向第三人转售商品的价格；

（二）限定向第三人转售商品的最低价格；

（三）国务院反垄断执法机构认定的其他垄断协议。

计划采购的
汽车集体
涨价？

限制最低转售价格

为了方便货物统一配送，吉汇公司打算集中采购一批货车。上周开会时，采购经理还说一切都非常顺利，拿到了经销商的最低折扣，但是这周一上班，采购经理便提交了一个采购价格变更申报表，平均每辆货车的价格上涨了近一万元，乔治表示很疑惑。

"总裁，我刚刚了解到这事儿的时候也觉得无法接受，所以问了经销商那边的负责人。那边说，他们经销售对于价格设置也没有多余的折扣空间了。说是几大汽车生产商见最近市场价格有些下滑，为了维持价格稳定，这四五家厂家和各自的经销商启动了一个"价格联盟"，厂家要求各自的特约经销商的汽车售价不能低于厂商的最低限额，还要求每个经销商在厂商那里存入 5 万元至 20 万元不等的保证金，如果私自降价，厂商将把保证金扣除。经销商也跟我抱怨说，结盟前经销商在向顾客销售汽车时让利幅度曾高达 18000 元左右，结果结盟后，所有商品最多只能让利 4000 元，以至于现在整个行业的让利幅度都缩减了 30% 至 80%。所以价格肯定得上涨，不然如果还按照之前的价格，经销商们也都没法活儿了，所以我们的采购成本也要上升了。"

乔治听完心里有点郁闷，心里隐隐觉得厂商和经销商这种做法不太合理，但是也不知道该怎么处理。

情景说法

本故事中生产商和经销商之间达成的"价格联盟"实质上一种我国《反垄断法》禁止的限制最低转售价格的纵向垄断协议。我国法律明确规定禁止经营者与交易相对人达成限定向第三人转售商品的最低价格的垄断协议，若构成则要受到法律的约束。本故事中汽车的厂商不仅限制了各自经销商的最低转售价格，还规定了一系列不利于市场竞争秩序的相关惩罚条款，破坏了市场竞争秩序，损害了消费者的利益，是应当受到禁止的违法行为。

就像固定转售价格既可以通过直接的方式固定，也可以通过确定折扣率、附加费用等价格构成要素的方式，以间接方式确定一样；一方要求另一方遵守的价格，既可以是最高价，也可以是最低价，但相对而言，限定最低转售价格的情况更为常见，这也是我国法律将其单列为禁止纵向垄断协议的一项而不是直接概括进兜底项的原因之一。限定最低转售价格主要是因为制造商为了维护其商品的高档形象，故意将商品的售价维持在较高的水平上，禁止销售商擅自降价销售，这样就可能在限制价格竞争的同时损害消费者的权益；而固定商品的最高价格，则通常是为了增加商品的销量，也可能危害市场价格竞争秩序，但相对来讲对消费者的影响并不是很大，而且该垄断行为并不是特别常见，故在本节不做赘述。

同属于限制转售价格的一种，限制最低转售价格行为是指经营者与交易相对人达成协议，限定向第三人转售商品的最低价格行为。一般都涉及两个合同，三个当事人。其中第一当事人 A 与第二当事人 B 必须是经营者，而且是处于不同经营层次上的经营者，比如通常一方是制造商，另一方是批发商或者零售商，第三个当事人 C 既可以是经营者也可以是最终消费者。第一个合同由 A 与 B 订立，通常是销售商品或者提供服务的合同，第二个合同由 B 和 C 订立，内容是由 B 向 C 进一步销售或者转售第一个合同涉及的有关商品或者服务。所谓限制最低转售价格行为就是 A 在其与 B 订立的第一个合同中，要求 B 在其与 C 订立的第二个合同中，承担遵守最低价格设置的义务。在本故事中，两个合同就表现为：汽车厂商和经销商的合同以及经销商和吉汇公司食品采购部拟订立的合同。因为第一个合同的约束，所以第二个合同的合同标的价格不合理上涨，损害了吉汇食品公司的正当权益，吉汇食品公司可以匿名向工商部门揭发相关情况，以禁止违法行为，保障自身合法利益不受侵害。

与固定转售价格不同，限制最低转售价格行为没有完全剥夺商品批发商或零售商根据市场竞争状况做出相应价格调整的权利，但下游厂商的定价自主权受到了很大程度的限制，即转售价格必须在某一价格之上。由于价格必须在某一价格之上，这样会推动商品的高价，不但对消费者利益造成了损害，也使得经营效率低下的厂商难以得以生存，无法使资源得到最合理的配置。

但需要注意的是，限制最低转售价格行为既可能促进竞争又可能限制竞争：一方面，由于市场存在一定的自我修复功能，有些限制竞争的效果很快会由市场纠正；另一方面，有些限制竞争效果会被另一些促进竞争的效果抵消，比如说促进其他新产品进入相关市场、促进产品质量的提高，等等。因此，只有会产生限制竞争或已经对市场竞争秩序产生威胁时，限制最低转售价格协议才应当被认定为垄断协议。所以并不是所有限定最低销售价格的行为都是垄断行为，这一点也适用于其他垄断行为的认定。

挑选交易对象：选择性销售行为

　　乔治刚刚度过了一系列危机，没想到李明也被告知涉嫌选择性销售了，他也经历了一次小风波。直到今天李明才收到通知说公司行为是为了提高产品质量和效率、统一产品规格、实行专业化分工，不涉及选择性销售。石头落地的李明便叫来乔治一起喝一杯庆祝一下。

　　"李明，你是因为选择性销售被调查了吗？那是什么意思？"乔治一脸疑惑。

　　李明笑着摇了摇头，继续说道："说太复杂你也不懂。简单了说，就是我只把东西卖给特定的人，然后还规定他也只能把东西卖给符合我要求的特定的下一级经销商，不然的话就不能转卖给下一级经销商，而只能作为零售商直接卖给消费者。而我的旅游公司推出的旅游产品需要通过一些小的旅游中介或者比较专业的旅游服务公司作为一级销售商，再把旅游产品转售出去。但是中间商和零售商的质量也会影响我们公司的销量和声誉，所以公司就会对经销商进行审核，只有满足复核条件并且社会评价比较好的经销商才能够销售我们的产品，并且转售商品的再下一级品牌商也必须符合公司的条件。就因为这样，我被说可能涉及选择性销售，要被询问。不过现在调查结果出来了，没什么问题了！"

"嗯，听起来还真的是和我上次的遭遇差不多。不过没事儿就好，没事儿就好！"

情景说法

本故事中李明的行为本质上是一种选择性交易行为。何谓选择性销售？选择性销售是指制造商通过设置一定的条件选定经销商，并且限定经销商只能将产品转售给消费者或者其他符合条件的销售商的销售制度。就其性质而言，选择性销售属于纵向垄断协议，它对于市场竞争的影响是多方面的。

从积极的角度看，这种制度首先能够确保经营者为消费者提供妥善的专业服务，而对于某些高档次的精密产品来说，这种服务是非常重要的。此外，可以促使经销商集中精力销售某种产品，从而提高其销售水平和效益。

从消极的、限制竞争的角度来看，选择性销售制度有可能与维持转售价格等其他限制竞争行为相结合，对市场竞争产生重大的不利影响，一旦建立起选择性销售制度，制造商也有可能对销售商采取种种不合理的限制性措施，不当限制销售商的自主经营权，比如限制转售对象等。虽然在选择性销售制度下，销售商之间基本不存在价格上的竞争，但是他们在销售服务等非价格方面依然是存在竞争的。正如前一个故事提到的，并不是所有限定最低销售价格的行为都是垄断行为一样，并不是所有的选择性交易都构成垄断。只有切实破坏市场竞争秩序，并且其带来的消极影响明显大于行为本身的积极作用的明显不合理选择性交易，才是我国《反垄断法》所禁止的。选择性交易作为一种非价格性的纵向垄断协议，是被国务院反垄断执法机构认定的一种垄断协议。

本故事中李明的选择性销售行为之所以被认定为合法行为，主要出于我国

《反垄断法》对于垄断协议的除外条款（即存在该行为但符合该条款的可以不认定为违法）规定。我国法律规定为提高产品质量、降低成本、增进效率，统一产品规格、标准或者实行专业化分工所达成的协议不适用有关垄断协议的规定。而根据故事描述，李明之所以会限制经销商的资格，也是出于提高产品／服务质量，统一产品规格提高专业化的角度考虑，其本身的行为并没有对正常的市场竞争秩序产生影响，其对经销商的限制也是质优者得，这本身就是符合市场竞争规律的，所以自然不违法。

所以，在看待垄断协议时，我们不仅要考虑到行为本身，还要考虑到法律规定的除外条款，如果符合除外情形，那就不违法。

合作？

独家交易协议

转眼之间，就已经入秋了。乔治看着办公室的窗外有些出神。

可惜乔治现在可没有欣赏美景的心情。一声叹息道尽了乔治心中的酸甜苦辣。吉汇食品公司在中国的发展的确非常迅速，可能真的像李明说的，是因为有家传神秘配方的加持，想到这儿，乔治脸上不禁洋溢着一抹自豪。可是整个中国市场的开拓并不像想象中那么顺利，仅仅一个广州的市场哪里是吉汇食品公司的目标？吉汇食品公司可是要开拓整个中国市场。现在正好吉汇食品公司在广州已经稳稳扎下了脚跟，乔治想着可以着手攻克下一个战略目标——开拓中国其他地区的市场。可是在联系经销商的时候，出现了无法规避的问题。

"乔治，非常不好意思。虽然我们也非常看好你的产品，但是我们之前就已经和其他公司签订了合同。对于火腿类肉质加工品，我们只接受他们的供货，他们也只向我们供货。你知道的，他们是我们的老客户，合作了近十年了，也不能说取消就取消了。所以……非常感谢你对我们公司的信任，但是现阶段我们恐怕和吉汇公司不能合作，非常遗憾。"

这是上海地区的一个经销商给他的回复，当然还有其他几个地区的回复，比如：湖北、北京、山西……但都大同小异，要不就是委婉拒绝，要不就是直接像上面那位负责人一样直接说明了已经和其他企业有合同，不太方便接受吉汇公司的合作邀请，等等。当然还是有一部分经销商向乔治抛出了橄榄枝，但这并不表示之前的问题可以不用解决。

因为这些经销商都是本身具有良好的市场声誉和成熟的运行体系才被乔治从众多企业中挑选出来，而现在却因为非自身产品原因被拒绝合作，乔治心里自然憋闷。不论哪一个地区的市场，乔治都不想放弃。

其实拒绝合作的经销商大部分都和更大的公司签订了独家交易的合同。如果一直因为这样的理由被拒绝，那么吉汇食品公司是肯定没办法进入新市场的，想到这儿，乔治不禁又长长叹了一口气。

情景说法

独家交易协议作为非价格性纵向垄断协议的一种，为我国《反垄断法》所禁止。在这里我们要与生活中常见的专卖店作区分。专卖店也称专营店，是指专门经营或授权经营某一主要品牌商品（制造商品牌和中间商品牌）为主的零售业形态。首先，专卖店是直接面向消费者的零售商，与其接触的往往是经销商而非制造商。其次，专卖店往往并不绝对禁止商家销售其他品牌的商品并佐以处罚措施，其实更多的是一种授权经营的行为，讲求的是经营权的授予而不是销售权的限制，商家依旧享有是否销售其他产品的决定权。最后，即便专卖店与制造商签署了独家交易协议，因为其店面限制且是直接面向消费者的零售商，其对市场的影响程度多不足以达到限制竞争的程度，故积极影响大于消极影响，也不宜认定为垄断行为。

独家交易，是指制造商要求经销商只能销售制造商提供的产品，而不得同时经销其他制造商提供的同类产品。独家交易协议，即制造商与销售商之间订立的合同，其中约定制造商向销售商独家供应产品，销售商只从制造商处购买用于进一步销售的产品。在一般情况下，独家交易协议还与独占地区协议联系在一起，即约定制造商在特定的地区向销售商独家销售产品，特定地区的销售商只能从制造商处购买产品。正如本故事中经销商们称对于火腿类肉质加工品，他们只接受唯一供货企业的供货，供货企业在该地区也只向特定的经销商供货。不同的地区分别由不同的经销商对产品进行独家销售，这便是典型的将独家交易协议与独占地区协议结合起来的故事。

独家交易协议在一定程度上并不利于竞争，由于制造商限制销售商只能经销制造商的产品，因此制造商的经营自由受到了很大程度的限制。此外，独家交易协议由于通常还与独占地区协议联系在一起，因此在某个特定的地区事实上只有一个销售商经销制造商的产品，这个销售商在该地区实际处于垄断经营者的地位，就这个地区的这种产品而言不存在竞争，最后独家交易协议也排挤了制造相同产品或者类似产品的其他竞争对手的竞争，并阻碍新的竞争者进入该地区市场开展竞争。该消极影响在本故事中体现得淋漓尽致，正是因为其他企业与部分地区经销商签订了独家交易协议，所以对于吉汇食品公司这种还未进入该地区市场的小公司来说就很难加入该地区的市场竞争，变相提高了该地区同类产品的市场进入门槛，也排挤了同类制造商的竞争。当阻碍竞争的力度达到构成市场垄断的时候，就需要受到《反垄断法》的规制。

但与此同时，我们要清楚，独家交易协议也具备有利于市场竞争的方面，对于制造商来说，他可以通过订立独家交易协议，选定适当的销售商数量，避免与过多的销售商打交道，进而建立一个合理的销售网络。这样，制造商就可以减少其产品的销售环节和流通环节，为统一产品的销售行为、维护产品的质量和声誉、完善产品的售后服务创造有利条件。对销售商来说，由于他只能销售某个制造商的产品，他就可以集中精力推销一种品牌的产品，并舍得在产品促销上加大投入。从某种意义上来说，独家交易协议使制造商和销售商结成了利益共同体，双方对产品的销售具有共同利益，但当这种利益共同体对市场竞争产生较大危害时，就被踢出了法律的保护范围。

串通投标

9月，广州将举行国际人工智能展览会，主办方针对食宿也向公众发布了招标公告，乔治看见这个消息，内心也跃跃欲试，毕竟这是一个打造吉汇食品公司品牌和提高社会评价的好机会。

随后，乔治按期递交了投标书并在含有"保证不悔标或恶意串标"等条款内容的承诺书上签了字。但还没到竞标日，便有人找上了他，说来乔治和这个人在之前的生意往来中倒是也有几面之缘，他同样做肉制品生意。

"乔治，好久不见啊。我是于小方啊，不知道你还记不记得我。听说你也参加了这次国际 AI 会议的竞标？"

"对啊，想着试试，毕竟也是个机会嘛。你也参加了吗？"

"对的。老兄，不瞒你说，我认识主办方的人，不然我怎么知道你也参加了这次竞标？所以这次招标我基本是志在必得。我也已经和其他投标人商量好了，他们都答应说不参与竞争和压价，我中标以后，再额外补充每个竞标人5万元，你觉得我开的条件怎么样？"

"……我再考虑看看。"乔治听完心里五味杂陈，不知道怎么回答。他不想就这么莫名其妙放弃这次机会。

"好的，那我等你的消息。其实你看，基本这次投标就内定了我们公司，你如果参加也只能是费时费力，接受我的条件还能空手套几万块，何乐而不为呢？"

情景说法

串通投标，也可以被称为串通招标投标，是指招标者与投标者之间或者投标者与投标者之间采用不正当手段，对招标投标事项进行串通，以排挤竞争对手或者损害招标者利益的行为。作为非价格性纵向垄断协议的一种，被归入国务院反垄断执法机构认定的其他垄断协议的一种，为我国《反垄断法》所禁止。

招投标流程大致可以分为招标、投标、开标、评标、中标几个阶段。即招标者采用公开招标或者向特定人邀请招标的方式公布招标公告，随后具备资格的投标者进行投标，按照招标公告中的时间地点，招标人在投标人出席的情况下开标书并交由评审委员会评标并在最后确定中标人的过程。招标投标制度的优越性和生命力，正是体现在激烈的竞争性上。不但横向的投标者之间存在者竞争，纵向的招标者和投标者之间也存在着竞争。而这种竞争的结果是社会资源的优化配置和企业的发展。投标者之间、招标者与投标者之间的串通实质上就是限制竞争的行为。我国法律严厉禁止串通投标行为。

投票人之间的串通投标行为主要表现为，投标人之间相互约定一起抬高或者压低投标价格或者投保人之间先进行内部竞价，内定中标人然后再参加投标等。而招标人与投标人之间的串通，主要体现为招标者预先内定中标者或者提前向投标者泄露投标情况协助投标者撤换标书，等等。就像本故事中，于小方的企业与其他投标者就达成了横向串通投标的协议，约定其他投标者不参加压价和竞争，在投标者之间约定内定中标者并约定中标者给其他投标者 5 万元。于小方的企业也和招标方存在纵向的串通投标协议，即于小方所称的在主办方有人，招标方在公开开标之前开启标书，并告知于小方其他投标者的信息，甚至在招标者和投标者之间预先内定中标者。这些行为都是严重损害市场竞争的串通投标行为，应当受到法律的规制。

招标投标本是一种竞争性很强的交易方式，其自身特点就是要求投标者在投标过程中根据各自的实力、经验、管理等综合情况达到降低成本、提高质量、保证工期的目的。要达到这种目的，投标者在投标过程中就必须开展公平合理的竞争。这不仅使招标企业可以"货比三家"，优中选优，而且对投标企业改善经营管理也有推动作用。

但是在现实生活中，确实存在着投标者之间、投标者与招标者之间为限制竞争或者排挤对手所进行的相互勾结、串通的行为。就如本故事中于小方的行为，而且这种勾结串通往往又与贿赂、回扣等紧密相连。不但作为一般招标人的商业企业会如此，作为政府采购招标人的政府机关以及工作人员也会有此类行为，甚至在串通投标中还有一些企业为了补回"回扣费"，偷工减料，大量使用不合格材料充数，许多"豆腐渣工程"都与串通投标中的腐败现象相关。

故而，面对串通投标行为，乔治可以直接向广州市工商局举报，若经查属实且不具有法定除外情形，可裁决于小方所在公司的中标无效，撤销中标公证书。

法条索引

《招标投标法》

第三十二条

投标人不得相互串通投标报价，不得排挤其他投标人的公平竞争，损害招标人或者其他投标人的合法权益。

投标人不得与招标人串通投标，损害国家利益、社会公共利益或者他人的合法权益。

禁止投标人以向招标人或者评标委员会成员行贿的手段谋取中标。

第五十三条

投标人相互串通投标或者与招标人串通投标的，投标人以向招标人或者评标委员会成员行贿的手段谋取中标的，中标无效，处中标项目金额 5‰ 以上 10‰ 以下的罚款，对单位直接负责的主管人员和其他直接责任人员处单位罚款数额 5% 以上 10% 以下的罚款；有违法所得的，并处没收违法所得；情节严重的，取消其一年至二年内参加依法必须进行招标的项目的投标资格并予以公告，直至由工商行政管理机关吊销营业执照；构成犯罪的，依法追究刑事责任。给他人造成损失的，依法承担赔偿责任。

经营者集中

经营者集中

故事九 公司可任意收购和兼并吗？

随着吉汇食品公司的不断发展，乔治为了扩大经营规模，考虑将纵向并购提上日程，以便提高规模经营的效益。这日，李明正好因为端午节邀请乔治和佩奇去家里吃粽子热闹热闹，乔治就想着可以借此问问李明的意见。

"今天也是有个问题想问问你。吉汇公司是不是有必要对上游原材料供应商的企业进行收购？这个战略还是挺紧要的，想着来听听你的意见。"

"这个我们吃过饭再细聊，不过说到企业合并，你知道从前可乐公司收购我国汇泉公司的事情？这个可乐想要兼并汇泉，但这个兼并得向商务部提交申报才能进行。然后商务部根据申报材料就认为可乐可能构成垄断，对此申报进行了立案审查，并通知了可乐。经过审查，商务部认为，此项经营者集中具有排除、限制竞争的效果，如果继续放任会对中国的果汁饮料市场的发展产生不利影响，而且现阶段也没有充足的证据证明集中对竞争产生的有利影响明显大于不利影响或符合社会公共利益，可乐在规定的时间里也没有提出减少不利影响的方案，因此决定禁止此项经营者集中。所以这项合并就被停了。

"还有这种事情呢？看来我真的得回去好好研究研究了。"

情景说法

本故事中提及的可乐与汇泉的合并被禁止案情，主要涉及了我国反垄断法中关于经营者集中的相关规定以及经营者集中的申报流程的审查标准，下文将详细为大家介绍。

经营者集中是指经营者通过企业合并、财产控制、经营控制、人事控制等方式增强自身市场力量、有可能限制竞争的行为。企业合并也就是民法或者公司法意义上的合并，即两个以上原先各自独立的经营主体合并为一个经营主体的行为。财产控制是指经营者通过收购其他经营者的股份或者资产取得对其他经营者的控制权。经营控制也称为经营合并，是指一个经营者用过委托经营、联营、订立协议等方式，对其他经营者的经营管理进行控制或者支配的行为。人事控制是指经营者直接或者间接控制其他经营者的人事，从而控制、支配其他经营者的行为。

在反垄断法的意义上，经营者集中可能会形成市场支配力量导致垄断，因而要对经营者集中进行监控。但是反垄断法也并不一概反对经营者集中，如中小企业的经营者集中行为往往因为其有利于市场竞争格局而不受反垄断法的反对。反垄断法反对的仅仅是经营者的过度集中行为，即通过控制经营者集中而防止出现市场支配力量即市场垄断。只有产生或者可能产生市场支配力量或者损害其他力量的过度集中才需要纳入反垄断法的监管反对范围。

故而从积极作用看，经营者集中是市场经济发展的必然产物，是经营者追求利润最大化的重要手段之一，适应了规模经济发展的客观需要，有利于企业降低成本，节约交易费用，取长补短且有助于企业跻身国际市场，其本身具有合理性。从消极作用看，经营者过度集中行为形成市场垄断，限制竞争，也可能会伴随一些破坏竞争的行为，如一些优势企业采取不正当竞争手段使经营对手的经营活动受挫，进而进行强行吞并等。

至于如何认定经营者集中是否过度。主要可以从市场集中度、市场进入障碍以及集中效率（例如获得规模经济，降低成本，生产设备更佳，专业化程度提高等）方面考虑。我国《反垄断法》也规定了审查经营者集中，应当考虑下列因素：参与集中的经营者在相关市场的市场份额及其对市场的控制力、相关市场的市场集中度、经营者集中对市场进入、技术进步的影响、经营者集中对消费者和其他有关经营者的影响、经营者集中对国民经济发展的影响。

那么，到底什么情况下的合并需要申报呢？在我国，合并申报标准不是被规定在《反垄断法》中，而是由单独的《申报标准规定》加以规定。该规定明确规定了两种情况应当事先向国务院商务主管部门申报，未申报的不得实施集中。这两种情况分别是：（1）参与集中的所有经营者上一会计年度在全球范围内的营业额合计超过100亿元人民币，并且其中至少两个经营者上一会计年度在中国境内的营业额均超过4亿元人民币。（2）参与集中的所有经营者上一会计年度在中国境内的营业额合计超过20亿元人民币，并且其中至少两个经营者上一会计年度在中国境内的营业额均超过4亿元人民币。但是，参与集中的一个经营者拥有其他每个经营者50%以上有表决权的股份或者资产的或者参与集中的每个经营者50%以上有表决权的股份或者资产被同一个未参与集中的经营者拥有的可以不向国务院商务部申报。例如，A公司和B公司拟进行企业合并，而A公司拥有B公司100%的股权，便不需要申报。

此外，我国《反垄断法》还规定，经营者集中具有或者可能具有排除、限制竞争效果的，国务院反垄断执法机构应当作出禁止经营者集中的决定。但是，经营者能够证明该集中对竞争产生的有利影响明显大于不利影响，或者符合社会公共利益的，国务院反垄断执法机构可以作出对经营者集中不予禁止的决定。正如本故事中，鉴于参与集中的经营者可乐或汇泉没有提供充足的证据证明集中对竞争产生的有利影响明显大于不利影响，或者符合社会公共利益。在规定的时间内也没有提出可行的减少不利影响的决定方案，因此，决定禁止此项经营者集中也是合理合法的。

《反垄断法》

第二十条

经营者集中是指下列情形：

（一）经营者合并；

（二）经营者通过取得股权或者资产的方式取得对其他经营者的控制权；

（三）经营者通过合同等方式取得对其他经营者的控制权或者能够对其他经营者施加决定性影响。

第二十一条

经营者集中达到国务院规定的申报标准的，经营者应当事先向国务院反垄断执法机构申报，未申报的不得实施集中。

第二十二条

经营者集中有下列情形之一的，可以不向国务院反垄断执法机构申报：

（一）参与集中的一个经营者拥有其他每个经营者50%以上有表决权的股份或者资产的；

（二）参与集中的每个经营者50%以上有表决权的股份或者资产被同一个未参与集中的经营者拥有的。

第二十三条

经营者向国务院反垄断执法机构申报集中，应当提交下列文件、资料：

（一）申报书；

（二）集中对相关市场竞争状况影响的说明；

（三）集中协议；

（四）参与集中的经营者经会计师事务所审计的上一会计年度财务会计报告；

（五）国务院反垄断执法机构规定的其他文件、资料。

申报书应当载明参与集中的经营者的名称、住所、经营范围、预定实施集中的日期和国务院反垄断执法机构规定的其他事项。

第二十四条

经营者提交的文件、资料不完备的，应当在国务院反垄断执法机构规定的期限内补交文件、资料。经营者逾期未补交文件、资料的，视为未申报。

第二十五条

国务院反垄断执法机构应当自收到经营者提交的符合本法第二十三条规定的文件、资料之日起30日内，对申报的经营者集中进行初步审查，作出是否实施进一步审查的决定，并书面通知经营者。国务院反垄断执法机构作出决定前，经营者不得实施集中。

国务院反垄断执法机构作出不实施进一步审查的决定或者逾期未作出决定的，经营者可以实施集中。

第二十六条

国务院反垄断执法机构决定实施进一步审查的，应当自决定之日起90日内审查完毕，作出是否禁止经营者集中的决定，并书面通知经营者。作出禁止经营者集中的决定，应当说明理由。审查期间，经营者不得实施集中。

有下列情形之一的，国务院反垄断执法机构经书面通知经营者，可以延长前款规定的审查期限，但最长不得超过60日：

（一）经营者同意延长审查期限的；

（二）经营者提交的文件、资料不准确，需要进一步核实的；

（三）经营者申报后有关情况发生重大变化的。

国务院反垄断执法机构逾期未作出决定的，经营者可以实施集中。

第二十七条

审查经营者集中，应当考虑下列因素：

（一）参与集中的经营者在相关市场的市场份额及其对市场的控制力；

（二）相关市场的市场集中度；

（三）经营者集中对市场进入、技术进步的影响；

（四）经营者集中对消费者和其他有关经营者的影响；

（五）经营者集中对国民经济发展的影响；

（六）国务院反垄断执法机构认为应当考虑的影响市场竞争的其他因素。

第二十八条

经营者集中具有或者可能具有排除、限制竞争效果的，国务院反垄断执法机构应当作出禁止经营者集中的决定。但是，经营者能够证明该集中对竞争产生的有利影响明显大于不利影响，或者符合社会公共利益的，国务院反垄断执法机构可以作出对经营者集中不予禁止的决定。

第二十九条

对不予禁止的经营者集中，国务院反垄断执法机构可以决定附加减少集中对竞争产生不利影响的限制性条件。

第三十条

国务院反垄断执法机构应当将禁止经营者集中的决定或者对经营者集中附加限制性条件的决定，及时向社会公布。

第三十一条

对外资并购境内企业或者以其他方式参与经营者集中，涉及国家安全的，除依照本法规定进行经营者集中审查外，还应当按照国家有关规定进行国家安全审查。

《关于经营者集中申报标准的规定》

第三条

经营者集中达到下列标准之一的，经营者应当事先向国务院商务主管部门申报，未申报的不得实施集中：

（一）参与集中的所有经营者上一会计年度在全球范围内的营业额合计超过100亿元人民币，并且其中至少两个经营者上一会计年度在中国境内的营业额均超过4亿元人民币；

（二）参与集中的所有经营者上一会计年度在中国境内的营业额合计超过20亿元人民币，并且其中至少两个经营者上一会计年度在中国境内的营业额均超过4亿元人民币。

营业额的计算，应当考虑银行、保险、证券、期货等特殊行业、领域的实际情况，具体办法由国务院商务主管部门会同国务院有关部门制定。

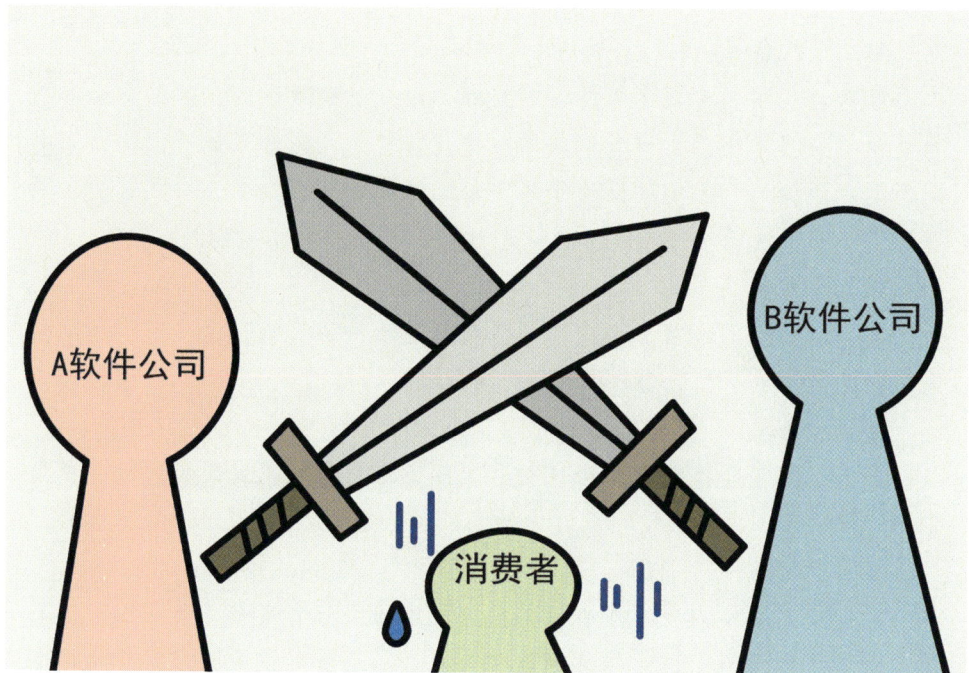

限制消费者其他交易行为

"爸爸，你看。网上两大互联网游戏企业打起来了，现在网上都已经闹翻了，可热闹了。"佩奇边笑着边将手机推给乔治。

"讯飞和翼虎公司？下载了翼虎公司游戏软件的就不能够正常使用讯飞公司的一切软件？可是他们家的社交软件不是在中国占据了半壁江山吗？大家现在互相联系都用这个啊，这样的话，作为消费者得多不方便啊。而且大家对通讯软件的依赖性应该是高于游戏的，讯飞这么一操作，不是等于绝了翼虎的后路嘛。讯飞为什么突然要这么针对翼虎啊？"

"说是因为翼虎的这款翼虎争霸游戏和讯飞新上市的

一款游戏有点像。之前本身两家公司就属于竞争对手，一直互相看对方不顺眼。前几天，翼虎发布了一个小程序说是可以破解讯飞一款软件，安装翼虎的软件就能随意获取讯飞公司注册用户的资料。随后导致讯飞的用户因为担心个人隐私被泄露，不少人都注销讯飞的账户。这样一来，估计讯飞也被惹生气了。面对势同水火还喜欢搞各种小动作的竞争对手，一气之下就完全直接踢他出场了。如果要继续玩翼虎争霸的游戏，就要把讯飞的一切软件都卸载掉。如果你还想继续使用讯飞的飞信，就要卸载掉翼虎的所有游戏。"佩奇边说边把电脑推向乔治，上面正是软件无法运行请先卸载翼虎争霸游戏的提示框。

"这样不是逼着消费者讯飞和翼虎只能选一个吗，对消费者也太不公平了吧。"

"谁说不是呢，不知道政府会不会介入管管。不然这也太烦人了，我还想要我好不容易练到 99 级的翼虎争霸账号呢。"

情景说法

滥用市场支配地位行为是指具有市场支配地位的企业不合理利用其市场支配地位，在特定的相关市场实质性地限制竞争，违背公共利益，明显损害消费者利益，损害自由公平的市场竞争秩序，应当受到反垄断法禁止的行为。

禁止滥用市场支配地位是一种针对特殊主体的责任制度，经营者具有市场支配地位是确认滥用市场支配地位行为的前提和基础。当然，企业具有市场支配地位本身并不违法，只有滥用市场支配地位才会受到反垄断法的禁止。那么到底如何去界定企业是不是有这个市场支配地位呢？我们将在下文解答。

市场支配地位又称市场优势地位与市场控制地位，是经营者的一种状态，是指一个经营者或者数个经营者作为整体在相关市场内具有能够控制商品价格、数量或者其他交易条件，或者能够阻碍、影响其他经营者进入相关市场能力的市场地位。这里的"其他交易条件"是指除商品价格、数量之外能够对市场交易产生实质影响的其他因素，包括商品等级、付款条件、交易方式、售后服务、交易选择权和技术约束条件等。这里的"阻碍、影响其他经营者进入相关市场"是指排除、延缓其他经营者进入相关市场，或者导致其他经营者虽能够进入该相关市场但进入成本大幅度提高，无法与现有经营者开拓有效竞争等。例如，具有市场支配地位的 A 公司，滥用支配地位限定下游 B 公司只能和 A 进行交易，如果 B 公司规模影响较大，就在一定程度上阻断了其他竞争者的下游市场。

我国认定市场支配地位主要有推定和认定两种情形，在认定情形中，根据法律规定，应当充分考虑该经营者在相关市场的市场份额、竞争状况、控制市场的能力、财力和技术条件或者其他经营者进入相关市场的难易程度等因素。此外，若一个经营者在相关市场的市场份额达到 1/2 的、两个经营者在相关市场的市场份额合计达到 2/3 的、三个经营者在相关市场的市场份额合计达到 3/4 的，便依法推定该经营者具有市场支配地位。但是多个经营者中有经营者市场份额不足 1/10 的，则该经营者不具有支配地位。在推定情形中，有证据证明不具有市场支配地位的，其市场支配地位不应当认定。

而本故事中所提到的，讯飞和翼虎的经济战的情况就是企业滥用市场支配地位所实施的限定交易行为。限定交易行为是指具有市场支配地位的经营者，没有正当理由，限定交易相对人只能与其进行交易或者只能与其指定的经营者进行交易的行为。限定交易行为不但是对意思自治和合同自由的限制，侵犯了交易相对人的自主选择权，同时也会对竞争产生无效率的排挤性效果，或会迫使竞争对手不得不寻找成本更高的销售渠道，提高竞争对手的成本，阻碍潜在的竞争，从而产生排除、限制竞争的效果，因此，限定交易行为是反垄断法禁止的滥用市场支配地位的行为之一。本故事中，先不论翼虎之前的行为是否恰当，但在即时通信市场具有市场支配地位的讯飞要求必须卸载翼虎才能继续正常使用软件的做法，其实就是强迫消费者在这款游戏上只能与他进行交易，而不能与翼虎进行交易，是对消费者意思自治的侵犯，造成了排挤性效果，应当予以禁止。

法条索引

《反垄断法》

第十七条

禁止具有市场支配地位的经营者从事下列滥用市场支配地位的行为：

（一）以不公平的高价销售商品或者以不公平的低价购买商品；

（二）没有正当理由，以低于成本的价格销售商品；

（三）没有正当理由，拒绝与交易相对人进行交易；

（四）没有正当理由，限定交易相对人只能与其进行交易或者只能与其指定的经营者进行交易；

（五）没有正当理由搭售商品，或者在交易时附加其他不合理的交易条件；

（六）没有正当理由，对条件相同的交易相对人在交易价格等交易条件上实行差别待遇；

（七）国务院反垄断执法机构认定的其他滥用市场支配地位的行为。

本法所称市场支配地位，是指经营者在相关市场内具有能够控制商品价格、数量或者其他交易条件，或者能够阻碍、影响其他经营者进入相关市场能力的市场地位。

第十八条

认定经营者具有市场支配地位，应当依据下列因素：

（一）该经营者在相关市场的市场份额，以及相关市场的竞争状况；

（二）该经营者控制销售市场或者原材料采购市场的能力；

（三）该经营者的财力和技术条件；

（四）其他经营者对该经营者在交易上的依赖程度；

（五）其他经营者进入相关市场的难易程度；

（六）与认定该经营者市场支配地位有关的其他因素。

第十九条

有下列情形之一的，可以推定经营者具有市场支配地位：

（一）一个经营者在相关市场的市场份额达到1/2的；

（二）两个经营者在相关市场的市场份额合计达到2/3的；

（三）三个经营者在相关市场的市场份额合计达到3/4的。

有前款第（二）项、第（三）项规定的情形，其中有的经营者市场份额不足十分之一的，不应当推定该经营者具有市场支配地位。

被推定具有市场支配地位的经营者，有证据证明不具有市场支配地位的，不应当认定其具有市场支配地位。

不公平垄断性
定价

不公平垄断性定价

"怎么了？是不是最近发生了什么事情？说来听听吧，说不定我怕还能帮你想想主意。"乔治看着坐在一边独自喝着闷酒的李明，开口问道。

"龙腾客运你知道吧，它是本市最大的客运公司，许多旅游线路只由他们公司运营。我们公司和龙腾客运一直是长期的合作伙伴，但是最近续签合同的时候，龙腾那边大幅提价。基本上比原来的价格涨了一倍多，我们公司原本的预算无法接受。而且这样提高价格，也意味着我们的旅游产品会跟着提价，我们也很担心消费者是不是还会买账。但是不提价，我们公司现在就会亏本。"

"有别的办法吗？换个运输公司？"乔治问道。

李明摇了摇头，说："唉，别提了别提了，整个去长隆动物园的线路，只有龙腾有，我们找不到别的公司干这个，只能和龙腾客运谈了。"

"怎么，他们有解释原因或者适当调价吗？"

李明沮丧地摇了摇头，说："没有。只说是公司战略需求，可是客运成本基本稳定的情况下，又没有其他的客观合理原因，就这么大幅度提高价格真的合理吗？虽然我觉得政府不会不管，但是目前这个阶段，我也只能再争取争取看看能不能在价格上有什么突破了吧。"

情景说法

本故事提及李明所在公司的合作客运商龙腾客运公司无正当理由提高销售价格的行为，主要涉及了我国反垄断法中关于禁止具有市场支配地位的经营者从事滥用市场支配地位进行不公平垄断性定价行为，下文将详细为大家介绍。

不公平垄断性定价行为是指具有市场支配地位的经营者没有正当理由，以不公平的高价销售商品或者以不公平的低价购买商品的行为。在本故事中，龙腾客运是明显具有市场支配地位的，垄断了多处旅游景点的客运线路，比如文中提到的长隆动物园，所以龙腾客运的此种行为便涉及以不公平高价销售商品的情形。在市场经济条件下，企业的定价水平是由市场调节的。对于一般企业的高价销售或者低价购买行为，反垄断法不予过问，但是具有市场支配地位的经营者的不公平要价行为，一般为反垄断法所规制的对象，

由于不公平高价销售行为不仅会加剧经济的不稳定，也会侵害交易相对人尤其是消费者的利益，例如会导致价格提高，需求减少，使得消费者福利减少的情形。而不公平低价购买行为则会侵害上游经营者的利益，并在利用市场力量不合理的压低商品价格时，会对企业的剩余价值进行剥夺。

所以反垄断法禁止的不公平要价行为需要同时具备市场支配地位的主体条件和实施不公平价格的行为条件。其中不公平价格不是以供求关系为基础的价格，公平合理应当考虑几个因素，即：销售价格或者购买价格是否明显高于或者低于其他经营者销售或者购买的同种商品的价格；在成本基本稳定的情况下，是否超过正常幅度提高销售价格或者降低购买价格；销售商品的提价幅度是否明显高于成本增长速度或者购买商品的降价幅度是否明显高于交易相对人成本

降低幅度等。例如本故事中，李明所在公司的交易相对人龙腾客运公司的提价，就属于在客运成本基本稳定的情况下，又没有其他的客观合理原因，超过正常幅度提高合同价格的行为就属于不公平价格行为，又因为龙腾在该地区所占市场份额过半，具有市场支配地位，所以该行为当受到反垄断法的规制。李明所在公司可以就该行为向当地发改委举报，发改委认为该行为构成垄断的，可以予以禁止。

此外，需要注意的是，不公平的垄断性低价购买行为与垄断性高价销售行为是一个问题的两个方面，当具有市场支配地位的企业为了获得垄断利润而以超高的价格销售其产品的同时，也极有可能为了自身利益的最大化，在进行原材料及其他产品的购进活动时尽可能地不合理压低购买价格，而由于其独占的市场地位，交易相对人同样无力拒绝该项不合理定价，这当然也是属于滥用其市场地位对交易相对人进行剥削的行为。

掠夺性定价

"李明，你知道三林调味品公司吗？他们最近在搞大降价，如果我们选择他们公司的调味品，我们的生产成本也会降低不少。只不过和陈晨那边的合作就要暂停了，我还在纠结中呢。"

"降价？三林公司遇到什么事情了吗，好好的为什么突然大降价？"

"不清楚，但我听说这次三林食品下调的价格都已经低于成本价格了。之前三林的发展还挺稳定的，谁知道这次竟然以低于成本价的价格下调定价。我记得广州市场上2/3的老抽都是他们公司产的，作为市场份额这么大的公司，如果大幅度下调价格的话，对整个市场的影响应该挺大的。"

"那我知道了，他们可能就是想要利用自己数一数二的市场地位，通过大幅度调价来抢占市场份额，击垮慢慢发展上来的，可能成为竞争对手的其他公司。陈晨的公司也有可能遭殃了。"

"那这也太不理智了，冒着严重亏损的风险？"

"是啊，一般的公司也不会这么做的。也不知道三林的负责人是怎么想的。不过一旦成功了，那个时候三林的市场占有率可不是现在能比的，基本就算是控制了整个广州的调味品市场了。"

"但想想把市场放在这种经营者手里还挺恐怖的。如果他一家垄断，再不正当地涨价可怎么办？毕竟羊毛出在羊身上，最后肯定是消费者充当冤大头。"

"所以那个时候就只有交易人和消费者哑巴吃黄连有苦说不出了，还是希望大家现在能够理智一些，不要为了现在的蝇头小利以后吃大亏啊！"

情景说法

本故事中的三林食品公司无正当理由突然大幅度降价，且该价格明显低于成本价格以此企图抢占市场排挤竞争对手的行为，主要涉及了我国反垄断法中关于禁止具有市场支配地位的经营者从事滥用市场支配地位进行掠夺性定价行为，下文将详细为大家介绍。

掠夺性定价行为是指具有市场支配地位的经营者，没有正当理由，为了排挤竞争对手，在一定市场和一定期限内以低于成本的价格销售商品或者提供服务，从而消除或者限制竞争的行为。法律禁止将商品或者服务以低于成本的价格连续在市场上供应的掠夺性定价行为，是因为这种定价行为可能会将竞争者排挤出市场或者吓退欲进入该市场的潜在竞争者。

但需要指出的是，法律并不是禁止所有低于成本价销售的行为，而只是禁止具有市场支配地位的经营者从事目的在于限制竞争，行为后果已经或者可能限制竞争的低于成本价销售行为。判断掠夺性定价行为的核心是比较价格与"成本"，其中衡量成本又是非常复杂和具有挑战性的难题。

在反垄断事件中，反垄断执法机关还会结合平均可避免成本来评估低于成本价销售的行为。可避免成本是指不增加额外产量情况下可避免的平均成本。

例如三林为增加老抽产量而需租入的加工设备的租金等。虽然它对实现企业经营目标具有一定程度的影响，但并不是绝对必要的，因为对于企业来说不增产该成本就可以避免，所以其究竟是否发生及具体数额多少，均依企业经营者的实际情况而定。可避免成本可以是固定成本（如上述租金等），也可以是变动成本，如增产老抽时所需要的直接材料费和直接人工费等。当然，如果经营者制定的价格明显低于其成本，如流通业经营者销售的价格低于其进货价格，则通常无须进行复杂的成本计算，就可以认定其属于低于成本价销售行为。而本故事中即可以对三林食品公司进行成本分析，且结合同行业现行技术以及最高生产标准与效率，与其他同水平企业的成本以及定价进行比较，以确定是否切实实施了掠夺性定价的行为。

其实掠夺性定价行为在实践中较为少见，主要是因为经营者通过低于成本销售策略排除竞争对手的时候，需要长期处于亏损状态，而且即便把竞争对手排挤出了市场，经营者也未必能够通过抬高价格的方式弥补其低价销售的损失，因此这种销售策略往往会被视为非理性的行为而被经营者谨慎采用。

法条索引

《反垄断法》

第十七条

禁止具有市场支配地位的经营者从事下列滥用市场支配地位的行为：

（一）以不公平的高价销售商品或者以不公平的低价购买商品；

（二）没有正当理由，以低于成本的价格销售商品；

（三）没有正当理由，拒绝与交易相对人进行交易；

（四）没有正当理由，限定交易相对人只能与其进行交易或者只能与其指定的经营者进行交易；

（五）没有正当理由搭售商品，或者在交易时附加其他不合理的交易条件；

（六）没有正当理由，对条件相同的交易相对人在交易价格等交易条件上实行差别待遇；

（七）国务院反垄断执法机构认定的其他滥用市场支配地位的行为。本法所称市场支配地位，是指经营者在相关市场内具有能够控制商品价格、数量或者其他交易条件，或者能够阻碍、影响其他经营者进入相关市场能力的市场地位。

第十九条

有下列情形之一的，可以推定经营者具有市场支配地位：

（一）一个经营者在相关市场的市场份额达到二分之一的；

（二）两个经营者在相关市场的市场份额合计达到三分之二的；

（三）三个经营者在相关市场的市场份额合计达到四分之三的。

有前款第二项、第三项规定的情形，其中有的经营者市场份额不足十分之一的，不应当推定该经营者具有市场支配地位。被推定具有市场支配地位的经营者，有证据证明不具有市场支配地位的，不应当认定其具有市场支配地位。

附条件交易行为

附条件交易：捆绑销售

　　龙腾客运的涨价事件刚刚解决，又有一件事情冒出来了，李明又来找乔治一起商量对策。

　　"还记得龙腾客运吗，他们现在要求我们在销售旅游产品的时候，捆绑搭售本地交通服务费。"

　　"本地交通服务费是指什么？"

　　"就比如，机场和火车站的接送费，宾馆和景区的接送费之类的。他们要求和旅游产品一起整合销售，顾客买我们的旅游产品，就要用他们的本地交通服务。"

　　"听起来还不错啊，这有什么让你为难的呢？"

　　"考虑到消费者可能更倾向于选择自己打车或者乘坐公共交通，所以我们原本的旅行计划并不提供这个套餐服务。而龙腾客运提供的本地交通服务价格是高于平均市场价格的，所以我们卖的旅游产品也会涨价，会对我们的客源有很大影响。"

"听起来的确是会影响，那你有跟龙腾那边沟通过吗？"

"嗯，他们倒是给了一个让步。"

"哦？具体是什么内容"

"说愿意把本地交通服务费作为一个选择项，顾客们可以选择可以不选择。但是项目需要开始是默认选项的，虽然消费者是可以取消收费的，但是我们作为运销售运营商是不能够事先向消费者告知有这么一项收费。只有消费者非常仔细地了解方案之后，自己主动提出取消才可以取消。这样对于我们公司的声誉也是一种不良的影响。"

"这样倒是有点棘手，龙腾客运表面上做出了让步，其实还真是一步不退啊。"

情景说法

附条件交易行为是指经营者利用其市场支配地位，违背交易相对人的意愿，在提供产品或者服务时强迫交易相对人购买其不需要、不愿购买的商品或者服务，或者接受其他不合理的条件的行为。附条件行为在很多情形下被称为"搭售"，但实际上搭售行为只是附条件交易行为的一种主要表现形式。

违法搭售是指经营者利用其经济实力和技术优势，违背交易相对人的意愿，在销售某种商品或者提供某种服务时，强迫交易相对人附带接受另一种商品或者另一种服务的行为。所谓经济实力，是指经营者的产品必须具有某种独特的性质，能够使购买者对它产生特殊的需求，并且已经形成了一定的市场支配力。通常是借助于购买者非买他的商品不可的情形，产生的搭售行为。

本故事中龙腾客运实施违法搭售的销售行为是出于故意的心理，在客观上给购买者和其他经营者造成了受到损害的事实。虽然最后给予了表面上的消费者选择权，但是附加了一系列限制条件，实质上依旧是利用自身的支配地位，强迫李明所在公司与消费者接受搭售本地交通服务费的不合理要求，应当禁止。

但并非只要是搭售都构成垄断。在一般情况下，如果交易双方都同意，经营者在提供商品时搭配销售一定的商品，作为一种附条件的民事法律行为，有时甚至还是购买者乐于接受的，所以不一定对市场竞争产生消极的影响。如果搭售并不违背购买者的意愿，附加的也不是不合理的条件，则搭售和附加其他条件的行为并不违法。但是如果滥用支配地位搭售商品，则可能影响市场公平竞争的秩序。有时在商品场上，购买者享有自主选择的权利，而在违法搭售行为的强迫下，购买者的自主选择权受到了限制，不能自由地购买商品，只能违背自己的意愿买回一些自己并不需要的商品，既增加了购买者经济上的负担，又妨碍了公平竞争，危害了市场竞争秩序，使得被搭售的商品不是通过价格、质量等正常市场销售出去，而是借助外力强迫销售出去，这显然是违背市场竞争原则的。

除了在非价格性纵向垄断协议中提及的搭售以外，最常见的附条件交易行为还有限定销售地区、在技术转让中附加其他不合理的条件，等等。

限定销售地区是指生产厂家利用自己优势的供货地位，向不同地区批发商供货时，要求这些批发商地能批发给特定区域的零售商店，或者批发商在向零售商店供货时，要求零售商店只能在特定区域销售等，以避免同一商品之间的相互竞争。在技术转让中，由于技术本身给权利人带来了经济优势，其会凭借技术优势给交易相对人附加一些不合理的条件，其实质是指权利人对自己所拥有的知识产权的滥用，例如限制技术的补充和材料的供应等。

拒绝交易？

拒绝交易

一波未平一波又起，刚解决了捆绑销售的问题，李明又被叫到工商局配合调查去了。李明一回来，乔治连忙关心起来。

"倒是没什么大事，就是一家叫做金通的河南经销商，之前也是我们公司的长期合作企业，一直在帮我们卖旅游产品，因为金通是河南数一数二的旅游公司，产品销量也一直挺不错，之前的合作还算不错。今年不是要续签经销合同吗，我拒绝了与金通经销商继续进行新的交易，不再与他签订新的旅游产品经销协议。估计他觉得我突然拒绝和他交易是我滥用市场支配地位，然后向工商局申报了。于是我就被工商局请去了。但其实我们公司在旅游产品这个行业，其实算不上有市场支配地位，只是一家还说得过去的公司而已"。

"等等，他既然是你的长期合作伙伴，那应该挺不错啊。那你为什么突然要拒绝和他交易呢？"

"本来合同里是说若无例外情况，合同双方当按期续签的。但是现在事实情况发生了重大变化啊。"

"比如呢？"

"他们公司本身的状态在不断下滑，我之前就知道，而且现在经营状况已经出现了持续恶化。我觉得他们的财务状况存在严重的不平衡，如果现在我还和他签订新的经销协议，那我就得承担非常大的风险。我可不能拿公司的前途开玩笑啊！不过我已经向工商局说明情况了，应该没什么大问题。"

情景说法

拒绝交易行为是指具有市场支配地位的经营者没有正当理由，拒绝与交易相对人进行交易的行为。如果十几个经营者联合起来拒绝交易，就构成了前文中所提到的联合抵制，但一个具有市场支配地位的公司，无正当理由拒绝交易就是本故事提到的拒绝交易。例如，如果本故事中李明的公司具有市场支配地位，在没有任何合理理由的情况下拒绝了和河南经销商的继续交易，那么就构成了垄断性质的拒绝交易行为，应当受到法律规制。

私法自治、合同自由是市场经济国家所公认的基本原则，每一个经营者都有与交易相对人进行交易和不进行交易的自由，即便是占有市场支配地位的经营者也同样如此。经营者有权拒绝和某一个交易相对人发生交易关系或者终止已经建议的交易关系。但是，由于占有市场支配地位的企业可以不受竞争机制的充分制约，交易相对人不具备选择交易伙伴的自由，因此占有市场支配地位的企业的拒绝交易行为，可能会给他们的正常竞争带来严重困难，影响整个市场竞争。而滥用其市场支配地位的行为，不但可能导致其垄断地位的加强，而且也因为其行为专横跋扈而违背民主、平等的原则，所以国家要以法律予以禁止。

我们还需要明确，所谓的拒绝交易并不完全表现为拒绝交易相对人的一切交易，还有可能表现为：削减与交易相对人的现有交易数量，拖延、中断与交易相对人的现有交易，拒绝与交易相对人进行新的交易等。比如文中李明的公司拒绝与金通经销商继续进行新的交易，不再与他签订新的旅游产品经销协议就是一种拒绝交易行为。

而正如上文所说，合理条件下，即便具有市场支配地位的企业也可以实施拒绝交易行为而不认定为违法行为。比如，交易相对人能够以合理的价格向其他经营者购买该产品的，因为不阻碍正常竞争市场所以不会认定为垄断行为；或者交易相对人有严重的不良信用记录或者出现经营状况持续恶化等情形，在本故事中李明的公司虽然实施了拒绝交易的行为，但是因为基于金通公司本身的状态不断下滑，经营状况出现了持续恶化，企业之间的商业信赖已经不复存在的情况。正式基于这种考虑，李明的公司才拒绝与其签订新的下一级经销合同，以免公司利益遭受不要的损失，该行为就属于在合理情况下实施的拒绝交易行为，并不构成滥用市场支配地位的垄断行为。

年费180元

年费240元

APP

差别待遇

差别待遇：同物不同价

　　最近爱艺视频推出的一档女团节目风靡大街小巷，只有 VIP 会员才能使用。佩奇也被圈了粉，便让同事教他如何下载使用这款 APP。

　　"你看，进去手机应用商店，搜索爱艺视频下载……然后点击购买会员……咦？"仿佛遇到什么问题，女孩好看的眉头轻轻皱了起来。

　　"是有什么问题吗？"佩奇见状问道。

　　"啊？这个会员费用的缴费金额我觉得不太对，你等等，我看看我的。"说完，拿出了自己手机，打开会员缴费页面，上面清清楚楚地显示，会员年费 180 元 / 年。再看看佩奇的手机页面，上面却显示，会员年费 240 元 / 年，姑娘不免更加疑惑了。于是拍了拍身边的朋友们，让他们也看看自己手机上现实的会员缴费金额是不是不一样。

结果大家对比完发现，IOS 系统的客户端显示的缴费都是 240 元 / 年，而安卓系统的客户端显示的缴费金额都是 180 元 / 年。

"哇，这样也太过分了吧。"之前招呼佩奇的那个小平头男生不满地说道，"这不是价格歧视吗。凭什么两个应用系统下载的 APP 上买会员的费用会不一样啊？"

"对啊，难不成我们消费者还是不一样的了？还是我们付 240 元一年的人多享受了什么优惠或者服务？"有人附和道。

"对的，我觉得都是一样的服务一样的会员，为什么安卓系统和 IOS 系统的定价会不一样？这真的很不合理！这完全实在侵害 IOS 系统用户的权益！打着免费下载的招牌，却在 APP 内部对不同系统的用户收取不一样的收费，这么做也太不负责任了！"姑娘回应道。

情景说法

差别待遇通常也称为歧视或者价格歧视，是指具有市场支配地位的经营者，没有正当理由，在提供相同商品或者服务时，对条件相同的消费者在交易价格等交易条件上实行与成本无关的不同的交易价格或者交易条件的行为。差别待遇行为在很多情况下是经营者的一种营销战略，也是经营者行使经营自主权的表现。但是，当具有市场支配地位的经营者没有正当理由实施差别待遇时，就可能产生排除、限制竞争的后果，因此受到反垄断法的规制。例如本故事中，爱艺视频公司所开发的手机 APP 虽然分别在 IOS 的 APP STORE 和安卓的应用商城上以免费下载形式上架，但是如果消费者想要充值视频会员，那么安卓系统 APP 上定价要明显低于 IOS 系统上 APP 的定价，这就是明显的差别待遇行为。针对同条件的消费者，损害了 IOS 系统上使用 APP 的消费者的权益。

但需要注意的是，差别待遇行为并不仅仅表现在定价上的差异，还可能表现为质量差异或者数量差异等，所以差别待遇行为最主要的表现形式是价格歧视行为，但并不仅限于价格歧视行为。典型的价格歧视比如经营者向其他条件相同的经销商供货时，按不同的价格结算，使得高价进货的经销商在竞争中处于不利地位。或者在某一地位以低价销售，然而在另一地区却以高价销售的行为，等等。

具有市场支配地位的经营者实施差别待遇时，损害竞争的可能性很大，表现在方方面面。例如：具有市场支配的经营者可以通过差别待遇迫使客户处于不同的竞争地位、从而建立或维持相关企业的优势地位或者通过与差别待遇中的优势企业签订垄断协议将自己的垄断地位扩展到上、下游市场；再如，具有市场支配地位的经营者可能采取差别待遇，对竞争者所在的地区或者所拥有的客户进行特殊的低价销售，这样就可以达到排挤竞争对手的效果；甚至正如本故事中所讲，具有市场支配地位的经营者可以通过差别定价，从消费者处获得最大的收益，但这种收益很大程度上存在损害消费者利益的可能。

所以，市场支配地位企业实施差别待遇行为作为经济实践中较为多见的垄断行为，一般为反垄断法所规制，以期更好地保护消费者权益，保障市场的健康运转。

抱歉，我们不能批准您的设立申请。

工作人员

地区封锁行为

经过几年的发展，吉汇食品公司已经在广州站稳了脚跟，业务辐射范围跨越了整个大南方地区，现在，乔治想要进一步开辟广阔的北方市场，但是事情却没有想象中的顺利。

"抱歉，我们不能批准您的设立申请。"这是某政府给予的回应。而且无论怎么争取，都是同样的机械式回答。"我们不能批准"，"我们现不接受外来食品公司的申请"……反反复复都是同样的理由。

"如果我不在此地设立分公司也不设立生产车间，只是把产品销往该地区，只是把这里作为产品的销往地，您看这样可以吗？"

"不好意思。这和您是不是在我们这儿设立公司或者投资生产车间是没有关系的。况且您投资设厂都不批准的话，把商品销往我们地区，那是更加无法批准通行的。而且我们地区也已经报经国家计划委员会批准了，对于肉制食品类商品可以短期内适当控制外购，对于相关的企业和公司也可以短期内适当控制招资引进，所以可能帮不上您。"政府工作人员官方的话语从电话里不停地传来。

"就没有一点点回旋余地吗？您刚刚不是说只是适当控制吗？我们是高端产品生产线，我们带来的不仅是投资，还有生产质量和技术啊？"乔治坚持道。

"不好意思，先生。我们地区本来作为优质肉制品的原料产地，类似您这样的本地企业已经非常多了，所以我们地区暂时并不考虑让其他企业进来……"后面说的什么，乔治已经听不进去也不想听了，说了声谢谢便挂断了电话。

情景说法

滥用行政权力消除、限制竞争行为，也被称为行政性垄断行为，是指政府及其经法律、法规授权的组织滥用行政权力，排除、妨碍或者限制市场竞争的行为。这里的"滥用行政权力"，是指它们既不属于政府为维护社会经济秩序而进行的正常经济管理活动，也不属于政府为实现对国民经济的宏观调控而采取的产业政策、财政政策等经济政策和社会政策，而"消除竞争、限制竞争"就是这种滥用行政权力行为的目的。本故事中涉事地区阻碍吉汇食品公司的优质火腿进入该地区进行销售的行为，就是典型的滥用行政权力的地区封锁行为，目的是排除和限制竞争，应当受到规制。

地区封锁，也称为地方保护主义。是指政府及其所属部门滥用行政权力，限制外地商品流入本地市场或者本地商品流向外地市场的行为。实行社会主义市场经济，需要在全国范围内建立健全、统一、开放、竞争有序的现代市场体系，而妨碍商品在地区之间自由流通的行为与这一基本要求是相互违背的，人为地扭曲了竞争机制的作用和资源的合理配置。

地区封锁行为主要表现为滥用行政权力封锁市场的行为，如果没有封锁市场或者虽然封锁了市场但并非滥用行政权力，就不能构成地区封锁的行政垄断行为。此外，根据《国务院关于打破地区间市场封锁，进一步搞活商品流通的通知》，对地处边远的少数民族自治地区能够生产自给、适销对路、质量合格的少数产品，在报经国家计划委员会批准后，短期内可适当控制外购，但必须允许一定比例的同类优质产品进入本地销售，以利于提高本地产品质量和生产技术水平。在本故事中，吉汇食品公司的优质火腿进入涉事地区便是属于同类优质产品进入本地销售。所以即便涉事地区经过国家计划委员会的批准可以在短时间内适当地控制外购，但这并不表示涉事地区可以完全地封锁地区市场，完全禁止外来企业在本地区进行活动，而只能附加一定比例的条件。所以本故事中涉事地区的行为是违反法律规定的。

所以，地方实行地区封锁会妨碍建立和完善全国统一、公平竞争、规范有序的市场体系，损害公平竞争的环境，该行为本身就存在不合理和不正当性。

法条索引

《反垄断法》

第三十三条

行政机关和法律、法规授权的具有管理公共事务职能的组织不得滥用行政权力，实施下列行为，妨碍商品在地区之间的自由流通：

（一）对外地商品设定歧视性收费项目、实行歧视性收费标准，或者规定歧视性价格；

（二）对外地商品规定与本地同类商品不同的技术要求、检验标准，或者对外地商品采取重复检验、重复认证等歧视性技术措施，限制外地商品进入本地市场；

（三）采取专门针对外地商品的行政许可，限制外地商品进入本地市场；

（四）设置关卡或者采取其他手段，阻碍外地商品进入或者本地商品运出；

（五）妨碍商品在地区之间自由流通的其他行为。

第三十四条

行政机关和法律、法规授权的具有管理公共事务职能的组织不得滥用行政权力，以设定歧视性资质要求、评审标准或者不依法发布信息等方式，排斥或者限制外地经营者参加本地的招标投标活动。

《国务院关于打破地区间市场封锁，进一步搞活商品流通的通知》

第二条

要确保商品流通畅通无阻。各地区、各部门不得擅自在道路、车站、码头、省区边界设关卡，阻碍商品的正常运输。对现有的检查站（所、卡、岗）要认真进行一次清理整顿，撤销妨碍商品正常流通的各种关卡。必须设置的检查站，需报经省、自治区、直辖市人民政府批准，并严格规定其职责范围，凭县以上公安机关颁发的证件执行检查任务。检查人员应佩戴专用标志，严格按照规定的工作范围履行职责，不得任意扣留过往运输车辆，随意收取各种费用或罚款。工商行政管理、质量监督检查和卫生检查等部门不得以打击假冒、伪劣商品为名，抬高外地产品的检验标准，变相阻止外地产品进入本地区销售。

为缓解运输紧张状况、减少物资不合理对流，对地处边远的少数民族自治地区能够生产自给、适销对路、质量合格的少数产品，在报经国家计划委员会批准后，短期内可适当控制外购，但必须允许一定比例的同类优质产品进入本地销售，以利于提高本地产品质量和生产技术水平。

来西班牙过节

招投标中的地方保护

"乔治，我看我们的西班牙之行又要泡汤了，我有个朋友出了点岔子，我要去帮他处理一下。"

"哦？什么大事儿，还需要你亲自出面？"

"我那朋友是做医疗药品的。前段时间梦州市卫计委不是针对公立医疗卫生机构的药品发放采购招标书吗，招标书里面就规定了 30 种药品的名称、规格和计量，还规定了各种资质条件，对本地企业和外地企业设置了不同的要求。你知道的，药品这种产品，一般情况下一个生产商一个品名，各种各样的计量。所以其实规定了商品的品名、规格和剂量也就实质上限制了很多生产商，只有很少甚至一家生产商符合要求，其实说白了，就是已经内定了生产商。"

"嗯，你朋友是内定的一个吗？"

"不是，但是他刚好符合了条件就去投了标书。结果还没现场开标和竞标的呢，就发布了《梦州市公立医疗卫生机构药品耗材设备采购实施办法》，确定了30种药品的名称、规格和剂量，还直接确定了生产企业。其实就相当于事先确定了中标者，这样他之前为了竞标所投入的人力和财力都白费了。现在我也只能尽力打探消息了，可能最后也会不了了之，这个招标应该也只是一个过场，毕竟实际上的内定中标人都已经通过《实施办法》公布了，走一步看一步吧。"

情景说法

招投标中的地方保护行为是指行政机关和法律、法规授权的具有管理公共事务职能的组织滥用行政权力，在招投标活动中所从事的地方保护行为。在招投标活动中实行地方保护的做法，破坏了市场的统一性，违反了公平竞争的原则，严重影响了招投标活动的正常开展。也违反了我国法律规定的依法必须进行招标的项目，任何单位和个人都不可以无正当理由限制或者排斥本地区、本系统以外的法人或者其他组织参加投标。

招投标中的地方保护行为主要体现为设定歧视性资质要求、评审标准或者不依法发布招投标信息等来排除或者限制外地经营者参加本地的招标投标活动。本故事中，梦州市卫计委发布的招标书和《梦州市公立医疗卫生机构药品耗材设备采购实施办法》不仅确定了30种药品的名称、规格和剂量，还直接确定了生产企业，直接排除、限制了同种药品不同企业之间的竞争，不利于通过市场竞争形成合理价格。并在招标书中还对本地和外地经营者设立了不同的资质要求，排除了外地潜在投标者，违背了招标投标活动的公平公正、自由竞争。出现这种状况，国家发展改革委办公厅可以发函至梦州市人民政府办公厅，建议纠正梦州市卫计委滥用行政权力排除限制竞争的有关行为，并对市内药品集中采购是否还存在其他的垄断行为，从总体上予以清理。

《梦州市公立医疗卫生机构药品耗材设备采购实施办法》的出台还涉及了滥用行政权力排除、限制竞争中的另一个行为，即滥用行政权力制定含有排除、限制竞争内容规定的行为。行政机关滥用行政权力，排除、限制竞争，既可以通过具体的行政行为来实现，例如对某一特定人进行行政处罚等，也可以用抽象行政行为来实现，即以不特定的人或事为对象制定具有普遍约束力的规范性文件的行为，例如本故事中的《实施办法》本质上就是一种抽象的行政行为，因为该《实施办法》并非对于特定人或者特定企业做出，而是对梦州市所有市民和企业做出。即对梦州市内的自然人、法人、非法人组织都具有约束力，需要尊重并遵守该《实施办法》。所以滥用行政权力制定规定类的抽象行政行为相对于具体行政行为，往往对市场的破坏力度更大，影响程度更深，更加应受到法律规制。

法条索引

《招标投标法》

第六条

依法必须进行招标的项目，其招标投标活动不受地区或者部门的限制。任何单位和个人不得违法限制或者排斥本地区、本系统以外的法人或者其他组织参加投标，不得以任何方式非法干涉招标投标活动。

第十八条

招标人可以根据招标项目本身的要求，在招标公告或者投标邀请书中，要求潜在投标人提供有关资质证明文件和业绩情况，并对潜在投标人进行资格审查；国家对投标人的资格条件有规定的，依照其规定。

招标人不得以不合理的条件限制或者排斥潜在投标人，不得对潜在投标人实行歧视待遇。

第二十条

招标文件不得要求或者标明特定的生产供应者以及含有倾向或者排斥潜在投标人的其他内容。

反不当竞争法

香港人伟杰，曾是老字号茶餐厅的服务员，在打工之余也不断向师傅学习如何制作奶茶。伟杰通过不断地尝试研究出了自己的秘制配方，并打算到深圳开一家属于自己的奶茶店，专供港式丝袜奶茶和鸳鸯奶茶。港式鸳鸯奶茶是香港茶餐厅的另一种特色饮品，是混合了一半的咖啡和一半的丝袜奶茶，同时集合有咖啡的香味和奶茶的浓滑。经过他调配的港式奶茶，茶香甘甜，回味悠长，备受深圳居民的欢迎。

艾丽莎（Elisa）在深圳繁华的市中心经营一家"维克咖啡馆"（Wink Coffee），想要将意式风味的咖啡带到深圳。同时，艾丽莎还作为中间商供应意大利产的咖啡粉。伟杰曾多次向艾丽莎订购咖啡粉，在多次订货的过程中，艾丽莎和伟杰逐渐坠入爱河，并最终成为夫妻，分别经营着自己的小店，过着幸福的生活。

但令夫妻俩没想到的是，经营店铺需要的不仅仅是好的配方，还要面对商业经营中的一系列麻烦。最近，令人头疼的事又变多了，竞争对手逐渐涌现，新店的一系列宣传和竞争攻势让他们失去自己的老顾客……

"进场费"：商业贿赂？

伟杰想要通过向港式茶餐厅供货的方式提高奶茶销量，经过考察，伟杰发现宝尚楼的茶餐厅虽然其食物味道都不错，但是奶茶却总是得到差评，于是通过在宝尚楼任采购经理的朋友陈朋找到了餐厅经理王京，希望能够合作，他可以每天向茶餐厅定时定量供应新鲜的港式奶茶，从而向所有食客提供正宗的港式风味。王京在品尝了伟杰的奶茶后表示满意，双方约定在一周后正式签订采购合同。

但是，令他没有想到的是，过了一周，原本约定好的事却突然变了样：王京表示不需要伟杰的奶茶供应了，他觉得伟杰奶茶的口味不够正宗，而选择与"珍宝奶茶"合作。但是伟杰早已经尝过珍宝奶茶店家的奶茶，都是奶精勾兑的产品，与自家的奶茶完全无法比较，便继续刨根问底。此时，陈朋突然站出来悄悄地提点了他。原来，珍宝奶茶向经理王京支付了 3 万元整的"进场费"，并表示"进场费"是当地的规矩，如果伟杰可以出更高的"进场费"，双方的合作还有商量的余地。

可是，经过陈朋的"提点"，伟杰仍然感觉到十分困惑，"进场费"真的如王京所说，是一种当地生意上的"规矩"吗？

情景说法

本故事的要点在于，"珍宝奶茶"向陈朋支付的"进场费"是否属于《反不当竞争法》所禁止的商业贿赂行为？

众所周知，生活中，超市作为零售商向供货商收取"进场费"是一种普遍的商业现象，中国于 2006 年出台了《零售商供应商公平交易管理办法》对此进行针对性规制。那么，本文中提到的"进场费"是否属于被规制的合法范畴呢？答案显然是否定的。零售商向供货商收取的"进场费"本质是促销服务费，零售商为商品提供货架仓库、印制海报、广告宣传、进行促销等活动，因而收取相应的费用。

促销服务费的收取有明确的法律规范，基本原则是零售商所收取的费用需要与其为销售该产品提供的促销服务的价值相当。零售商未完全提供相应服务的，应当向供应商返还未提供服务部分的费用。同时，所收取的促销服务费登记入账，向供应商开具发票，按规定纳税。零售商不得以签订或续签合同为由收取费用，也不得收取其他与销售商品没有直接关系、应当由零售商自身承担或未提供服务而收取的费用。

而商业贿赂是指经营者以排斥竞争对手为目的，为争取交易机会，暗中给予交易对方有关人员和能够影响交易的其他相关人员以财物或其他好处的不正当竞争行为，这是法律所禁止的行为。本故事中的"进场费"显然和合法范畴内的促销服务费有明显不同。

其一，"进场费"是王京以个人名义向"珍宝奶茶"收取的。陈朋作为采购部经理，掌握是否与供应商签订合同的权力，他利用这职务权力收取额外费用中饱私囊。显然，陈朋并没有将这笔费用登记入账、开具发票、按规纳税的打算。

其二，促销服务费的收取者是零售商，而茶餐厅属于服务业。零售商需要在销售该货物时提供场地仓储、销售服务、促销活动等。所以无论是从法律法规对"零售商"的界定来看，还是以两者的行业特性比较观之，茶餐厅没有收取促销服务费或"进场费"的理由。

其三，本故事中陈朋的行为造成了妨碍公平竞争的后果。"珍宝奶茶"与"伟杰奶茶"本为竞争对手。而"珍宝奶茶"以"进场费"的名义给陈朋送红包，谋求竞争优势，破坏了公平竞争的市场交易秩序。

因此，本故事中的"进场费"属于《反不当竞争法》第七条所规制的商业贿赂行为。对该不当竞争行为，伟杰有权向监督检查部门举报，也可向人民法院提起诉讼。

商业品牌的混淆与误认

　　从事平面设计职业的张曼是威客咖啡店的常客，因为经常要应付甲方的各种需求，加班成了张曼的家常便饭，而咖啡也成了她每天必不可少的饮品。

　　又是平淡无奇的一天，张曼准备去买一杯咖啡补充能量后继续工作，她在夜幕中迈着步子走向咖啡店，逐渐靠近咖啡店墨绿色的招牌。

　　"这熟悉的风格……"

　　"咦，这不是星巴克吗？"

　　张曼非常欣喜，附近竟然新开了一家星巴克咖啡，以后买咖啡又有了新去处。她进入店内，点了一杯拿铁，捧着热咖啡再回家。按道理，星巴克是全球连锁，同种咖啡制作的口味相对稳定，可是，这一天张曼却隐约觉得有些不对劲，这咖啡好像没有之前喝的那么香滑和醇正。

直到第二天一早，她赶去上班途中，才惊觉真相，"这居然是 STARPREYA，不是 STARBUCKS？"可是为什么店内的装潢风格、logo 设计都这么像？两者都使用了圆环形的图样，墨绿的底色，中间的人像呈黑白相间，连风格都是那么相似。

张曼感觉自己被欺骗了，看来是昨晚的路灯太昏暗，她不得不自认倒霉。这让她感到非常郁闷，于是重新回归"威客咖啡馆"的怀抱，向艾丽莎吐槽了这件事。实际上艾丽莎这两天也察觉到营业额不如从前，顾客人数变少了，没想到竟是因为这样一个竞争对手……

情景说法

近年来，随着市场经济活动的日益复杂化，通过纷繁复杂的"搭便车""傍名牌"方式谋取经济利益的市场主体也越来越多。所谓"搭便车""傍名牌"在法律上的含义是指，经营者对他人（特有）的商业标识进行不正当的相同或类似使用，致使与他人的商品（包括服务）或营业活动产生混淆而由此获得市场交易机会的经济利益的行为。

混淆行为已然成为一种极其常见且典型的不正当竞争行为，带来的危害主要有两方面：一方面，损害消费者利益，通过混淆行为干扰市场秩序，侵犯消费者合法权益；另一方面，损害竞争对手利益，减损他人商业标识的市场价值，利用消费者认知偏差获取在市场中的竞争优势。

显然，混淆行为是被我国《反不当竞争法》第六条所明文禁止的。那么本文中"STARPREYA 咖啡馆"的行为是否构成混淆呢?

回答这个问题之前,我们必须了解判断一个行为是否构成混淆的标准。混淆行为应当具备以下构成要件:第一,主体为市场主体,包括经营者和生产者;第二,客体是商业标识,即商业领域中,用以表彰自己身份、标明来源、证明质量的识别性标识,如商标、装潢、产品包装等;第三,行为方式是相同或近似使用;第四,后果是导致或有足以导致相关公众混淆的可能性。

在司法实践中,难点通常出现在"相同或近似使用"的界定上。一般认为,两个商业标识在颜色、读音、字形等方面不存在明显区别,以相关公众的一般注意力无法辨识区别点,就可以判定这两个商业标识构成"近似"。公众辨识以"隔离观察"作为原则,即不将两个商业标识放在一起进行比较,而是将它们分开。举例来说,如果将"adidas"与"addidas"这两个商业标识,如果将其仔细作比较,很容易发现两者的区别,但是如果采用隔离观察法,就会导致具有一般注意力的相关公众产生混淆。再比如,"康师傅"与"康帅傅""酷儿"与"酷几"等都具备构成混淆的可能,当然,是否真实构成混淆还要具体分析故事中字体形状、颜色等的近似程度。

本故事中,"STARPREYA 咖啡馆"的 logo 在颜色、形状上均对 STARBUCKS 进行了模仿,店内的装潢风格、产品包装也都采用类似设计,导致张曼产生了混淆,已然构成了《反不当竞争法》所禁止的混淆行为。

而且 STARBUCKS 具有相当的商业声誉和市场影响力,属于在市场上具有一定知名度,为相关公众所知悉的商品。故而该行为构成了基于知名商品构成的市场混淆。仿冒知名商品特有的名称、包装、装潢的不正当竞争行为在《关于禁止仿冒知名商品特有的名称、包装、装潢的不正当竞争行为的若干规定》同样被明令禁止。

STARBUCKS 作为经营者的合法权益受到不正当竞争行为损害的,可以选择向人民法院提起诉讼或向工商行政管理机关投诉举报,而 STARPREYA 咖啡馆会被责令停止违法行为,甚至受到罚款或者被吊销营业执照的处罚,最终会为自己违法搭便车的行为付出代价!

《反不正当竞争法》

第六条

经营者不得实施下列混淆行为，引人误认为是他人商品或者与他人存在特定联系：

（一）擅自使用与他人有一定影响的商品名称、包装、装潢等相同或者近似的标识；

（二）擅自使用他人有一定影响的企业名称（包括简称、字号等）、社会组织名称（包括简称等）、姓名（包括笔名、艺名、译名等）；

（三）擅自使用他人有一定影响的域名主体部分、网站名称、网页等；

（四）其他足以引人误认为是他人商品或者与他人存在特定联系的混淆行为。

第十八条

经营者违反本法第六条规定实施混淆行为的，由监督检查部门责令停止违法行为，没收违法商品。违法经营额5万元以上的，可以并处违法经营额5倍以下的罚款；没有违法经营额或者违法经营额不足5万元的，可以并处25万元以下的罚款。情节严重的，吊销营业执照。

《关于禁止仿冒知名商品特有的名称、包装、装潢的不正当竞争行为的若干规定》

第二条

仿冒知名商品特有的名称、包装、装潢的不正当竞争行为，是指违反《反不正当竞争法》第五条第（二）项规定，擅自将他人知名商品特有的商品名称、包装、装潢作相同或者近似使用，造成与他人的知名商品相混淆，使购买者误认为是该知名商品的行为。

前款所称使购买者误认为是该知名商品，包括足以使购买者误认为是该知名商品。

第三条

本规定所称知名商品，是指在市场上具有一定知名度，为相关公众所知悉的商品。

本规定所称特有，是指商品名称、包装、装潢非为相关商品所通用，并具有显著的区别性特征。

本规定所称知名商品特有的名称，是指知名商品独有的与通用名称有显著区别的商品名称。但该名称已经作为商标注册的除外。

本规定所称包装，是指为识别商品以及方便携带、储运而使用在商品上的辅助物和容器。

本规定所称装潢，是指为识别与美化商品而在商品或者其包装上附加的文字、图案、色彩及其排列组合。

第四条

商品的名称、包装、装潢被他人擅自作相同或者近似使用，足以造成购买者误认的，该商品即可认定为知名商品。

特有的商品名称、包装、装潢应当依照使用在先的原则予以认定。

第五条

对使用与知名商品近似的名称、包装、装潢，可以根据主要部分和整体印象相近，一般购买者施以普通注意力会发生误认等综合分析认定。

一般购买者已经发生误认或者混淆的，可以认定为近似。

珍宝奶茶，
国际金茶王！！

这是真的还是假的？

故事三 广告能否夸大其词？

虚假广告

"伟杰奶茶"在深圳开张一段时间之后，因为缺乏知名度，销量并没有达到伟杰的预期。伟杰和妻子艾丽莎商量后决定以广告的方式对"伟杰奶茶"进行推广。一方面向当地居民普及香港的奶茶文化；另一方面可以推销自己调制的奶茶饮品。但是，策略确定下之后，两人又为具体的广告方案发了愁。用什么样的广告形式？广告词如何撰写？如何达到新颖独特又引人注目的效果？两人又陷入新一轮的纠结。

"伟杰奶茶"的广告方案还未最终拍板，却不料它的对手"珍宝奶茶"抢先发招了。伟杰在乘坐地铁时，看到了"珍宝奶茶"投放在地铁站灯箱中的广告——"珍宝奶茶，国际金茶王，十佳港式奶茶品牌！""珍宝奶茶特调，无糖溶脂，喝奶茶也变瘦！"

伟杰先是懊悔自己为什么不能行动迅速，现在让"珍宝奶茶"抢占了先机；而后他又隐约觉得有些不对劲，他长期从事茶餐厅和奶茶周边的产业，对"国际金茶王"奖项多有关注，这可谓是国际上非常具有含金量的奖项，"珍宝奶茶"真的能拿得到吗？

出于好奇，伟杰上网查阅了"国际金茶王"的历年得奖者，却发现"珍宝奶茶"并不在其列。显然，"珍宝奶茶"为了引人注目选择了夸大其词的营销策略，可这样真的正确吗？伟杰陷入了困惑……

情景说法

本故事的要点在于，"珍宝奶茶"在广告中夸大其词的内容是否属于反不当竞争法所禁止的虚假宣传行为？

根据我国《反不正当竞争法》的规定，经营者不得对其商品的性能、功能、质量、销售状况、用户评价、曾获荣誉等作虚假或者引人误解的商业宣传。该规定涵括两个核心点：一是经营者的行为是虚假或引人误解的商业宣传；二是要产生"欺骗、误导消费者"的后果。

从本故事观之，"珍宝奶茶"打出"珍宝奶茶，国际金茶王，十佳港式奶茶品牌"的广告。实际其未获得"国际金茶王"的称号，却声称自己获得，属于对曾获荣誉的作假。而消费者不可能有时间和能力对其充分查证并了解，对此容易信以为真，并购买其产品，欺骗、误导的情形也显然成立。

故而该条广告构成了我国《反不正当竞争法》所禁止的虚假宣传行为。

同样，如果经营者对商品或服务的性能、功能、质量、销售状况、用户评价进行作假，比如谎称自己销量在业内排行第一，也会构成虚假宣传行为。总而言之，任何形式的广告宣传，都必须以客观、真实为基础。

本故事中值得注意的是，"珍宝奶茶"打出的另一条广告"珍宝奶茶特调，无糖溶脂，喝奶茶也变瘦"，也可能构成虚假宣传。

在《最高人民法院关于审理不正当竞争民事案件应用法律若干问题的解释》中，规定了对商品作片面的宣传或者对比：科学上未定论的观点、现象等当作定论的事实用于商品宣传等都属于虚假宣传。比如，一些矿泉水厂家宣传喝碱性水更健康的观点，其实没有科学依据。因此，对于"无糖溶脂，喝奶茶也变瘦"这一广告词，"珍宝奶茶"必须提供充足的可验证的科学依据，而不能以个别观点、特殊现象作为广告进行宣传，否则同样构成违法行为。

也许"喝无糖奶茶可以变瘦"在部分人身上属实，但是因为其他人的体质原因，即使喝的是特调的无糖溶脂奶茶，也会加重身体负担，导致肥胖。此时，商家不能因为宣传内容在部分场景中成立，就使用隐瞒的暗示、投机的省略、断章取义地引用以及刻意习钻地表现角度。该种行为使其宣传内容表达不确切、不明白并藏有陷阱，具有更大的迷惑性和误导性。

"珍宝奶茶"通过虚假宣传欺骗、误导消费者，使自己在市场竞争中处于优势地位，同时损害了消费者的权益和竞争对手的利益，伟杰可以选择向人民法院提起诉讼或向工商行政管理机关投诉举报。工商行政管理部门将责令停止发布广告，责令广告主在相应范围内消除影响，并除以相应罚款。

法条索引 ▶

《反不正当竞争法》

第八条

经营者不得对其商品的性能、功能、质量、销售状况、用户评价、曾获荣誉等作虚假或者引人误解的商业宣传，欺骗、误导消费者。

经营者不得通过组织虚假交易等方式，帮助其他经营者进行虚假或者引人误解的商业宣传。

第二十条

经营者违反本法第八条规定对其商品作虚假或者引人误解的商业宣传，或者通过组织虚假交易等方式帮助其他经营者进行虚假或者引人误解的商业宣传的，由监督检查部门责令停止违法行为，处20万元以上100万元以下的罚款；情节严重的，处100万元以上200万元以下的罚款，可以吊销营业执照。

经营者违反本法第八条规定，属于发布虚假广告的，依照《中华人民共和国广告法》的规定处罚。

《最高人民法院关于审理不正当竞争民事案件应用法律若干问题的解释》

第八条

经营者具有下列行为之一，足以造成相关公众误解的，可以认定为反不正当竞争法第九条第一款规定的引人误解的虚假宣传行为：

（一）对商品作片面的宣传或者对比的；

（二）将科学上未定论的观点、现象等当作定论的事实用于商品宣传的；

（三）以歧义性语言或者其他引人误解的方式进行商品宣传的。

以明显的夸张方式宣传商品，不足以造成相关公众误解的，不属于引人误解的虚假宣传行为。

人民法院应当根据日常生活经验、相关公众一般注意力、发生误解的事实和被宣传对象的实际情况等因素，对引人误解的虚假宣传行为进行认定。

商业秘密

伟杰通过对烧水、煮茶汤、混合糖和淡奶、置入咖啡粉等每个步骤的时间进行精确控制，最终形成了自己的秘密配方。有着秘方的加持，伟杰奶茶的生意兴隆，至今已经在深圳开了多家连锁店。在深圳当地略展身手后，他决定向全国进军。为此他和管理层的几位员工连夜开会，经过几个月的努力和奋斗，他们完成了一份关于"伟杰奶茶"未来发展的商业计划书。商业计划书内包含了分店的选址、宣传计划、店铺装潢风格以及今后的内部管理规划、定价政策和原料采购渠道等，可谓集合了伟杰与心腹员工的心血。

做完这一切，伟杰本该松了口气。可是这几天他却发现，自己的员工似乎和"珍宝奶茶"的施老板有所接触，这源于他听到了分店经理林媛媛接的一通电话。

"施老板，您意思是除了要我过去，还让我带东西过去？那我工资是不是……"就在这时她忽然在转角看到了伟杰的身影，马上改口，"施……师傅，我们下次再谈，现在有点事。"

伟杰觉得不对劲，可毕竟没有直接证据，没有当面质问她，他也不能排除自己听错或者想太多的可能。但是，他忍不住担心自己费尽心血的"伟杰奶茶"制作指南和商业计划书面临被泄露的风险……

情景说法

商业秘密指的是在经营活动中，不为外界所知悉，并能为权利人带来经济利益的有关商业经营的信息。商业秘密分为两大类：一是技术信息，例如技术设计、工艺流程、化学配方、制作工艺、计算机程序等；二是经营信息，比如发展规划、竞争方案、管理诀窍、客户名单、投融资计划等。

本故事中，伟杰担心被泄露的是奶茶的配方工艺以及商业计划书，前者属于技术信息，后者属于经营信息，且两者在商业活动中都能为权利人伟杰带来现实的、可预期的商业利益。

但是，在这里应当注意，受到《反不当竞争法》保护的商业秘密除了利益相关之外，还要求该信息具备非公开性。也就是伟杰作为权利人，首先需要采取措施将这些信息保密，使得其不为他人所知悉。这意味着，如果"伟杰奶茶"自己对奶茶配方工艺、商业计划书怠于保护，随意处置，不将其作为一项秘密对待，则配方工艺、商业计划书即使具备商业价值也将被排除在商业秘密的范围之外。

因此，为了尽可能降低"伟杰奶茶"制作指南和商业计划书被泄的风险，伟杰可以采取以下行动：

第一，伟杰可以和员工签订保密协议。与员工约定不得就商业秘密的内容向任何第三方披露，如负有保密义务的当事人违反协议约定，将保密信息披露给第三方，将要承担民事责任甚至刑事责任。

第二，伟杰可以采取一些保密技术措施。比如将商业计划书储存在不联网的电脑，或者设置访问权限、密码等。除此之外，对企业员工进行商业秘密法律知识培训也是一个不错的选择。

在这里值得注意的是，对于"伟杰奶茶"的配方，伟杰可以选择以商业秘密的形式进行保护，也可以选择以专利的形式进行保护。两者各有利弊，需要进行权衡。专利权有法定的保护期限，相对来说商业秘密的保护期不是法定的，可以延续很长时间。此外，如果申请专利，申请人需要对发明或配方进行充分公开，不仅对专利局公开，而且一定时间后向全社会公开。不过，商业秘密的主要问题在于其非排他性，一旦信息被窃，虽然公司可以起诉窃取信息的人，却不能阻止其他第三人使用已经公开的信息，或者任何人通过反向工程破解并取得该信息。

如果伟杰选择以商业秘密的方式对"伟杰奶茶"的配方工艺进行保护，并采取了适当的保密措施，但仍然发生了商业秘密泄露的后果，伟杰可向监督监察部门举报，或向人民法院提出诉讼。林媛媛需要承担侵权的民事责任，如果给伟杰造成的损失数额在 50 万元以上，构成重大损失的，甚至需要承担相应刑事责任。"珍宝奶茶"也将接受有关监督检查部门的行政罚款，被责令停止相关违法行为，同时承担相应民事和刑事责任。

法条索引

《反不正当竞争法》

第九条

经营者不得实施下列侵犯商业秘密的行为：

（一）以盗窃、贿赂、欺诈、胁迫或者其他不正当手段获取权利人的商业秘密；

（二）披露、使用或者允许他人使用以前项手段获取的权利人的商业秘密；

（三）违反约定或者违反权利人有关保守商业秘密的要求，披露、使用或者允许他人使用其所掌握的商业秘密。

第三人明知或者应知商业秘密权利人的员工、前员工或者其他单位、个人实施前款所列违法行为，仍获取、披露、使用或者允许他人使用该商业秘密的，视为侵犯商业秘密。

本法所称的商业秘密，是指不为公众所知悉、具有商业价值并经权利人采取相应保密措施的技术信息和经营信息。

第二十一条

经营者违反本法第九条规定侵犯商业秘密的，由监督检查部门责令停止违法行为，处 10 万元以上 50 万元以下的罚款；情节严重的，处 50 万元以上 300 万元以下的罚款。

商业诋毁行为

为了方便顾客下单和反馈，伟杰建立了一个顾客微信群，在顾客群里及时通知新品上市的消息，有时还会做一些回馈老顾客的活动。有一天，一位顾客突然往群里转发了一篇文章，标题名为《震惊！伟杰奶茶咖啡因含量最高》。伟杰感到非常诧异，他点开文章，看见作者对于深圳当地热门的网红奶茶进行了抽样检测，对比表格中赫然呈现"伟杰鸳鸯奶茶"的咖啡因含量最高，作者随即表示喝伟杰奶茶失眠的情况普遍，如今终于找到答案。

由于奶茶的原料，其中含有咖啡因很正常，但是该作者的比较显然并不公平。他选取了"伟杰鸳鸯"与其他品牌的"珍珠奶茶""鲜奶奶茶"等比较，那当然会显示"伟杰鸳鸯"的咖啡因含量最高。毕竟鸳鸯奶茶中会同时加入咖啡粉和茶汤，才能形成地道港式风味。

伟杰感到十分郁闷，他点进推送该篇文章的公众号，却意外发现这竟然是竞争对手"珍宝奶茶"玩弄的把戏。紧接着，他点开"珍宝奶茶"的推文列表逐一查看，却发现了更令人震惊的事实，在公众号撰写的多篇点评伟杰奶茶的文章中，作者将矛头直指"伟杰奶茶"。在文章中，作者批评伟杰奶茶欺骗顾客，在菜单和广告中标注"使用鲜奶"，但实际使用植脂末、牛乳基底粉或奶粉为原料，并没有添加任何鲜奶。他还以正义的语气谴责"伟杰奶茶"的店铺问题，甚至附上一张角落里爬过蟑螂的照片。

伟杰愤怒异常，如果说咖啡因事件还只是作者比较不当的话，其他这些文章则纯属虚构抹黑。包括附上的那张照片，伟杰一看墙面装修风格就认出这不属于任何一家"伟杰奶茶"的分店铺，一定是作者在网上随便乱找的。而且这些文章阅读量还偏高，显然被对真相一无所知的顾客一次次转发。

但他拿着这些文章去找"珍宝奶茶"对质时，"珍宝奶茶"的施老板却不愿正面回应此事，也不愿删除在公众号上发表的文章，只让员工用含糊其词的理由搪塞伟杰，反复强调"言论自由嘛，我们讲什么关你什么事"，"有本事你也去写啊"……

情景说法

本故事的关键在于，施老板在微信公众号上发布的针对"伟杰奶茶"产品的否定性言论是言论自由，抑或是被我国《反不当竞争法》所规制的商业诋毁行为。

众所周知，宪法对言论自由进行保护。公民可以按照自己的意愿自由地发表言论并且听取他人陈述意见，这是一种基本人权。但是，言论自由的保护一直有其边界，并非所有言论都受到法律保护，甚至有部分言论被法律所禁止。

依据《反不正当竞争法》，经营者不得编造、传播虚假信息或者误导性信息，以损害竞争对手的商业信誉、商品声誉。

首先，本条所规制的行为主体限定于经营者，即从事商品经营或者营利性服务的法人、其他经济组织和个人。如本故事中，施老板就是"珍宝奶茶"的经营者，与"伟杰奶茶"在同一市场中竞争。值得注意的是，虽然多数情况下，经营者是自己实施对竞争对手的商业诽谤行为，但在有些情况下，经营者也可能不是自己实施此种行为，而是利用他人实施此种行为。此时，这些组织或个人与经营者之间就实施商业诽谤行为有过共谋，即存在主观上的共同故意，他们就应与该经营者一起对该行为承担法律责任。

其次，受到侵害的客体是竞争对手的商业信誉、商品声誉。所谓商业信誉，是指社会公众对某一经营者的经济能力、信用状况等所给予的社会评价，即该经营者在经济生活中信用、名誉的地位。而商品声誉，是指社会公众对一经营者的商品性能、品质所给予的社会评价。商业信誉和商品声誉是通过经营者参与市场竞争的连续性活动而逐渐形成的。商业信誉、商品声誉是消费者选择时的重要考量因素，假如受到不法侵害，显然会对市场竞争形成不利影响。

最后，侵害商业信誉、商品声誉的行为，应当是故意编造、传播虚假信息或者误导性信息。经营者当然有对所有商品、竞争对象发表相关言论的权利，但其言论必须是正当的。正当和不正当的否定性商业言论的主要区分标准就是言论内容是否真实。正当的否定性商业言论，尽管内容是负面的，但是由于其是真实的，并不会给他人带来损害，所以法律是允许其存在的；而不正当的否定性商业言论，即为商业诋毁，其内容不仅是负面的，还是虚假的，故法律对此予以禁止。同业竞争者针对竞争对手发布的否定性商业言论是否真实，应当由其自行举证证明，不能予以证明的则推定为不真实，构成商业诋毁。如本故事中，施老板指责"伟杰奶茶"原料中不含任何鲜奶，伪造"伟杰奶茶"店铺中有蟑螂，这些言论的内容不但是负面的而且是虚假的，目的在于诋毁竞争对手，为自己谋取竞争优势，因此该行为是违法的商业诋毁行为。

本故事中，施老板作为经营者，发布、散播不实信息，诋毁"伟杰奶茶"的商业信誉，意图使自己在竞争中获取优势地位，显然是不可取的，已然构成违法行为。伟杰可以选择向人民法院提起诉讼或向工商行政管理机关投诉举报。施老板必须停止该行为并消除已对"伟杰奶茶"产生的不利影响，同时还有可能面临高额罚款。

《反不正当竞争法》

第十一条

经营者不得编造、传播虚假信息或者误导性信息，损害竞争对手的商业信誉、商品声誉。

第二十三条

经营者违反本法第十一条规定损害竞争对手商业信誉、商品声誉的，由监督检查部门责令停止违法行为、消除影响，处 10 万元以上 50 万元以下的罚款；情节严重的，处 50 万元以上 300 万元以下的罚款。

有奖销售的限制

为了和伟杰奶茶抢生意，"珍宝奶茶"的施老板选择了有奖促销的方式。为了吸引顾客，他决定每买一杯饮料都将附赠一张刮刮乐的奖券。当然，其中大部分是"谢谢惠顾"，也有部分奶茶八折券、六折券等，顾客可以在下一次消费时出示并使用。为了增强宣传效果，他还设置了一个超级大奖，奖品为 66666 元的现金奖励。

施老板的活动举办得非常顺利，不少人选择到"珍宝奶茶"消费，万一运气好获得 6 万大奖呢？而且，再不济也有很多折扣券。施老板成功地从"伟杰奶茶"那里抢了很多顾客，终于扬眉吐气了一回。

不过，好景不长，促销抽奖活动举办到后期却悄悄变了味。施老板既想要顾客源，又舍不得投入更多资金进入促销抽奖，不少顾客发现自己拿着折扣券到"珍宝奶茶"兑换奶茶却遭到店员无情拒绝。"珍宝奶茶"声称折扣必须在抽奖当天起一周之内使用，否则视为过期无效，但是在折扣券和店内活动海报上却并未对此进行说明。

至于66666元的大奖，施老板寻思着宣传目的已经达到了，傻子才会真的把这么多钱白白给陌生人，不如就喊自己家的亲戚来抽，在奖券上做个标记，至少便宜自己人……

情景说法

本故事的关键在于，施老板的促销抽奖活动是否合法？

促销抽奖是我们日常生活中常见的促销方式，利用公众消费过程中的侥幸获大利心理，设置中奖机会，利用抽奖的形式，来吸引消费者购买商品。那么，是否任何形式的促销抽奖活动都是合法的呢？

答案是否定的，促销抽奖活动需要依法举办，我国《反不正当竞争法》明确列出，经营者进行有奖销售必须遵守以下规定：

其一，所设奖的种类、兑奖条件、奖金金额或者奖品等有奖销售信息应当明确，不能影响兑奖。在本故事中，施老板的"珍宝奶茶"在抽奖促销活动里设置不同程度的折扣券，却没有明确兑换时间。店员以一周即过期的理由搪塞顾客，而这些信息并没有在抽奖活动或者奖券上进行清晰地解释和说明，致使顾客兑奖产生困难。显然，这有悖于我国《反不当竞争法》的相关规定。

其二，不得采用谎称有奖或者故意让内定人员中奖的欺骗方式进行有奖销售。本故事中，施老板想要在66666元的大奖奖券上做个标记，将奖励暗箱操作给"自己人"，这也是明显的违法行为。他利用顾客的侥幸心理进行促销，增加自身在行业中的竞争力，必定需要付出相对的代价，否则"零成本、高收益"不利于市场公平。

其三，抽奖式的有奖销售，最高奖的金额不得超过5万元。也就是说，所有以抽奖方式进行有奖销售的，最高奖的金额是法定的。在这里，有奖销售，是指经营者销售商品或者提供服务，附带性地向购买者提供物品、金钱或者其他经济上的利益的行为。其中包括：奖励所有购买者的附赠式有奖销售和奖励部分购买者的抽奖式有奖销售。凡以抽签、摇号等带有偶然性的方法决定购买者是否中奖的，均属于抽奖方式。本故事中施老板推出的的刮刮乐奖券，就属于抽奖方式的有奖销售，因此不得超出 5 万元的法定最高限额，设置 66666 元的超级大奖就属于违法行为。

因此，面对以上"珍宝奶茶"的违法行为，"伟杰奶茶"作为被抢生意的受害者，伟杰可以选择向人民法院提起诉讼或向工商行政管理机关投诉举报。监督检查部门将依法责令"珍宝奶茶"停止违法行为，并对其处以处 5 万元以上 50 万元以下的罚款。

法条索引

《反不正当竞争法》

第十条

经营者进行有奖销售不得存在下列情形：

（一）所设奖的种类、兑奖条件、奖金金额或者奖品等有奖销售信息不明确，影响兑奖；

（二）采用谎称有奖或者故意让内定人员中奖的欺骗方式进行有奖销售；

（三）抽奖式的有奖销售，最高奖的金额超过 5 万元。

第二十二条

经营者违反本法第十条规定进行有奖销售的，由监督检查部门责令停止违法行为，处 5 万元以上 50 万元以下的罚款。

程序猿

刷单

为了赶上时代潮流，伟杰也在著名的线上点单平台"吃了么"上线了自己家的店铺，用户可以在线点单、提前预订，还可以参与店家组织的"晒单得大奖"等互动活动。除此之外，伟杰还生产并上架了一批袋装的速溶奶茶，便宜、方便、即时，也很有市场。

这令"珍宝奶茶"的施老板羡慕又嫉妒。为了不落下风，他决定模仿"伟杰奶茶"的方案也上线自家的奶茶店。施老板觉得，既然自己没什么商业头脑，那么跟风总是没错的。于是他决定索性模仿到底，"珍宝奶茶"APP的页面设计、排版布局、配色风格都依葫芦画瓢，和"伟杰奶茶"相差无几。

在"珍宝奶茶"网店上线后,由于其知名度不够,网店的销量远远不及"伟杰奶茶"。这时互联网公司的小孟给施老板出了个好主意,"施老板,你看,伟杰奶茶这么火不就是因为它口碑好吗?"

"是啊,顾客给他们总是打好评,我也搞不懂。"施老板不禁抱怨起来。

"其实啊,网上这个评论都是可以改的,"小孟提议,"您找几个人多写点不同的好评,夸得逼真点,我帮你放上去。"

"原来还有这种套路!"施老板喜出望外,"那就照你说的办!"

"套路多呢,"小孟非常得意,"还可以在'伟杰奶茶'的官网页面插入个链接,让客户一点就转到你的页面,不过这个做起来很麻烦就是了,哈哈。只要钱够,施老板,你懂的……"

情景说法

近几年,随着互联网产业的兴起,针对当前互联网经济发展迅速,互联网市场中竞争手段不断翻新的情况,我国于 2017 年新修订的《反不当竞争法》中对互联网不当竞争行为进行了重点规制。新法第八条和第十二条的规定增加了对刷单炒信、删除差评、虚构交易、强制跳转、恶意不兼容等利用互联网开展不正当竞争的规制,使新法能够更好地适应当前互联网市场监管的需要,不让互联网成为"法外之地",从而维护互联网市场的持续健康发展。

首先,擅自使用他人有一定影响的域名主体部分、网站名称、网页也能构成《反不当竞争法》所禁止的混淆行为。在我们通常的认知中,可能模仿他人的商品名称、企业字号、标识等才会构成混淆,但实际上一些涉及互联网的行为也会构成混淆。比如照搬其他经营者的网页设计、网站名称等,使得消费者误认为是他人商品或者与他人存在特定联系,都是不被允许的。本故事中,施老板试图抄袭照搬他人 APP 显然并不明智。

其次,《反不当竞争法》第八条所禁止的虚假评价行为中,包含了网络虚假评价,即网络刷单、删除差评等。所谓刷单是指经营者及其员工自身或委托他人,用以假乱真的购物方式增加销量、提高信誉、获取好评,以此吸引顾客。删除差评则是对顾客真实的评价进行篡改和粉饰。这两者同时被我国《反不当竞争法》第八条所禁止,因此本故事中,小孟妄图通过刷单、伪造好评、删除差评的方式帮施老板提升销量的行为是违法的。

另外，《反不当竞争法》第十二条中，对几类依托互联网出现的不当竞争行为进行了单独规制。这其中包括四点：

第一，未经其他经营者同意，不得在其合法提供的网络产品或者服务中，插入链接、强制进行目标跳转。该款禁止的是典型的互联网流量劫持行为，本故事中小盂出的最后一个点子就属于这类行为。这类行为的特点是，利用某些技术手段，未经同意在其他经营者的网站、页面、APP等中插入相应标识和链接，诱导浏览的客户点击进入，为自己的网站页面等获取流量。该行为会降低其他经营者的用户黏性，违反了诚实信用原则和商业道德。

第二，不得诱导、强迫用户修改、关闭、卸载其他经营者合法提供的网络产品或者服务。该项规定针对的是不当干扰其他经营者合法的互联网经营行为。比如，"珍宝奶茶"的APP不得在安装时，诱导用户卸载"伟杰奶茶"。用户有权自由选择自己使用的软件。

第三，不得恶意对其他经营者合法提供的网络产品或者服务实施不兼容。如果不兼容，用户就只能面临两个不同的网络产品和服务二选一的困境，显然妨碍用户自由选择，也不利于市场自由竞争。

第四，不得实施其他妨碍、破坏其他经营者合法提供的网络产品或者服务正常运行的行为。上述其他三项条文基本规定得比较具体，限定的类型范围也比较窄，第四款则是兜底条款，意在防止随着互联网的发展前三条的规定过于狭窄而难以满足现实需要。

因此，面对以上"珍宝奶茶"违反《反不正当竞争法》的行为，"伟杰奶茶"作为受害的同行竞争者，伟杰可以选择向人民法院提起诉讼或向工商行政管理机关投诉举报。监督检查部门将责令停止违法行为，处10万元以上50万元以下的罚款；情节严重的，处50万元以上300万元以下的罚款。

法条索引 ▶

《反不正当竞争法》

第六条

经营者不得实施下列混淆行为，引人误认为是他人商品或者与他人存在特定联系：

（一）擅自使用与他人有一定影响的商品名称、包装、装潢等相同或者近似的标识；

（二）擅自使用他人有一定影响的企业名称（包括简称、字号等）、社会组织名称（包括简称等）、姓名（包括笔名、艺名、译名等）；

（三）擅自使用他人有一定影响的域名主体部分、网站名称、网页等；

（四）其他足以引人误认为是他人商品或者与他人存在特定联系的混淆行为。

第八条

经营者不得对其商品的性能、功能、质量、销售状况、用户评价、曾获荣誉等作虚假或者引人误解的商业宣传，欺骗、误导消费者。

经营者不得通过组织虚假交易等方式，帮助其他经营者进行虚假或者引人误解的商业宣传。

第十二条

经营者利用网络从事生产经营活动，应当遵守本法的各项规定。

经营者不得利用技术手段，通过影响用户选择或者其他方式，实施下列妨碍、破坏其他经营者合法提供的网络产品或者服务正常运行的行为：

（一）未经其他经营者同意，在其合法提供的网络产品或者服务中，插入链接、强制进行目标跳转；

（二）误导、强迫用户修改、关闭、卸载其他经营者合法提供的网络产品或者服务；

（三）恶意对其他经营者合法提供的网络产品或者服务实施不兼容；

（四）其他妨碍、破坏其他经营者合法提供的网络产品或者服务正常运行的行为。

第二十四条

经营者违反本法第十二条规定妨碍、破坏其他经营者合法提供的网络产品或者服务正常运行的，由监督检查部门责令停止违法行为，处 10 万元以上 50 万元以下的罚款；情节严重的，处 50 万元以上 300 万元以下的罚款。